ACTING ★ WITH TECHNOLOGY

ACTIVITY THEORY AND INTERACTION DESIGN

인터랙션 디자인과 활동이론

Victor Kaptelinin · Bonnie A. Nardi 저

EM연구실 역

박영story

이 책은 활동이론에 대한 소개서다. 활동이론은 소비에트 심리학의 영향을 받은 인지발달이론이다. 이 책이 직접적으로 다루고 있는 분야는 테크놀로지에 대한 인터랙션 디자인이다. 인지발달과 인터랙션 디자인은 서로 어떤 연관이 있단 말인가? 전통적으로 인지심리학에서는 마음에 대한 모델을 개인 내부의 정보처리과정에서 찾고자 했다. 시대적 변화의 반영이라 할까 아니면 경험 당사자의 관점의 우세라 할까? 오늘날에는 객체와의 상호작용 또는 에이전트/노드 간 네트워크 등 상황적 맥락과 실천에 분산되어 있다고 보는 관점이 점차 설득력을 얻고 있다. 이런 관점은 인간의 마음씀을 개인 내부 경험이 아닌 객체와의 상호작용으로 확장시켜 봄으로써 디자인 가능성에 대한 길을 터주었다. 이 책에서 말하는 소위 탈인지주의 패러다임에 해당하는 활동이론, 민속방법론, 분산인지론, 행위자네트워크이론 등이 이러한 관점에 속한다.

오늘날 테크놀로지 디자인은 사물의 디자인을 넘어서서 사물과의 상호작용 그리고 사용자의 경험에 대한 디자인이다. 그러한 디자인은 사용자의 현재 경험에 맞춰 반영될 수도 있지만 사용자의 경험을 새롭게 창출하기도 한다. 이렇게 새롭게 생성된 경험은 발달 또는 학습의 경험과 맞닿아 있다. 활동이론은 이론적 프레임으로 주체와 객체의 중재 또는 매개를 서로 분리하지 않고 주체 경험의 발달을 보고자 한다는 점에서 사용자 경험 디자인, 특히 인터랙션 디자인 분야에서 주목을 받게 되었다.

역자들이 이 책을 번역하게 된 계기는 다소 엉뚱하다. 사실 역자들은 민속방법론을 공부하는 연구자다. 민속방법론은 2장에 자세히 잘 나타나 있듯이 저자들로 하여금 이 책을 저술하도록 만든 출발점이기도 하다. 민속방법론은 사회적 질서가 사람들 간의 상호작용 가운데에서 비롯되는 산물이라고 보고 그러한 상호작용의 여러 방법과 전략들에 관해 연구하는 현상학에서 떨어져 나온 연구 분야다. 민속방법론에서는 사회적 질서의 생산과 재생산은 사람들 사이의 상호작용에 관여하는 생활세계의 일상적이고 실제적인 행위의 매우 작은 디테일에 숨어 있다고 보았다. 그리고 상호작용 행위들의 작은 디테일들에 대해 접근해 분석한 수많은 경험 연구를 축적해왔다.

사실 마음씀의 현상을 철학적 담론이나 규범적 사회학 논의를 벗어나 경험적으로 보다 용이하게 연구할 수 있게 된 데에는 민속방법론의 공헌을 언급하지 않을 수 없다. 실지로 민속방법론은 HCI와 사용자 경험 연구 분야의 발전에 적지 않은 기여를 했다. 그러나 같은 패러다임, 즉 탈인지주의 패러다임에 속한 다른 이론들의 관점에서 보면 민속방법론은 생활세계와 실천적 행위의 불확정성에 대해 지나치게 입장이 확고하다. 즉, 그것들의 불확정성과 설계 가능성은 서로 배리될 수밖에 없다는 것이다. 사전에 확정될 수 없다는 관점과 사전에 설계할 수 있다는 관점은 당연히 서로 모순이다. 이 문제는 그들만의 문제가 아니라 우리 연구실에서 연구물을 생산할 때마다 항상 봉착하는 문제이기도 하다. 경험 디자인을 업으로 하고 있는 우리 연구실에서는 어떻게든 짚고 넘어가야 할 문제일 수밖에 없다.

물론 활동이론을 포함한 여타의 이론들이 민속방법론에 대해 가지고 있는 반감은 단지 이러한 이론적인 태도에만 국한되지 않는다. 민속방법론을 주창한 해롤드 가핑클과 그의 사단은 이론들에 대해 상당히 적지 않은 배타적인 태도를 보여온 것도 사실이다. 민속방법론의 배타적인 태도는 사회학자와 인류학자들 사이에서는 꽤 잘 알려져 있다. 그것은 이들 민속방법론자들의 독특한 태도에서 비롯되었다. 그들에게 민속방법론은 소위 미시적인 사회학 이론도 아니고 상호작용주의 사회학도 아니다. 민속방법론은 사람들의 상식적이고 실제적인 방법에 대한 이야기 이상도 이하도 아니다.

1980년대 미국 캘리포니아 지역의 대학과 실리콘 밸리의 융합 연구소들은 이 책에서 언급하고 있는 활동이론이나 인터랙션 디자인과 관련하여 수많은 논쟁과 논의들이 오간 주 배경 무대였다. 소비에트에서 망명한 러시아 심리학자들과 문화심리학자들은 활동이론이라는 우산하에 실리콘 밸리의 디자인 영역 등에 나름의 영향을 끼쳤다. 민속방법론 역시 주 무대가 활동이론과 거의 일치해온 만큼 유사한 두 영역은 서로 끊임없이 부딪치며 각자의 길을 걸어 왔다.

활동이론은 인간 경험의 변화와 발달에 대한 이론이다. 민속방법론은 그에 비하면 연구방법 프로그램으로 발전되어 왔다. 1970년대 이르러서는 사람들의 상호작용은 상당 부분 말의 교환, 즉 대화에 있다고 보고 대화분석이라는 새로운 장르를 개척했다. 오늘날 많은 상호작용에 대한 많은 경험 연구들이 대화분석에 의존하여 컨텍스트 분석을 개진하고 있다. 활동이론가들 역시 예외는 아니어서, 실제 경험 데이터에 대한 분석과 해석을 다룬 활동이론 연구들을 보면 민속방법론과 대화분석 등이 서로 구분되지 않고 혼용되고 있다. 이 책에서 인용하는 많은 경험 연구들 역시 활동이론과 민속방법론, 절대 타협할 수 없는 이 두 영역의 경계를 아슬아슬하게 오간 흔적을 보여준다. 민속방법론 1세대들을 넘어서서 제2, 제3 세대로 넘어갈수록 그 경계는 희미해져 갔고 지금은 특히 유럽과 영국 등지에서 그들 사이의 혼종들이 크게 번성하고 있다. 이들 혼종들은 특히 한쪽으로는 테크놀로지 연구 영역으로, 다른 한편으로는 조직과 일 관련 연구 영역에서 크게 두각을 나타내고 있다.

역자는 1990년대 미국에서 수학하면서 바로 이 두 영역의 전개 과정을 가까이에서 지켜보았다. 그리고 최근 국내에서 우연히 인터랙션 또는 서비스 디자인 분야에서 종사하는 연구자들이 활동이론을 활용하고 있다는 사실을 발견하고 좀 더 체계적인 소개가 필요하겠다고 생각했다. 이들 두 영역을 공부하는 전공자로서 이들 영역을 타 연구 영역에서 보다 효율적으로 접근할 수 있도록 해야 한다는 막연한 책임감 때문이다. 나아가 인터랙션 사이언스라는 장르가 전통적인 인지과학을 넘어서서 인문학과 공학 간의 보다 적극적인 융합 영역을 개척하는 데 첨병 역할을 할 수 있을 것이라는 바람도 있기 때문이다.

민속방법론에 대한 국내에서의 우회적인 소개도 번역서의 출간을 통해 바라는 바다. 민속방법론은 현상학을 넘어서서 마음씀의 현상을 경험적으로 접근할 수 있는 장을 열어 줌으로써 탈규범주의 사회과학의 시대를 여는 데 한 획을 그었다. 그럼에도 불구하고 국내에는 민속방법론적인 경험 연구는 대화분석을 활용한 몇몇 응용언어 연구를 제외하면 여전히 미지 영역이다. 미시적 연구가 주는 비정향성으로 인해 국내 주류 사회과학에서는 참기 어려운 지적 허영심 또는 영혼 없는 연구로 배척받았을 가능성이 있다. 또한 미시적 경험 연구는 그 내용상 언어 간의 장벽을 넘기가 쉽지 않은 탓도 있었을 것으로 판단한다. 오히려 거시적 사회 연구보다는 테크놀로지 연구나 일 연구, 교육 연구 등으로 재영토화되는 것이 민속방법론과 활동이론이 소기의 성과를 거둘 수 있는 지름길이라고 본다.

역자

PART 01 인터랙션 디자인과 활동이론

CONTENTS

PART 03 인터랙션 디자인 이론

CONTENTS

PART 01

인터랙션 디자인과 활동이론

CHAPTER

01 들어가는 말

이 책은 사람들의 실천과 정보 테크놀로지 간의 관계에 관해 상세히 들여다볼 수 있는 활동이론을 소개한 책이다. '테크놀로지와 인터랙션'이라는 책의 제목에서 암시하듯이, 사람들은 어떤 방식으로든 테크놀로지와 모종의 관계를 맺고 있다.

활동이론은 1970년대 말과 1980년대 초반 레온티프(Leontiev)가 저술한 〈활동, 인지 그리고 성격(Activity, Consciousness, and Personality)〉(1978)의 영역본 그리고 워치(Wertsch)가 편집한 레온티프 등의 논문집(1981)을 통해 세상에 처음 소개되었다.

1990년대까지 활동이론은 비고츠키(Vygotsky) 이론의 아류 이론으로만 알려져 있었다. 비고츠키 이론은 1990년대 이후 서구 세계에 알려지면서 심리학, 인지과학(Cole and Scribner 1974; Wertsch 1985; Hutchins 1995), 교육(Lave and Wenger 1991), 컴퓨터 기반 협력 학습(O'Malley 1995; Koschmann 1996a) 연구 분야에서 광범위하게 영향을 끼쳤다. 활동이론을 다룬 저작물의 인용지수를 보면 1990년대에 들어와 활동이론에 대한 관심이 얼마나 폭증했는지 한눈에 알 수 있다(Roth 2004). 그 당시 출간된 상당수의 논문과 저작들(예를 들어, Engeström 1990; Bødker 1991; Nardi 1996a; Wertsch 1998; Engeström, Miettinen, and Punamäki 1999)을 보면 활동이론이 갖는 잠재력을 짐작할 수 있다. 로스(Roth 2004)에 따르면, 활동이론이 세상에 알려지기까지 기여한 공은 상당 부분 다양한 분야의 저서와 발표를 통해 활동이론을 확산시킨 핀란드 출신 학자 엥게스트롬(Yrjö Engeström)

에게 돌릴 수 있다.

이 책은 활동이론의 원리와 역사, 다른 이론과의 관계 및 인터랙션 디자인 사례를 통해 활동이론에 대한 체계적인 이해를 돕기 위해 집필되었다. 10년 전, 저자들이 저술 및 편집에 참여한 〈상황인지: 활동이론과 인간-컴퓨터 상호작용(Context and Consciousness: Activity Theory and Human-Computer Interaction)〉이 MIT 출판사에서 출간됐다(Nardi 1996a). 이 책에서는 활동이론을 기반으로 인간-컴퓨터 인터랙션(Human-Computer Interaction, HCI)에 관해 다양한 설명을 제공해주는 여러 이론들을 소개한 적 있다. 그리고 HCI 분야에 종사하고 있는 많은 전문가들은 사람들의 활동 경험에 눈을 돌리기 시작하였고 소위 컨텍스트 분석에 대한 관심이 고조되었다.

이 책에서는 다음 세 가지 내용에 관해 다루고자 하였다.

1. 활동이론은 인터랙션 디자인에 어떤 영향을 주었는가?
   활동이론에 기반을 둔 인터랙션 디자인 연구 결과들에 관해 제시하고 그에 관해 이야기해 보고자 하였다.
2. 활동이론의 특징이 무엇인가?
   현행 이론들과 비교 분석함으로써 활동이론이 인터랙션 디자인 분야에서 날로 발전해가는 다양한 이론적 지형에서 어떤 위치를 차지하고 있는지 살펴보았다.
3. 활동이론이란 무엇인가?
   난해한 이론으로 치부되어 왔던 활동이론(Engeström 1999a)을 비전공자들을 대상으로 쉽고 간결한 입문서로 소개하고자 하였다.

이 책에서는 넓은 의미에서의 인터랙션 디자인을 다룬다. 인터랙션 디자인이라는 용어는 인간-컴퓨터 상호작용(HCI) 및 컴퓨터 기반 협력 작업(Computer-Supported Collaborative Work, CSCW), 공동체(Winograd 1996; Preece, Rogers, and Sharp 2002; Bannon 2005; Pirhonen et al. 2005), 디지털 분야(Wroblewski 1991; Gaver, Beaver, and Benford 2003; Löwgren and Stolterman 2004)에서 사용하고 있다. 뢰그그렌과 스톨터맨(Löwgren and Stolterman 2004)에 따르면, 인터랙션 디자인은 디지털 인공물에 대한 사용자의 구조적, 기능적, 윤리적, 심미적 경험을 생성하기 위해 취하는 설계 프로세스다. 이 정의에는 기존의 정의와 다른 의미가 담겨 있다. 설계 대상이 컴퓨터에서 디지털 인공물로 확장되어야 한다는 것, 그러한 인공물에서 나타나는 기획된 정보처리능력뿐만 아니라 그에 따라 발현될 수 있는 잠재된 총체성까지 고려되어야 한다는 것이다.

위노그라드(Winograd 1996)는 인터랙션 디자인을 인간의 의사소통과 상호작용을 위한 공간 설계로 정의했다. 이 정의에는 뢰그그렌과 스톨터맨의 정의와 의미상으로 유사하지만 보다 보편적인 성격에 관한 아이디어가 담겨 있다. 뢰그그렌과 스톨터맨이 사용자와 자원 범위를 고려해야 하는 업무 환경의 설계 맥락을 제안한 반면, 위노그라드의 정의는 설계에의 시사점을 제시하는 경험 연구 그리고 사용자 기반의 맞춤형 설계에 이르기까지 광범위한 현안들을 포괄하는 것으로 해석될 수 있다.

인터랙션 디자인은 다양한 공동체에서 사용되면서 여러 가지 의미를 담고 있는 용어다. 이 책에서 다루는 인터랙션 디자인의 범위에는 디지털 기술에 대한 인간의 참여, 보다 유용하고 만족도 높은 인공물의 설계가 모두 포함된다. 따라서 이 책은 인간-컴퓨터 인터랙션(HCI), 컴퓨터 기반 협력 작업(CSCW), 컴퓨터 기반 협력 학습(CSCL), 디지털 디자인, 인지적 인간공학, 정보과학, 정보시스템, 인적 요소 분야에서 종사하는 연구자들에게 유용한 안내서가 될 것이다.[1]

기술을 인간 경험의 확장으로 이해하게 되면서 인터랙션 디자인에서의 관심이 컴퓨터 이외의 다양한 인공물로 확대되었고 활동이론은 이런 흐름에 부합한 관점을 제공해주고 있다. HCI는 사용자 개념에서 출발하였다. 연구자들은 사용자 중심 설계, 사용자 경험, 접근성, 유용성, 사용자 권한부여 등 이 분야를 발전시킨 일련의 핵심개념들을 개발하였다(Norman and Draper 1986; Thomas and Kellogg 1989; Cooper and Bowers 1995). 이런 개념의 확장에 힘입어, 배넌(Bannon 1991)은 CSCW의 관심사이기도 한, 사용자가 특정한 맥락 속의 행위자라는 점을 부각시키기 위해 '인적 요소에서 인간 행위자로'라는 유명한 문구를 만들어냈다. 최근에는 인터랙션 디자인에 활동을 통합하면서 활동 기반, 활동 중심 컴퓨팅(Norman 1998; Christensen and Bardram 2002; Geyer, Cheng and Muller 2003; Harrison 2004; Muller et al. 2004; Millen et al. 2005) 및 활동 경영관리(Moran 2003)와 같은 아이디어들이 출현하기도 하였다. 이러한 과정에서 인터랙션 디자인 이론은 사람들이 일과 여가에서 실제로 테크놀로지를 어떻게 사용하는지 잘 보여주고 있다.

---

1 HCI, CSCW, 그리고 CSCL은 서로 관련된 영역으로 구성된다. 지난 시절 HCI 영역은 종종 전체 무리(whole collection)를 약칭해왔다. 요즘에는 점점 '상호작용 설계', '정보과학들'은 일반적 참조점으로 활용되고 있다. 특히 디자인 설계영역의 다른 분야까지 포함하고 있다.

이러한 활동 기반 컴퓨팅 개념은 주체와 세계 간 상호작용에 있어서 맥락의 중요성에 관해 일깨워주고 있지만, 그에 앞서 활동이란 무엇인가 하는 인간의 활동이 가지고 있는 제반 특성에 관해 구체적으로 이해하는 것이 보다 중요하다. 활동이론을 통해 테크놀로지와 인간의 상호작용에 관하여 기초적인 철학과 함께 구체적인 분석 도구를 접할 수 있을 것이다. 인간의 활동을 세계 내 존재로서의 경험으로 바라보고자 한다면(Bannon 2005), 활동이론에서 핵심적으로 다룬 문제들이 무엇인지 알아차릴 수 있다. 보다 체계적이고 세련된 인터랙션 디자인을 위해서 인간의 상호작용과 활동에 대한 연구가 반드시 필요하다는 정서가 확산되면서 활동이론이야말로 그에 꼭 적합한 이론이라는 점에 대해선 반문의 여지가 없다. 활동이론은 인터랙션 디자인에서 가장 중요한 것은 사람들의 사회적이고 감성적이며 문화적 그리고 창의적인 경험에 주목하는 일이라는 점을 분명히 깨닫게 해주었다.

오늘날 활동이론은 나라와 학문의 경계를 모두 초월하는 이론이 되었다. 활동이론이 태동한 러시아는 물론 호주, 벨기에, 브라질, 캐나다, 덴마크, 핀란드, 프랑스, 독일, 이탈리아, 일본, 노르웨이, 남아프리카, 스웨덴, 스위스, 영국, 미국 및 기타 국가에서 활동이론은 널리 다루어지고 있으며, 심리학, 교육학, 일 연구 및 기타 분야에서 활용되고 있다. 이 책에서는 활동이론을 인터랙션 디자인 분야를 통해 소개하고 아울러 국제학술대회, 저널, 토론포럼에 대한 정보와 웹 링크에 관해 안내하였다.

이 책은 3부로 구성되어 있다. 1부에서는 5개 장에 걸쳐 활동이론의 기본 개념과 함께 인터랙션 디자인 연구에서 활용되고 있는 활동이론 개념들에 관해 소개하였다. 2장에서는 인터랙션 디자인 분야에서 이론의 필요성에 대해 정리하였고, 3장에서는 활동이론의 기본 원리에 관해 설명하였다. 4장에서는 실제 인터랙션 디자인에서 활동이론을 어떻게 활용하는지에 관해 이야기하였다. 그리고 5장에서는 활동이론을 적용한 응용프로그램 사례를 상세하게 보여주고자 하였다.

2부에서는 보다 심화된 주제를 다루었다. 6장에서는 활동의 객체란 무엇인지에 관해 살펴보았다. 7장에서는 경험 연구에서 객체 개념이 어떻게 사용되는지 보여주고자 하였다. 그리고 8장에서는 핵심적인 이슈를 둘러싸고 이러한 객체 개념이 활동이론에서 어떻게 발전해 왔는지 정리하였다.

3부에서는 1, 2부의 논의에 이어 활동이론의 현안과 향후 과제에 대해 다루었다. 9장에서는 활동이론과 유사한 관점으로서 분산인지, 행위자 네트워크 이론, 민속방법론과 같은 현상학적인 연구방법을 비교하였다. 10장에서는 9장에서 다루었던 에이전트와 비대칭성 문제에 대해 좀 더 깊이 살펴보았고, 11장에서는 활동이론에 남겨진 과제가 무엇인지 되짚어보는 이야기로 마무리하였다.

이 책은 활동이론의 맥락에 주목하여 읽어야 한다. 여타 이론과 경험연구의 탐색을 통해 활동이론의 편린을 엿볼 수 있는데, 사이먼(Simon)은 그의 초기 연구에서 사람들이 반복적인 상황에서 의식적 사고를 회피함으로써 정신적 애씀을 줄이는 방식에 관해 소개한 적 있다(Simon 1945). 이러한 특성은 활동이론에서 활동 시스템 내에서의 조작 수준의 활동(operation)과 매우 유사해 보인다. 조직 행동에 대해 기술한 사이먼을 언급하지 않더라도, 그런 통찰이 이론적 지평을 가로질러 일회적 사건들로 나타나는 방식을 볼 수 있다. 활동이론에서 조작 수준의 활동은 세 가지 활동 위계 가운데 하나다. GOMS 모델은 활동 시스템에 관해 잘 보여주는 사례지만 활동 단계 사이의 동적 변화 가능성을 고려하지 않는다. 활동이론에 대한 총체적 읽기를 통해 개념이 전체와 결합되는 방식에 관해 이해할 수 있기 바란다. 활동이론에는 개별적 통찰을 전체로 묶어내는 힘이 있다.

활동이론은 테크놀로지에서의 인터랙션 디자인 분야에서 앞으로도 적지 않은 공헌을 할 것이다. 다양한 요구에 부응할 수 있는 디지털 테크놀로지를 설계하는 데 도움이 될 것이며 또한 테크놀로지와 인간 사이에 존재하는 보다 근본적인 관계에 대해 밝혀 나가는 데 기여할 것으로 본다. 뿐만 아니라 활동이론 연구는 통상적인 의미에서의 인터랙션 디자인 방법에 관해 안내해줄 것이다. 그리고 테크놀로지가 어떻게 우리를 둘러싼 환경에 영향을 끼쳤는지, 나아가 영적인 존재로서 우리가 어떻게 우주에까지 맞닿아 있는지를 이해하는 데 테크놀로지가 어떤 역할을 하였는지에 관해 영감을 줄 것이다. 이러한 관심은 분명 인터랙션 디자인의 범위를 벗어난다. 그렇지만 우리가 디자인한 테크놀로지는 이러한 측면들에 대해 반드시 결정적인 영향을 미친다. 우리가 테크놀로지와의 인터랙션이 갖는 의미에 대해 깊이 이해할수록, 그것은 우리가 하는 일에 영향을 미칠 뿐 아니라 우리가 하는 일의 핵심이 될 것이다.

활동이론에서는 사고와 행위를 총체적인 것으로 이해하고자 한다. 활동이론에서는 실제 일상의 맥락에서 인간의 사고는 사람과 인공물 간에 이루어지는 상호작용의 산물이라고 본다. 우리의 사고는 관심, 의도, 기억, 학습, 추론, 연설, 성찰, 상상 등 우리 능력이 실행되는 과정에서 생성되는 성취물이다. 인간은 일상 활동에서 이런 능력을 실행함으로써 발달한다. 실제로 능력의 실행, 그것이 바로 우리 존재의 기반이다.

실제 활동에 뿌리를 둔 이런 사회적 관점은 사고를 유전적 소질로 보는 생물학적 설명이나 신경조직 수준에서 설명하는 신경과학의 견해, 꿈을 통해 보편적이며 근원적인 경험에 접근할 수 있다고 본 융의 관점과 상반되는 설명을 취하고 있다. 전통적인 인지과학에서는 컴퓨터에서 인간처럼 표상(representation)을 통해 실체를 구현할 수 있는 모델링이 가능하다고 보았다. 프로이드 관점에서는 유년기 시절 부모나 가족들 사이의 관계에 주목한다. 반면, 활동이론에서는 사고가 우리가 실제로 일상에서 취하는 행위에 의해 실현된다고 설명한다.

간단한 예로, 활동이론에서 셈을 배우는 아이들을 어떻게 설명하는지 들어보자. 활동이론에서는 아이에게 매우 중요한 존재치를 갖는 어른과 활용 가능한 인공물에 주목한다. 여러 문화권에서 아이들은 교사에게서 수학을 배우고 교사는 아이들에게 수와 연산법에 관해 설명해 주면서 그에 대해 동기 부여를 하느라 애쓴다. 아이들은 좀 더 경험이 많은 또래들로부터 도움을 받을 수도 있다. 아이들은 처음에는 몸을 사용해서 셈을 배우게 되는데, 이때 마음속으로 손가락을 헤아리며 셈법을 익힌다. 아이의 손가락은 셈을 도와주는 마킹장치로 전유되며 유용한 인공물 역할을 발휘한다. 아이가 수셈을 터득하면 셈은 아이의 내면으로 이동하게 되어 수학은 그의 머릿속에서 이루어지게 된다.

여기서 재미있는 부분은 터득된 셈은 수셈 지식이나 셈하기 과정을 벗어나 교사, 친구, 손가락 등이 있는 환경으로 분산된다는 점이다. 아이를 둘러싼 세계가 어떻게 형성되었는지에 대한 통찰은 아이가 어떻게 학습하는지 이해하는 데 매우 중요하다. 대부분의 이론은 바로 이런 측면을 놓치거나 한 가지 측면, 즉 교사만을 보거나 문제가 지식화되어 재현되는 것만을 본다. 활동이론의 분석 근거는 사람과 인공물로 가득 찬 사회적 매트릭스 안에서 벌어지는 사람들의 행위에 있다.

이러한 통찰은 수천 년 전 동양 사상에서도 표현되었다. 부처는 바세타와의 대화에서 인간의 삶에서 행위가 만물의 근원임을 설파했다.

> 나면서부터 바라문(brahmin, 브라만)이 아니고,
> 나면서부터 바라문이 아닌 것이 아니다.
> 업(행위=行爲)에 따라 바라문이 되며,
> 업(행위=行爲)에 따라 바라문이 아니게 된다.

진정으로 지혜롭다면
실제 행위 자체를 보아야 한다.
연기를 보는 자는
업(행위=行爲)과 결과를 통달하여 안다.
행위가 세상을 움직이며,
세상을 순환시킨다.
살아있는 존재는 업(행위=行爲)에 결박되어 있어,
수레의 바퀴가 굴대 빗장에 맞물려 있는 것과 같다.

이 시의 중심 이미지가 기술적인 것, 즉 제동장치가 달린 수레바퀴라는 점은 인상적이다. 시인은 인간의 행위와 그 행위에 엮여 있는 기술 사이에 밀접한 관계가 있음을 암시하고 있다. 활동이론에서 발전시켜온 이론적인 성과는 인간 활동 연구의 핵심 원리를 설명하는 과학적 관용구로 표현한 시인의 통찰에 담긴 메시지와 다름없다(Zinchenko 1996 참조).

활동이론은 수레바퀴와 그 설계 및 사용 방법에 대해 사유하는 데 도움이 된다. 우리는 지난 수년간 활동이론을 테크놀로지와 어떤 식으로든 엮여 있는 사람들의 활동을 조망하는 개념적인 틀로 제시해왔다(Nardi 1992, 1993, 1996a; Kaptelinin 1992; Kaptelinin, Nardi, Macaulay 1999; Bannon and Kaptelinin 2002). 사용자와 그들의 요구 및 테크놀로지와 그 가능성을 다루는 데 유용한 이론을 찾는 이들에게 활동이론은 꾸준히 관심의 대상이 되어 왔다.

우리는 인간의 활동으로서의 테크놀로지라는 개념에 집약된 특정한 원리 때문에 활동이론에 끌렸다. 그 원리는 다음과 같다.

- 인간의 의도성에 대한 강조
- 인간과 사물의 비대칭성
- 인간 발달 및 변화와의 연관성
- 인간 활동의 사회문화적 구성성

먼저 의도성에 대해 생각해보자. 우리는 점점 더 어딜 가나 테크놀로지로 채워진 디자인된 세상에 살고 있다. 디자인의 명백한 의도성, 즉 모든 디자인에는 의도가 있다는 점에도 불구하고 많은 이론에는 의도성 개념이 빠져 있다. 사람들이 테크놀로지를 사용하는 모습을 보면 그들은 의도를 담아 특정 테크놀로지를 활용해서 특정한 행위를 한다. 이러한 이해는 행위자 네트워크 이론 및 분산인지

이론 등의 이론적인 관점과는 사뭇 다르다. 이런 이론들은 행위자가 인간일 수도, 인공물일 수도 있는 일반화된 노드의 사회기술 네트워크를 상정한다.

여기서 행위자는 그가 연필이든 사람이든 간에 시스템을 통해 이동하는 하나의 양태를 가리킨다. 그러나 의도성은 이런 일반화된 노드가 보여주는 속성과 다르다. 활동이론에서는 사람과 사물을 분명히 구분하며 인간의 의도성이 무엇인지 보여주고자 한다.

이를테면 활동이론에서는 인간과 사물 간에 존재하는 비대칭성에 주목한다. 즉, 인공물과의 상호작용을 통해 사고하는 인간의 특별한 능력은 사실상 인공물로 전가될 수 있는 어떤 에이전트와도 비견할 수 없다. 활동이론에서는 의도, 상상력, 성찰이야말로 인간의 사고를 형성하는 핵심이라는 점을 잘 간파하고 있다. 이런 점에서 사람과 인공물을 대등한 위치에 놓고 보는 이론과는 분명히 차별된다.

활동이론에서 보면, 사람들의 행위는 어떻게든 테크놀로지와 엮여 있다. 테크놀로지는 사람들의 의도와 욕구 맥락에 따라 디자인되고 사용된다. 세상에서 사람들은 주체로서 행위하며, 자신의 의도와 욕구를 객체로 구체화시켜 구성한다. 활동이론은 사람과 도구를 매개의 관계로 상정한다. 즉, 도구는 사람과 세계 사이를 매개한다.

활동이론에서 상정하고 있는 또 하나의 중요한 원리는 발달의 개념이다. 활동이론에서는 인간의 활동이 역사의 틀 안에서 시간의 흐름에 따라 어떻게 용솟음치는지에 대해 문화심리학의 관점과 기본적인 궤를 함께한다. 그 순환 및 성장, 변화를 보지 않으면 인간 활동이 갖는 특성에 관해 이해할 수 없기 때문에 활동이론에서는 역사적인 관점을 취한다. 새롭게 디자인된 테크놀로지가 우리 현실의 일부가 된다는 것은 곧 사용자의 발달 과정, 즉 사용자 개인이 테크놀로지와 함께 발달하고 변화한다는 것을 의미한다.

활동이론에서 보면 한 개인의 발달은 분명히 사회문화적 과정이다. 그렇지만 개인은 사회나 문화로 환원할 수 없는 고유한 특성을 갖고 있다. 내면화와 객체화와 같은 경험 속에서 개인은 그가 속한 문화를 변혁하는 힘을 발휘한다. 활동이론은 기본적으로 심리학적이다. 그래서 개인을 세상의 현상을 이해하는 데 기본 단위로 본다. 이와 아울러 한 개인이 발달해 나가는 데 조건으로 작용하는 사회문화적 매트릭스의 중요성에 대해서도 충분히 인지한다. 9장에서는 창의성, 저항, 성찰이 어떻게 서로 연동되어 있는지 그리고 여기서 '개인'을 어떻게 세상에 주어진 자명한 실체가 아니라 문제적 개념으로 바라보아야 하는지 짚어볼 것이다. 인간은 놀라울 정도로 문화를 재구성할 수 있는 역량을 갖고 있다. 그리고 이로 인해 그가 속한 문화를 예측할 수 없게 넘어선다. 이런 과정 모두 개인들 안에서 일어난다.

테크놀로지를 구현하고자 하는 인간의 창의성은 영장류의 역사에서 비롯되었다. 비인간 영장류 역시 활동을 변형시키는 간단한 도구를 개발하고 공유하는 '독창적인 사고'를 한다. 일례로, 음식을 얻기 위해 막대기를 사용하는 카푸친 원숭이를 볼 수 있다(Beck 1980). 위대한 유인원, 특히 침팬지는 보다 정교한 도구를 사용할 수 있는 능력을 갖추고 있다. 야생에서 침팬지는 단단한 견과류를 깨기 위해 모루와 해머 조립품을 사용하기도 한다(Mercader, Panger, and Boesch 2002). 동물들 역시 익숙한 환경 안에서라면 어떤 문제에 봉착했을 때 그 해결책을 즉각적으로 감지할 수 있다. 그리고 그 문제를 해결하기 위해 무엇을 유용한 도구로 사용할 수 있는지 안다. 인간과 마찬가지로, 비인간 영장류의 발달도 문화적인 속성을 보여준다. 고등 영장류의 도구 사용은 서식지역에 따라 각각 다르다. 그 지역에서 구할 수 있고 접근하기 쉬운 도구와 문화적 관습에는 그 도구를 사용하는 방법에 대한 지식이 담겨 있기 마련이다.

그렇다면 인터랙션 디자인 연구에 인간의 발달이론은 물론이거니와 지향성 개념이나 사람-사물 비대칭성과 같은 개념이 왜 필요한가? 여기에서 몇 가지 시사점을 찾아볼 수 있다.

첫째, 테크놀로지와 연관된 우리의 실천을 면밀히 들여다봄으로써 낱낱으로 풀어 헤쳐진 실타래를 하나의 직물로 엮을 수 있는 틀을 제공해줄 것이라는 점이다. 예컨대, 참여 디자인과 컨텍스트 디자인 등은 결국 설계자의 의도와 사용자의 의도 사이의 괴리를 해소하고자 하는 노력의 일환으로 제시된 방안들이다. 최종 사용자 편에서 더 나은 프로그래밍에 대한 새로운 모색이 끊이지 않는 것은 사용자 측 요구가 충족되지 않고 남아 있다는 점을 반증한다(Lieberman 2000). 사용자는 새로운 기기를 접하고 어느 정도 시간이 지나면 자기 자신이 스스로 바뀌며 이를 맘껏 능숙하게 사용하게 되길 바란다. 에이전트 기반 사용자 인터페이스 설계는 사용자가 세부 사항에 신경 쓰지 않고도 높은 수준으로 자신의 의도를 구현하는 기법으로 사용자 인터페이스에 사용자의 의도성을 반영하고자 한 방식이다. 정보 테크놀로지를 설계하고 사용하고자 하는 교육 영역에서도 사용자 의도는 중요하게 다루어지고 있다. 교육에 긍정적인 영향을 미치려면 교육에 참여하는 사람의 의도된 행위를 지원하도록 테크놀로지를 설계해야 한다는 인식이 점점 커지고 있다(Gifford and Enyedy 1999).

둘째, 사용자 편에서 계속해서 경험하는 문제들에 관해 다룰 수 있게 된다는 점이다. 제공된 테크놀로지가 접근성이 떨어지고 유용하지도 않아서 사용자가 자신의 의도를 실현하는 데 좌절하는 경우는 우리 주변에서 쉽게 찾아볼 수 있다. 기술 변화 속도가 급격히 빨라지면서 사용자는 쉽게 위축되고 새로운 테크놀로지에 숙련되는 데 어려움을 겪고 있다. 불과 10여 년 전만 해도 현장에서 사용되는 기술에 특히 능숙해서 어려움을 겪는 동료들을 도와주는 전문가인 해결사(Gantt and Nardi 1992)의 기술이 통할 수 있었다. 그런데 현재에 이르러 기술이 급속하게 변하고 조직 안정성이 줄어들면서 해당 업무 현장에서 활약하는 해결사 역할에 대해 낙관적으로 생각할 수 없게 됐다. 활동이론에서는 발달 문제에 관심을 가지면서 그런 문제에 대해 본격적으로 고려할 수 있게 되었다.

셋째, 우리가 설계한 기술의 장기적인 영향을 고려한다는 것이다. 역사 발전 관점이 우리 사고의 매트릭스로 작용한다는 점에서, 기술이 설계자의 의도대로 사용될 것이라고 막연히 기대할 수 없으며 그 영향에 대해 폭넓게 고려해야 한다. 예컨대, 무선기기의 배터리 및 구성품에는 비소, 안티몬, 베릴륨, 카드뮴, 구리, 아연, 니켈, 납 및 브롬계 난연제 등 각종 독성 물질이 함유되어 있다. 휴대전화, 호출기, PDA, 포켓 PC, 휴대용 이메일 리드기, mp3 플레이어 등 수십억 대의 무선기기가 생산되고 있다. 하지만 우리에겐 거기서 방출되는 폐기물을 처리할 수 있는 적절한 방안이 부재하다. 무선기기를 매립지에 폐기하면 유독물질이 지하수로 흘러 들어가고, 소각하면 다이옥신이 생성된다. 중고 휴대폰이나 컴퓨터는 제3세계에 기부되기 때문에 최빈국의 대기와 물속이 폐기물의 마지막 무덤이 되기도 한다(〈무선기기 세계의 폐기물: 휴대폰의 문제점〉(2002) 참조). 테크놀로지의 설계자로서 우리는 이런 현실에 어떻게 대응할 수 있을까?

활동이론은 기본적으로 성찰적 이론이다. 따라서 인간의 발달에 관해 성찰하는 데 기여할 것이다. 무선기기의 유해한 영향을 줄이기 위해 친환경 설계, 생애 설계 및 전 생애 환경평가와 관련된 (컴퓨터) 아키텍처 및 제조 분야에 대한 관심이 꾸준히 부각되었다. 그런 활동에는 감당하기 어려운 노력이 뒤따를 것으로 예상되지만, 활동이론은 이런 문제를 과업으로 실천하고 있는 학문분야다. 의도성과 역사적인 발달에 관한 이론적인 개념을 창안해 낸다면 그러한 문제들을 덮고 넘어갈 때와는 차원이 다른 유익한 대화에 참여할 수 있게 될 것이다. 미에티넨

(Miettinen 1999)은 인간과 환경의 관계를 이해하기 위해서는 인간 의식의 역사적 발전을 이해할 필요가 있다는 점을 지적했다. 이질적 존재들 간의 조합과 사물과 인간의 새로운 결합을 분석하기 위해서는 이런 이해가 반드시 필수적이다(Miettinen 1999).

활동이론은 인간과 테크놀로지 간의 상호작용에 관해 검토할 수 있는 길을 열어주었다. 나아가 테크놀로지의 영향에서 벗어날 수 없는 전 지구적 문제를 다루는 대화에 참여하도록 하는 데 일조한다. 인간이 테크놀로지에 기대어 삶을 이어가는 한, 그 가능성과 책임은 끝없이 팽창할 것이다. 이 책은 테크놀로지와의 인터랙션을 이해하는 데 풍부한 이론적 토대를 제공해줄 것이다.

CHAPTER 02

인터랙션 디자인에 이론이 필요한가?

여기서는 인지심리학이 인터랙션 디자인에 어떤 영향을 미쳤는지, 그리고 전통적인 인지주의 접근의 한계에 대해서 민속방법론을 위시한 상황주의 관점의 연구들이 내놓은 대안이 무엇인지 소개한다. 이는 인터랙션 디자인을 위한 이론이 왜 실천적이고 실제적인 추론에 천착해야 하는지에 관한 이야기이기도 하다. HCI 연구 추이를 1세대와 2세대로 구분하고 탈-인지주의 관점인 활동이론이 어떻게 2세대 패러다임으로 자리 잡게 되었는지 살펴보겠다.

SECTION 2.1 인지주의 패러다임에 대한 도전

인지심리학과 컴퓨터 사이언스의 융합은 1980년대 초반 HCI 분야를 형성시켰다(Carroll 2003). HCI 연구에서는 사람들의 인지과정을 정보처리과정으로 보는 패러다임을 고수해왔다. 연구자들은 사용자 모델을 설계하고 효과적인 사용자 인터페이스 사용에 영향을 미치는 요인들을 실험하며 사용 편의성을 높이는 방안에 관해 연구해왔다. 특히 제록스 연구소에서는 많은 창의적인 아이디어들뿐만 아니라 사용자 인터페이스 등 사용자 인터랙션을 위한 유용한 이론적 틀을 마련해 주었다. 실험적인 인지과학의 방법을 적용한 그래픽 인터페이스들은 향상된 기술을 구현하고 있으며 현재 전 세계 수백만 명 이상이 이를 활용하고 있다(Johnson et al. 1989).

인지주의 패러다임은 인터페이스 디자인 분야에서 승승장구해 왔지만 1980년대 초반부터 도전에 직면하게 된다. 위노그라드와 플로레스(Winograd and Flores 1986) 그리고 서치맨(Suchman 1987)은 그들 저작에서 전통적인 정보처리 패러다임이 봉착할 수밖에 없는 한계점들에 관해 지적해왔다. 1990년대 초반부터 주류 HCI 분야에서도 이들 한계에 관해 인정하기 시작했다(Kuutti 1996 참조). 그루딘(Grudin 1990)과 배넌(1991)과 같은 이 분야의 선도 연구자들은 HCI 연구 개발 분야에서도 연구의 관점이 보다 확대된 트렌드로 나아갈 것으로 예상했다.

서치맨은 그의 저서 〈계획과 상황적 행위(Plans and Situated Actions)〉(1987)에서 인간의 행위를 알고리즘의 실행으로 환원시켜 설명할 수 있다고 본 인지주의에 대해 조목조목 반박하였다. 인공지능 연구에 대한 한계를 지적하고자 한 이 저서는 인간의 사고가 전산 프로그램으로 모델링될 수 있다고 보는 오늘날 널리 팽배되어 있는 생각에 대한 비판을 담고 있기도 하다. 인공지능 학자들은 자신들이 만든 프로그램들이 사전에 설정한 목표에 따라 문제 영역을 탐색함으로써 선택과 결정을 통해 해결책을 산출해내는 인간의 사고과정과 지능형 전산실행 방식을 잘 구현하고 있다고 믿고 있었다(Newell, Rosenbloom, and Laird 1989). 서치맨은 인간의 행위를 결정짓는 것은 그때 그때 생성되는 상황 안의 자원들이라는 점을 분명히 하고자 하였다. 인간의 행위는 그러한 자원들에 선택적이고 유연하게 반응하면서 성립되고 따라서 상황적이고 사후수정식일 수밖에 없다는 것이다. 즉, 사람들의 행위는 변주적이다. 컴퓨터는 알고리즘의 순서를 따르지만 사람들은 그렇지 않다.

그의 이러한 참신한 견해는 인지주의식의 생각에 대해 결정적인 성찰을 불러일으킬 수 있었다. 서치맨은 복사기 사용자들이 복사기와 실랑이를 벌이는 동안 결코 알고리즘 지침대로 따라하지 않으려고 한다는 점을 보여주었다. 그의 분석은 포퍼(Popper)가 말한 반증의 공략처럼 인지주의 패러다임이 안고 있는 기본 가정들의 허를 찔렀다.

인지주의 관점이 갖는 한계점에 대한 이러한 비판은 오랫동안 제기되어온 것이었다. 하지만 인터랙션 디자인 분야에 새로운 이론적인 토대의 발달을 가져다주지는 못했다. 한편, 상황적 행위에 관한 연구는 민속방법론이라는 매우 독특한 사회학의 한 분야에서 태동되고 있었다.

민속방법론은 해롤드 가핑클(Harold Garfinkel 1967)이 기초하여 만든 사회학의 한 작은 분야다. 민속방법론은 사람들이 어떻게 질서 있는 사회적 행위들을 해나가는지 자세히 기술함으로써 사회적 질서의 일상적인 토대를 밝히고자 한다. 민속방법론에 따르면 질서란 사람들이 처한 상황에서의 자원들을 동원하여 자신들의 행위를 의미 있게 변용시킬 때 비로소 성취되는 것이다.

우리 행위는 어떠한 이론이나 명제로 환원될 수 없다. 따라서 연구자의 몫은 특정한 상황을 찾아 이를 기술하는 일이다. 민속방법론에서는 어떤 일이 벌어지고 있는 현장의 상황을 매 상황 구성되는 행위의 시간적 순서로 보고 분석한다(Lynch 1999). 민속방법론은 일상에서 공유된 상식이나 방법에 관한 연구라고 할 수 있다(Garfinkel and Sacks 1970).

민속방법론에서의 핵심 연구 과제는 뭔가를 가늠하고 만들어내며, 알아채고, 지름길을 찾아내려고 하며 묘안을 계획하는 등 나름의 합리적인 면모를 가지고 있는 멤버들(사람들)의 실천적인 전략들을 탐구하는 데 있다. 민속방법론은 행위 당사자의 관점을 중요하게 다루지 않은 구조주의 사회학에 대한 반발에서 출발하였다. 민속방법론에서는 행위 당사자의 관점이 곧 연구방법의 토대가 된다. 민속방법론에서 보면 행위 당사자는 누구나 나름의 역량을 갖춘 전문가와 같은 위치에 있다. 이는 현지 문화에 대한 현지인의 이해에 다가가고자 한 인류학의 접근과도 일면 흡사하다고 할 수 있다(Lynch 1999).

민속방법론은 이러한 패러다임의 전환을 통해 풍부한 경험 연구들이 보여주듯 엄청난 성과를 낼 수 있었다. 그럼에도 불구하고 전통적인 규범주의 사회과학에서 민속방법론은 철저하게 평가 절하되어 왔다. 가핑클과 삭스(Sacks)는 민속방법론이 규범주의 사회과학과 어떻게 타협할 것인가보다는 사회과학의 목적이 이론화 작업에 있다는 사고 그 자체를 부정해야 한다고 보았다. 그들은 민속방법론을 공부하는 학생들에게 이론서의 부질없음에 대해 종종 강조하는 등 대결 양상을 펼치기도 하였다(Lynch 1999). 이러한 성향은 민속방법론을 급전적인 반(反)이론적 관점으로 내몰았으며 오늘날에도 민속방법론자들 사이에 그러한 조짐은 여전히 남아 있다. 서치맨(2000)은 민속방법론이 그 끝도 없는 디테일의 기술과 분석을 통해 이론을 구성하고자 하는 모든 시도들을 배척하고 생활세계와 실천적 행위의 복원에만 매달려 왔다고 꼬집어 말했다. 민속방법론자들은 우리에게 일반화하고 추상화하려는 태도를 지양하라고 주문해왔다. 린치(1999)는 가핑클과 삭스가 일반화된 이론을 대놓고 반박하면서 우리 사고나 추론이 기반을 두고 있는 실제 세상에서 자연스레 벌어지고 있는 일 또는 자원들에 천착할 것을 역설해 왔다고 회상하였다.

끝도 없는 디테일, 그것의 복원을 향한 반이론적 태도는 과연 바람직한 것일까? 한 가지 대답을 인류학에서 찾아볼 수 있다. 인류학은 20세기 초반 반이론화의 길을 걸어왔다. 이 과정에서 소위 역사의 과정 속에서 벌어지는 사태들의 디테일을 지난하게 기록하고자 한 역사적인 특수성을 중시하는 입장과 문화적인 진화와 같은 이론적인 원리를 찾고자 했던 이론을 중시하는 입장 사이에 갈등이 심화되었다. 전자의 입장은 오늘날에는 거의 찾아보기 어렵게 되었다. 디테일의 수집만으로는 연구 입지를 정당화하기가 점점 더 힘들어졌다. 이후 인류학의 향방은 이론화 노력에 기울면서 변모해왔다. 흥미롭게도 옥신각신하는 이런 논쟁조차도 학자풍의 이론의 장 안에서 벗어나지는 못했다.

주류 사회과학에서는 사례 기술을 그 자체로 목적으로 하는 입장을 강하게 질타해왔다. 예를 들어, 브린트(Brint 2001)는 공동체 연구 동향에 관해 검토하면서, 순수한 사례 기술 위주의 연구는 더 이상 수행되지 않을 뿐만 아니라 설사 한다 하더라도 성공할 수 없다고 보았다. 공동체에 관해 수행된 사례 기술 연구들로는 사람들이 구성하는 사회 조직에 관한 일반화된 연구 결과를 축적하는 데 역부족이었고 결국 이런 연구들은 현대 사회학에서 대거 그 종적을 감추게 되었다고 말하고 있다. 홀란, 허친스, 그리고 키르쉬(Hollan, Hutchins, and Kirsch 2000)는 HCI 분야에서도 인간과 사물 간의 상호작용에서 근간이 되는 기제를 밝히고자 하는 연구 동향의 변화에 따라 사례 조사에서 벗어나 이론화 작업으로 점점 그 무게중심을 옮겨가고 있다고 말한 적 있다.

그래서 경험적인 사실들에 관한 일반화된 이론화 작업 대신 사례 기술과 분석만을 고집하는 반이론적인 입장은 실증주의가 부딪친 바로 그 똑같은 걸림돌에 봉착할 수밖에 없다. 이론적인 정향성 없는 사례 기술 연구는 그 자체로 의미를 가지기 어렵기 때문이다. 디테일은 그 범위가 무한정적이다. 따라서 그것들만을 온전히 연구하고 복원하고자 하는 것은 불가능한 일이다. 사례 기술 분석만을 고집하는 태도는 이를 시도하고자 하는 출발과 함께 곧바로 퇴행의 길로 접어들게 될지도 모른다.

민속방법론과 같은 반이론주의에서는 이러한 모순을 놓고 오랫동안 고심해 왔다. '우리 행위가 어떻게 정립될 수 있는가'라는 물음 자체가 이미 이론적인 사고의 산물이다. 경험적인 자료를 분석함으로써 얻게 되는 결실이란 이론을 발전시켜 가는 과정에서 비롯되는 산물이라고 볼 수 있다. 그것은 마치 종의 분화에 관한 특정 사례를 탐구하는 것이 진화론을 발전시켜 가는 작업의 일환이라고 할 수 있는 이치와도 같다. 인간의 행위가 질서를 찾아간다는 것 그 자체가 연구의 최종 결론이 될 수는 없다. 인간의 행위는 혼돈으로 이해할 수도 있고 혼돈과 질서 사이를 오가는 과정, 또는 혼돈 속의 질서로 볼 수도 있다. 인간 행위는 탈이론적으로 접근해야 한다는 주장은 근거가 미약하다. 모든 관찰이란 어딘가에 기반을 두고 이루어질 수밖에 없다.

탈규범주의 사회과학이 난관에 봉착할 수밖에 없다는 사실은 아이러니하게도 민속방법론 그 자체의 전개과정에서 잘 찾아볼 수 있다. 대화분석은 민속방법론에서 비롯된 연구 분야인데 대화분석 연구가 보여준 놀라운 성과는 그 연구들이 보여주는 생생한 디테일의 기술 때문이 아니다. 오히려 그 성과는 대화에 작동하는 일반적인 규칙이 무엇인지를 밝히는 대화분석 연구들의 분석 결과에서 발견할 수 있다. 민속방법론에서는 대화가 어떻게 성립하는지에 관하여 차례교환, 수정이나 사후 보완 등과 같은 규칙들을 정립할 수 있었다. 민속방법론의 취지와는 역으로 대화분석 연구 분야가 발전되면 될수록 이들 상호작용에 관한 이론화 작업들은 더욱 공고해져 갔다. 수년에 걸친 연구들은 대화에서 동원되는 기법 분석에 주안점을 두고 그 기법의 디테일을 양화하는 식으로 그 규칙들의 이론화 작업에 동참해왔다. 대화분석 연구들은 대화의 규칙을 자신들의 학문 성과로 포장하기 시작했으며, 대화가 질서정연하게 진행될 수 있는 이유를 마치 사람들이 그 규칙을 따름으로써 가능하다는 식으로 설명하는 등 그 취지가 변질되어 갔다(Pollner 1991).

민속방법론적인 대화분석 연구들이 테크니컬한 분석으로 변질되어간 데에는 나름의 이유를 찾아볼 수 있다. 일상 행위의 디테일을 학문적으로 매력 있게 분석하는 연구를 지속적으로 재생산하기란 그리 쉬운 일이 아니었기 때문이다. 인류학 영역만 봐도 그 정도 수준에 도달하는 학자는 그리 많지 않다. '두툼한 기술(thick description)'이라는 개념으로 유명해진 기어츠(Geertz)도 그런 몇 안 되는 학자 중 하나다. 기어츠는 발리에서의 닭싸움, 모로코 등을 저술한 탁월한 문학적 자질을 갖춘 스타급 연구자다. 그런 수준의 기술 연구를 수행할 수 있는 연구자는 그리 흔치 않다.

탁월한 문학적 기술 수준을 넘어서서, 상황적 행위의 관점은 도대체 우리에게 어떤 이론적 해명을 제공해줄 수 있는가? 두리쉬(Dourish 2001a)는 이러한 의문에 대해 다음과 같이 변호하고자 했다.

> 상황적 행위에 관해 연구하고자 한다면 이를 추상적으로 서술하고자 하는 습관에서 벗어나야 한다. 사람들의 행위가 어떻게 그렇게 전개될 수 있는지 이해하기 위해서는 그러한 행위들이 벌어지는 현장적이고 상황적인 면모들에 주목해야 한다. 상황적 행위에 대한 분석 모델이 있다고 한다면, 그것은 이론적인 설명에 앞서서 실제 시간과 실제 공간 그리고 그 안에서의 체화된 행위들을 우선적으로 두고 보아야 한다는 점을 명심하는 것 이상도 이하도 아니다(Dourish 2001a).

두리쉬는 여기에도 분명 현장의 실제 실천을 선택하고 이를 개념을 통해 추상화한 모델이 존재한다고 보았다. 그러나 이론적인 모델과 체화된 행위는 서로 모순된 개념일 수밖에 없다. 그것은 마치 메뉴판이 곧 식사는 아니라는 이치와도 같다. 체화된 행위를 넘어서서 그 위에 추상적 이론을 상정하고자 하는 노력은 이러한 혼동에서 비롯된다. 이러한 혼동은 민속방법론적인 설명 기저에 항상 꿈틀거린다. 널리 알려져 있는 민속방법론자인 린치(Lynch, M)는 '자연스럽게 일어난' 또는 '실제적'이라는 개념이 자의적으로 사용되고 있다고 지적한 바 있다. 어떤 사태를 그에 대한 설명 방식대로 재현한다는 것은 전혀 가능하지 않다(Lynch 1999).

서치맨(2000)은 민속방법론에서는 생생한 경험이나 체화된 실천이 전문적인 어휘나 개념적인 모델로 환치되는 것에 대해 극도로 경계해 왔다고 보았다. 사회과학이 지나치게 이론화되는 경향에 대한 경계로서는 타당할지 모르나 그렇지 않은 경우에 지나친 경계는 무의미해질 수밖에 없다. 생생한 경험을 모델화시킬 수 없다면 설명은 왜 필요한 것인가? 설명은 생생한 경험과 동일한 것이라 할 수 없다. 행위와 실천은 실제 시간의 흐름 안에서만 생성되는 것이기 때문이다.

우리가 연구를 통해 접근할 수 있는 것은 개념적인 지식들뿐이고 이들은 추상적인 형태로 남아 있을 수밖에 없다. 이런 지식들은 관점이나 시각 그리고 개념이나 이론에 따라 결정된다. 우리는 개념이나 모델을 통해 우리가 이해했다고 보는 것들을 해명하고 설명한다. 연구자는 실천 그 자체를 '복원'할 수 없다. 현장에서 벌어지는 실천은 생물체(a lived thing)처럼 시간의 흐름과 함께 우리를 지나쳐 버리기 때문이다. 말이 육신과 같을 리는 만무하다. 최소한 과학 영역이라면 더더욱 그렇다. '자연스러운', '실제로'와 같은 용어는 이론이 어떤 맥락에서 어떻게 적용되었는지 모호하게 할 뿐이다.

민속방법론에서도 전문적인 용어나 모델을 전혀 무시할 수는 없었다. 굿윈(Goodwin 1994)은 지각의 구조화, 전문적 시지각과 같은 전문가의 실천에 관한 개념들을 연구의 주제로 활용하기도 하였다. 서치맨은 이들 개념을 통해 도시공학 분야 전문가들의 수행 실천을 분석하기도 하였다. 해당 개념들은 문화의 진화나 의식과 행동의 통일과 같이 상황적 행위를 서술하는 의미를 넘어서서 이론화되기 쉬운 용어들이다.

삭스 등이 밝힌 것처럼 민속방법론 연구는 탈맥락적일 수도 있고 상당히 맥락의존적일 수도 있다(Button and Dourish 1996에서 인용). 이 지적을 보면 민속방법론이 얼마나 이중적일 수 있는지 잘 나타나있다. 린치는 가핑클이 보여준 이론에 관한 이중성을 다음과 같이 언급한 적이 있다.

> 가핑클은 이론화 작업에 대해 철저히 경계하면서도 일상의 사회가 어떻게 멤버들의 방법 – 그것이 형식적이든 무형식적이든, 암묵적이든 명시적이든, 전문가스럽게든 일반인스럽게든, 효율적이든 비효율적이든, 합리적이든 비합리적이든, 어떤 방법이든 아니면 또 다른 방법을 분석하는 방법이든 – 기타 등등을 통해 그 스스로를 구성하는지 전반적인 이론을 제시하고자 하였다(Lynch 1999).

이 긴 인용문의 마지막 단어를 보면 민속방법론이 이론과 얼마나 팽팽한 긴장 관계를 유지하고자 하는지 잘 엿볼 수 있다. 우선 첫 문장은 민속방법론의 관심이 사회적 질서에 관한 것임을 천명하고 있다. 그런데 마지막 문장을 보면, 기타 등등과 같은 표현에서 민속방법론이 이론과 결별하고자 하는 열망이 얼마나 탈질서화되는지 잘 드러난다. 디테일의 기술에 집요하게 집착했던 가핑클은 그의 제자들이 연구하고자 하는 실천을 섭렵할 수 있도록 지도해 왔다고 린치는 회고하고 있다. 이러한 극단적인 참여관찰로 인해 민속방법론 연구자들은 때로는 트럭 운전 그리고 때로는 티벳 불교의 설법에 직접 힘들여서 참여해야만 했다(Lynch 1999). 민속방법론자들이 자인하듯이, 부턴과 두리쉬(Button and Dourish)가 말한 테크노-방법론(technomethodology)의 역설로 인해 민속방법론 연구를 인터랙션 디자인에 응용하는 데에는 한계가 있을 수밖에 없다.

미시적 상황의 분석에 집착해온 민속방법론으로서는 새로운 테크놀로지 디자인에 줄 수 있는 시사점을 찾기가 쉽지 않다. 분명 민속방법론자들은 민속방법, 즉 사람들의 일상적인 전략과 방법에 대해서 설계 연구자들이 좀 더 분명히 안다면 설계안 개발에 도움을 받을 수 있을 거라고 주장할 것이다. 그러나 업무 현장에서 계속해서 변화해가고 있는 테크놀로지와 시스템 디자인에 직면하게 되면 민속방법론은 상대적으로 무기력해질 수밖에 없다. 민속방법론은 사람들의 일상적이고 실제적인 방법에 관해서만 이야기해줄 뿐 새로운 테크놀로지의 출현과 함께 실천이 어떻게 변화해 가는지에 관해서는 말해줄 수 없기 때문이다(Button and Dourish 1996).

린치는 민속방법론이 우리에게 제공해줄 수 있는 것은 연구 프로그램의 청사진일 뿐 어떤 정합적인 기초 이론은 아니라고 보았다. 그는 민속방법론이란 행위 당사자의 관점을 취하면서도 다른 한편으로는 판단중지와 같은 냉담한 태도를 취하기 때문에 사회적 행위에 대한 합리적 모델을 제시해주는 사회과학의 모델, 방법 또는 관점은 아니라는 점을 분명히 하고자 했다.

이처럼 이론화 문제에 있어 민속방법론은 그 한계를 지니지만, 민속방법론이 인터랙션 디자인 연구에 미친 영향에 대해서는 인정해야 할 것이다. 민속방법론은 철저히 인지주의를 탈피함으로써 새로운 탐구 분야를 개척하고자 했을 뿐만 아니라 인터랙션 디자인이 HCI 분야나 컴퓨터 기반 협력 업무 연구와 같이 사회 및 조직적인 요인들을 아우를 수 있도록 해줌으로써 그 연구의 폭을 넓히는 데 결정적인 기여를 해왔다(Grudin 1990; Bannon 1991; Carroll 1991, 2003). 민속방법론은 인터랙션 디자인의 범주를 확대시켜 나갈 수 있도록 연구의 원동력을 추동해왔을 뿐만 아니라 심도 있는 경험 연구들을 양산해 냄으로써 새로운 연구 영역의 가능성을 열어주었다. 이러한 접근은 사용자에게 사용가능성을 높여주는 컴퓨터 시스템의 디자인 연구 분야에도 충분히 시사점을 줄 수 있다. 이 점에서 민속방법론은 여전히 잠재가능성이 큰 새로운 연구 접근이라 평가할 수 있다.

민속방법론은 이론화 작업에 대하여 냉담한 태도로 일관해왔다. 그러나 실천의 디테일을 행위 당사자의 입장에서 기술하고자 했다는 점은 중요하게 다루어져야 한다. 민속방법론의 이러한 관점은 HCI 연구 방법으로 높이 평가할 만하다. 부턴과 두리쉬(1996)가 말한 대로, 디자인에서의 변용 문제와 상황맥락적인 구성으로서의 의미 관점에 관한 한 민속방법론으로부터 얻을 만한 시사점은 적지 않을 것이다.

SECTION

2.2 왜 이론인가?

상황적 행위의 접근은 민속방법론에서 발전해 왔으며 인지주의 패러다임을 뒤흔들어 왔다. 그러나 이론에 대한 민속방법론의 냉담함은 인터랙션 디자인 영역에서 이론의 부재라는 문제를 남겨왔다. 가핑클과 삭스의 말대로, 이론이란 정말 의미 없는 것일까? 왜 우리는 여전히 인터랙션 디자인에서 탈-인지주의 이론을 찾고자 하는 것일까? 이 절에서는 이론을 필요로 하는 몇 가지 이유에 관해 정리해 보기로 한다.

보편적으로 이론은 개념들을 공유하는 공동체를 형성한다. 물론 완벽한 이론의 공동체란 있을 수 없다. 그러나 이론적인 개념을 가지고 있지 않다면 우리는 서로 소통할 수 없다(Carroll 2003). 무한정적인 디테일에 대한 설명만으로는 부족하다. 서로 비교하며 이론을 만들기도 하고 일반화시키기도 하는 힘이 반드시 필요하다.

이론은 우리에게 어떻게 해석해 나갈지 전략적인 선택의 기회를 부여해준다(Halverson 2002). 분석의 결과는 항상 잠정적이고 가변적이다. 그럼에도 불구하고 그러한 분석의 결과는 개념적 형식을 취함으로써 현재를 점검하고 다음 단계로 넘어갈 수 있도록 발판 역할을 제공한다.

이론의 부재는 곧 변증법적인 논리의 부재를 뜻한다. 서로 다른 관점들을 병치시켜 놓고 볼 수 없고 따라서 서로 비교하면서 각각의 관점에서 무엇이 결여되어 있는지 파악할 수 없기 때문이다(Mannheim 1936; Bakhtin 1981; Miettinen 1999). 이론은 본디 다양한 목소리를 내도록 하는 데 도움을 준다. 이론은 테스트 가능하고 역동적이며 생성적인 그 어떤 것으로, 비판의 대상이 되기도 하고 수정이 되기도 하며 발전되어 가기도 한다. 이론은 비판과 수정 그리고 재구성을 통하여 다채로운 관점에 생명을 불어넣어 준다. 이론을 경시하는 것은 곧 폐쇄된 종국으로 치닫게 될 수 있는 전체주의적인 관점을 숭배하는 것과 다름없다.

한 발 더 진전하기 위해 그리고 우리의 에너지를 집중하기 위해, 이론이 요구된다. 그렇지 않으면 특정 사례에 대한 디테일한 분석이라는 함정으로 다시 빠지고 말 것이다. 그로 인해 각 사례들이 전형적인 것들인지 혹은 눈여겨봐야 할 중요한 예외인지 판단할 길이 없어진다(Kaptelinin 2002). 분석하는 사례들 속에서 어떤 추이나 공통점 그리고 시사점에 대해 발견할 수도 논의할 수도 없다. 미에티넨(Miettinen 1999)은 실증 경험주의가 이론의 부재로 말미암아 절름발이가 되었다고 지적한 바 있다. 그는 이론적 개념이 없으면 무엇이 중요하고 핵심인지 그리고 무엇이 그렇지 않은지 도대체 어떻게 결정할 수 있겠느냐고 토로했다. 위태커와 동료들(Whittaker, Terveen, and Nardi 2000)은 참고문헌을 활용하는 도구만 잘 개발해도 인터랙션 디자인이 훨씬 빨리 발전할 것이라고 주장했다. 실제로 스피치 프로세싱(speech processing) 분야에서는 그렇게 해서 재미를 보기도 했다. 문헌 연구에는 선행연구 비교는 물론 일반화된 결론을 찾아낼 수 있는 잘 정립된 과학적 연구방법론 또한 포함된다.

우리는 이론적 틀이 사회과학자와 소프트웨어 설계자 사이에 생산적인 협력을 촉진시켜줄 수 있을 것으로 본다. 이론적 접근은 기술의 사용 문제를 개념화해 줌으로써 설계자로 하여금 문제에 접근 가능하도록 해줄 것이다. 나아가 사회과학자와 설계자로 하여금 협업할 수 있도록 성찰의 기회를 제공해줄 것이다. 우리는 이미 공통의 모델 정립을 위해 공유 가능한 기반을 마련한 인지과학과 컴퓨터 사이언스에서 그러한 가능성을 경험했다. 소프트웨어 설계자들이 활동이론을 어떻게 활용하는지 이미 여러 연구에서 밝혀졌다(Barthelmess and Anderson (2002), Collins, Shukla, and Redmiles(2002), Fjeld et al.(2002), Zager(2002), and de Souza and Redmiles(2003) 그리고 소프트웨어 설계자들과 협업하는 연구자들인 Bellamy (1996), DeCortis, Rizzo, and Saudelli(2003), and Gay and Hembrooke(2004)).

프래그마티즘 철학자 리처드 로티(Richard Rorty 1991)는 과학은 이론을 통해서 정립되어 왔는데도 불구하고 왜 성공적일 수 있었는지에 관해 질문을 던진 적이 있다. 그의 결론은 과학은 사람들이 가치 있게 평가할 수 있는 성과들을 생산해 왔다는 것이다. 즉 과학은 사람들이 원하는 것들을 가져다주기 때문에 발전해 왔다는 것이다. 과학 이론은 완벽한 지식이 아니다. 그러나 사람들의 목적에 맞춰 이를 충족시켜 준다. 실재에 올바르게 다가가느냐의 문제가 아니라 이를 다루는 방식을 창출할 수 있느냐의 문제다. 세상에 단 하나의 정답이란 있을 수 없다. 각기 다른 목적에 알맞은 다양한 이론들이 있을 뿐이다(Rorty 1991).

바델메스와 앤더슨(Barthelmess and Anderson 2002)의 다음 지적 또한 이러한 견해를 잘 보여주고 있다.

> 이론의 가치는 그것이 얼마나 실재를 객관적으로 표상화하느냐에 달려 있지 않다(Bardram 1998). 그것은 관련된 이슈들을 부각시키면서 연구의 목적을 얼마나 잘 만들어내느냐에 달려 있다.

과학과 이론은 꾸준히 발전해올 수 있었는데 그것은 우리 경험이 계속해서 앞으로 나아갈 수 있도록 욕망의 객체를 창출할 수 있었기 때문이다. 과학은 비록 때때로 오류와 실수를 보이지만 결국에는 합당한 방향으로 인간의 지식을 확장시켜 나갈 것이다.

SECTION 2.3 인터랙션 디자인에서의 새로운 도전들

인터랙션 디자인에서 서로 시점을 달리하면서 우세해온 두 접근은 마치 거울 이미지와도 같다고 할 수 있다. 인지주의 접근은 일반화 가능한 모델을 만드는데 매우 세련되고 구조화된 개념 틀을 제공해 주었다. 따라서 이들 모델들은 디자인에 접목되기에 매우 용이하였다. 그러나 그 접근은 앞서 언급한 바대로 지나치게 협소했기 때문에 인터랙션 디자인에서 중요한 포인트들을 많이 놓칠 수밖에 없었다. 반면 민속방법론은 실천의 디테일에 관해 풍부하게 서술할 수 있는 길을 열어놓았다. 그러나 이들 연구들은 일반화를 강하게 부정해왔고 바로 이 점 때문에 디자이너의 관심과는 동떨어질 수밖에 없었다(Button and Dourish 1996).

인터랙션 디자인 연구의 역사를 돌이켜보면 여기에 합당한 이론은 인지과학과 민속방법론이라는 두 극단 사이 중간에 위치해 있어야 한다. 이러한 이론은 두 가지 준거를 충족시켜야 한다. 테크놀로지 사용의 핵심을 파악할 만큼 풍부해야 할 것이며, 인터랙션 디자인에서 실용적인 도구로서 충분히 기술적이며 일반화 가능한 내용이어야 한다. 그림 2.1은 실천의 복잡함을 잘 반영한 탈-인지주의의 관점을 보여준다. 또한 사람과 사물이 어떻게 서로 영향을 미치면서 양자 사이에 평가와 디자인의 순환 고리를 만들어 내는지 보여준다.

그림 2.1 인터랙션 디자인의 범주 확장

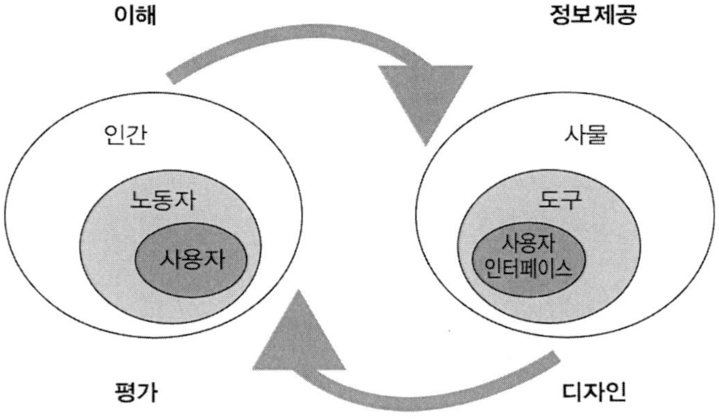

디자인 분야에서는 데스크톱을 사용하던 지식노동자에서 벗어나, 조직 내에서 테크놀로지에 기반을 둔 협업이나 재택근무를 포함한 업무방식의 변화, 다양해진 가상공간과 물리적 공간, 사고의 과정이 아닌 인간의 보편적인 경험 등으로 그 관심사가 계속해서 발전하고 있다. 특히 개인의 경험과 집단의 경험이 어떻게 서로 연결되고, 조율되며 관리되는지가 디자인 분야에서 핵심적인 관심사로 부상하였다.

인터랙션 디자인에서는 디자인에 감성을 반영하는 문제나 인터랙션 기기 사용에 흥미를 유발시키기 위해 사용 가능성을 확장시키는 문제(Norman 2004), 체험적인 테크놀로지(McCarthy and Wright 2004), 감성 컴퓨팅(Picard 1997), 감성 디자인(Aboulafia and Bannon 2004), 자율 가상 캐릭터(Tomlinson 2005), 퍼포머티브 디자인(Kuutti, Iacucci, and Iacucci 2002), 공현존의 테크놀로지(Licoppe 2004), 설득적 기술(Fogg 2000), 맥락 인지 컴퓨팅(Dourish 2001b), 컬추럴 프로브(Gaver, Dunne, and Pacenti 1999), 지능형 건축물과 작업 공간(MacIntyre et al. 2001; Nardi et al. 2002; Kaptelinin 2003; Fisher and Nardi in press) 등이 최근 관심 분야로 떠오르고 있다.

전자 민주주의를 촉발시킨 시스템에 접속하는 수천 수백만 사용자들은 협심하여 후보를 내세우기도 하고 의회에 영향력을 행사하기도 한다(Foot et al. 2003; Robertson 2005). 통합 서비스 디지털 포탈에서와 같은 새로운 형태의 퍼블리케이션은 퍼블리케이션 개념의 의미를 바꿔놓기도 하였다. 블로그나 위키와 같은 새로운 퍼블리케이션은 정당대회나 캠페인 등과 같은 더욱 광범위해진 사회적 장으로 그 세력을 넓혀왔다. 분자생물학이나 생태학 분야에서 협력도 그 규모가 확대되어 왔고 더욱 업그레이드된 디지털 기기에 대한 수요를 창출시켜 왔다(Baker, Bowker, and Karasti 2002; Zimmerman 2003).

로봇과 나노기술과 같은 새로운 테크놀로지는 다른 양식의 사용자 인터페이스를 요구하고 있다. 과학 공상 시나리오에서 엿볼 수 있듯이 우리는 우리와 상호작용하는 로봇을 상상하기도 하고 의료용 마이크로 기계를 꿈꾸기도 한다.

오늘날 직장 속 노동의 양식 또한 변모를 거듭해가고 있다. 일은 더욱 조직 내 전반에 분산되어 이루어지고 그 형태 또한 유연하며 고정적이지 않다. 많은 일들은 네트워크나 가상의 팀으로 접근되며, 이들 새로운 양식들은 이미 전통적인 조직상의 위계체제를 대치해가고 있다(Mortensen and Hinds 2001). 많은 노동자들은 업무 일상에서 자신들의 업무가 시시각각 누군가에 의해 관여될 수 있음을 경험하고 있다(Kirsh 2001; Czerwinski, Horvitz, and Wilhite 2004; Fussell et al. 2004; Gonzalez and Mark 2004). 디자인의 과제 또한 이러한 새로운 현실에 직면해있다. 오늘날 지식 노동에는 멀티태스킹과 다양한 집단이나 개인들과의 협력이 중요하게 자리 잡아가고 있다. 이런 조건에 최적인 테크놀로지를 디자인하기 위해서는 업무활동에 관해 섬세하게 분석한 자료에 의존할 수밖에 없다(Kaptelinin 2003; dePaula 2004; Morteo et al. 2004; Fisher and Nardi in press). 업무는 더 이상 정신노동이라고만 생각할 수 없게 되었다. 노동자들의 필요에 따라 도구들을 얼마든지 유연하게 사용할 수 있는 업무 환경을 만드는 일이 이제 업무의 핵심이라고 할 수 있게 되었다(Spinuzzi 2003).

인터랙션 디자인은 업무에서뿐만 아니라 놀이에서도 그 영향력을 뻗치고 있다. 수천 명의 사람들이 온라인 게임에 접속하면서 새로운 형태의 글로벌 협력을 경험하고 있다. 기존의 면대면 상호작용에서는 거의 찾아보기 힘든 새로운 상호작용의 양식들을 이제 막 경험하기 시작한 것이다. MMOG 멀티 플레이어 온라인 게임의 역사는 이제 갓 십수 년을 넘겼지만 현재 전 세계적으로 수백만의 게이머들을 불러 모으고 있다. 리니지2 게임은 한국에서 수백만 장이 팔렸을 뿐만 아니라 게임에 등장한 레퍼런스들이 K팝 문화에 영향을 미치고 있다. 이베이(eBay)에서는 MMOGs 캐릭터들을 사고팔고 있다. 사람들은 이제 게임 속에서 우정을 다지거나 공동 전선을 펼쳐 적을 괴멸시키며 부상자들을 치료하기도 하고 여타의 수많은 판타지 액션에 빠져들기도 한다. 이러한 게임 안에서의 경험은 일터나 학교와 같은 다른 공간으로 유입되어 들어오고, 게임 외에 여러 방식으로 온라인에서 형성된 소셜 네트워크는 사회적 상호작용에 중요한 영향을 미치고 있다. 그러나 그 추이는 예측하기 어렵다(Wellman 2001).

교육 영역 또한 계속해서 변화해가고 있다. 전이 모델은 비고츠키의 영향을 받은 구성주의가 나오면서 발전해갔다. 디지털 교육용 기기는 그 전통을 기반으로 자리 잡아가고 있다(Cole 1996; Koschmann 1996a; Pea 1999; Sharples 2000; Haythornwaite 2002; Roschelle and Pea 2002; DeCortis, Rizzo, and Saudelli 2003; dePaula 2004; Gay and Hembrooke 2004; Stahl 2006). 디자인 영역 역시 계속해서 진화해가고 있다. 디자인 영역에서는 보다 더 협력을 기반으로 한 디자인을 창출시키는 새로운 디지털 환경을 만들어내고 있으며 이는 이론적인 발전에 따른 성과라고 볼 수 있다(dePaula 2004; Fischer 2004).

이론은 기본 원리와 개념을 통해 현존의 세계를 체계적으로 탐구하고 분석할 수 있도록 안내한다. 때로는 혼동스러운 이슈들이 종종 현대 인터랙션 디자인에 크게 공헌하기도 한다. 이때 이론은 다루고자 하는 문제를 적절히 작은 단위로 쪼개어 탐구에 우선순위를 설정할 수 있도록 하고, 연구자나 설계자들에게 설계 대상에 어떻게 접근해야 할지 길잡이 역할을 해줄 것이다.

활동이론은 이러한 시도에 유용한 이론이라고 볼 수 있다. 활동이론에서 핵심 관심사는 사람들 경험의 의도성, 매개성 그리고 사회성에 있다. 테크놀로지의 이해와 디자인은 사용자 경험 분석에 기반을 두어야 한다는 것이 활동이론의 기본 관점이다. 인터랙션 디자인의 관심사에는 도덕 윤리, 문화 다양성, 사회적 이슈나 비판적인 분석, 정서나 감성 또는 영성적인 이슈들이 포함될 수 있다. 활동이론은 사회적인 맥락에서의 매개의존적인 사람들의 행위에 관한 이론으로서 분명 인터랙션 디자인에 대한 보다 포괄적인 견해를 제시해줄 것이다.

슈나이더만(Shneiderman 2002)에 따르면 이론에는 다섯 가지 유형이 있다. 첫째는 기술적인 이론이다. 둘째는 설명적인 이론으로 관계와 과정에 관해 드러내준다. 셋째는 예측이론으로서 발생가능한 일을 예측할 수 있게 해준다. 넷째는 베스트 프랙티스에 기반을 두어 가이드를 제시해주는 처방적인 이론이다. 다섯째는 생성적인 이론으로 독창성이나 발명과 발견을 이끈다.

활동이론에서는 다음 세 가지 특징을 찾아볼 수 있다. 첫째, 사례 기술 분석을 근간으로 하는 이론이다. 이는 개념들이 실지로 무엇을 의미하는지 사례들을 통해 밝혀준다는 점에서 그렇다. 둘째, 설명을 근간으로 하는 이론이다. 이는 어떤 현상이 어떻게 그리고 왜 일어나는지 설명해주는 기제에 관해 다룬다는 점에서 그렇다. 셋째, 생성해가는 이론이다. 이는 계속해서 진화해 가면서 인터랙션 디자인에 응용되는 이론이라는 점에서 그렇다.

인터랙션 디자인 분야에서 이론적 토대는 분산인지, 현상학 그리고 행위자-네트워크 이론(ANT, Actor-Network Theory)과 같은 탈인지주의 이론에서 찾아볼 수 있다. 이론적 접근들에 관해서는 9장에서 살펴볼 것이며 특히 이들 접근들이 활동이론과 어떤 차이와 유사성을 보여주는지 알아보겠다.

CHAPTER

03 활동이론이란 무엇인가?

SECTION 3.1 서론

이 장은 활동이론에 관한 가장 권위 있는 저작인 알렉세이 레온티프(Aleksey Leontiev)의 〈Activity, Consciousness, and Personality〉(1978)에 터해 서술하였다. 레온티프의 이 조촐한 이론서는 활동이론 개론서가 아닌, 몇몇 이론적 개념을 소개하는 에세이 모음집이다. 레온티프는 이 책에서 많은 쟁점들이 명확하게 다루어지지 않고 단지 언급되는 데 그쳤음을 강조했다. 그리고 그후 현재까지 활동이론을 소개하는 체계적인 개론서가 나오지 않았다. 이에 따라 인터랙션 디자인 같은 학제 간 연구 분야에서는 레온티프, 비고츠키 등 주요 이론가의 저서를 접해보지 못한 사람들을 위한 개론서의 필요성이 대두되고 있다.

여기서 다룰 내용은 활동이론의 핵심 내용, 개념, 원리에 관한 것이다. 활동이론에 관하여 짤막한 소개 수준 이상으로 정리해 보고자 한다(예를 들어, Wertsch 1981; Davydov 1990a; Bødker 1991; Kuutti 1992; Nardi 1992, 1996a, 1998; Blackler 1995; Kaptelinin, Kuutti, and Bannon 1995; Kaptelinin 1996a; Kaptelinin and Nardi 1997; Verenikina and Gould 1998; Bertelsen and Bødker 2003). 개념의 역사적 발전과정을 등한시한 채 이론의 기초적인 개념 위주로 요약 설명하는 책들이 많다. 학술지나 학술대회 발표의 한정된 분량으로 인해 이런 요약이 유일한 접근방식이라고 생각해왔다. 그러나 그간의 경험을 생각해보면 이런 방법이 항상 효율적이지는 않다. 이론이 출현하게 된 배경에 대한 이해 없이 그 이론에서 나오는 개념들을 충분히 이해하기는 쉽지 않다. 여기서는 활동이론이 출현한 지적인 배경과 함께 기본 개념과 원리에 대해 살펴보고 정리하고자 한다.

이 장에서는 비고츠키의 문화역사적 전통 안에서 레온티프가 제시한 활동이론에 관해서 정리해 보겠다. 최근 몇 년 동안 레온티프류의 활동이론의 영향을 받은 이론들이 등장했다(Engestrom 1987; Greif 1991; Rabardel and Bourmaud 2003). 이를 둘러싼 논쟁은 후반부에서 일부 다룰 것이다. 4장에서 엥게스트롬(Engeström 1987; 1990)의 이론에 대해 설명하고, 6장에서 이 이론이 레온티프의 이론과 어떤 차별성을 보여주는지 살펴보겠다.

이 장에서는 다양한 출처에서 나온 아이디어와 자료를 망라하여 집약했다. 이 책에서 다룬 활동이론에 대한 해석은 저자들의 해석에 따른 것인 만큼 여타의 해석과 다를 수 있다. 여기서 제시하는 활동이론 개요는 인터랙션 디자인에 천착해서 정리한 것이다. 따라서 성격 발달이나 사고의 구조 등과 같은 주제보다는 인터랙션 디자인을 염두에 두고 소개할 것이다.

이 장은 일반적인 활동의 개념과 인터랙션 디자인에 주는 함의에 대한 논의에서 출발한다. 이어서 비고츠키의 문화역사적 심리학의 뿌리부터 레온티프에 의해 영향을 받은 이론적인 틀과 오늘날의 이론적 발전에 이르기까지 활동이론의 토대가 되는 주요한 아이디어의 역사적 개요에 관해 보여줄 것이다.

SECTION 3.2 활동이란 무엇인가?: 주체와 객체 간의 경계 허물기

3.2.1 활동이란 무엇인가?

활동이론은 활동의 생성, 구조, 과정을 분석함으로써 일상의 생활세계 안에서 살아가는 개인과 집단에 대해 이해하고자 하는 사회심리학 이론이다. 활동은 활동이론에서 가장 기본적인 개념이다. 일반적으로 인간을 비롯한 모든 주체의 활동은 주체와 세계 사이의 유목적적인 상호작용으로 '주체-객체'의 상호 변형이 일어나는 과정이다(Leontiev 1978). 그림 3.1은 활동의 기본적인 구조를 보여준다.

그림 3.1 **활동의 기본적인 구조(S, 주체; O, 객체)**

S ⟷ O

이 같은 일반적인 정의에 따르면 활동은 무수한 이론에서 연구 대상으로 다루어져 왔다. 활동이론이 갖는 다른 이론과의 차별성은 주체와 객체에 우선하는 활동의 우위성에 대한 근본적인 통찰에 있다. 활동은 가장 기본적인 범주다. 따라서, 활동에 대한 분석은 주체와 객체를 제대로 이해할 수 있는 가능성을 열어준다. 이런 생각은 상식과 어긋나는 것처럼 보일 수 있다. 자연과학의 전통적이고 전형적인 분석적 사고에서는 활동에 대해 이해하려면 주체와 객체를 각각 상정한 후에 그 양자 사이의 상호작용에 관해 추론해야 한다고 가정한다. 활동이론은 이런 가정에 대해 반박한다. 그리고 이 흠 잡을 데 없는 논리가 우리를 잘못된 방향으로 안내한다고 주장한다.

첫째, 활동이론에서 보면 주체와 객체는 활동을 떠나서 따로 존재하지 않는다(Leontiev 1978). 그들의 존재치는 어떤 환경에 놓이는 것만으로 드러나지 않고 실제 활동을 통해서만 성립한다. 물론 주체와 객체의 속성을 일반화할 수는 있다. 'John은 수학을 잘 못한다'와 같이 주체가 특정 상황에 국한되지 않는 추상적 속성을 갖는 것으로 가정할 수도 있다. 이러한 일반화는 일정 정도 유용하며 불가피하기도 하다. 그러나 이러한 일반화에 기초한 추론은 정확성이 떨어진다는 문제점을 안고 있다. 추상적 속성이 드러나는 방식은 결정적으로 눈앞에 닥친 상황에 달려 있다. 가령 산술 연산의 경우, 일상적인 상황 속 익숙한 것을 상대로는 잘 해결해 내지만 추상적이거나 인위적인 과제에서는 잘 해내지 못할 수 있다(Cole 1996).

둘째, 활동으로 인해 주체와 객체는 변화한다. 특히, 주체의 발달적 변화는 활동 참여를 통해 발생하고 활동의 성격에 따라 결정된다. 그리고 주체에게 상당한 수준의 변화를 유발시키기도 한다. 헬스클럽에서 역기 운동을 하는 사람에 대해 생각해보자. 이 사람의 역기 들기는 본인의 체력에 따라 결정된다고 생각할 수 있다. 체력이 충분하면 역기를 들 수 있고 그렇지 않으면 들지 못할 것이라는 인과적인 설명 외에 다른 설명은 있을 법하지 않다. 그러나 이 사건을 역사적 관점으로 확장해서 살펴보면, 인과관계가 그와는 반대임을 알 수 있다. 그가 굳은 의지와 지속적인 노력을 통해 근육을 키웠다면 역기 들기가 그 체력의 원인이지, 체력이 역기 들기의 원인이 되는 것은 아니다.

따라서 구성요소가 무엇이냐에 따라 활동을 정의하고자 하는 직접적이고 논리적인 접근 방식에는 문제가 있다. 이런 문제를 피하려면 활동이 갖는 유목적적인 성격에 초점을 맞춰 분석해야 한다. 즉, 활동을 분석의 기본 단위로 할 때 주체와 객체를 둘로 분리해서 따로 분석하는 방식으로는 턱도 없이 엉뚱한 이해에 도달할 수 있다.

3.2.2 에이전트

활동의 개념을 모든 종류의 상호작용으로 확장시킬 수는 없다. 활동이론에서 보면 활동은 주체의 활동을 의미한다. 모든 존재가 주체일 리 없다. 주체는 세계 안에 존재하며, 그 안에서 행위를 함으로써만 충족시킬 수 있는 욕구를 갖는다. 정보처리 단위는 욕망을 갖지 않기에 주체가 될 수 없다. 따라서 그림 3.1 주체-객체 상호작용에서 시스템을 구성하는 두 구성요소는 서로 대칭적인 관계에 있지 않다. 그 상호작용은 주체가 자신의 욕망을 충족시키기 위해 촉발되고 수행된다. 이 책에서 활동에 대해 언급할 때 사용하는 '상호작용'은 '세계-내-행위'를 의미한다. 에이전트는 결과물 생산이라는 측면에서의 행위 능력을 말하며, 그것은 주체와 객체 모두에 해당하는 근본적인 속성을 보여준다. 상호작용 개념은 양쪽에서 서로 영향을 준다는 것을 의미한다. 그러나 에이전트는 활동 주체에 의해 드러나기 때문에 개개인성을 갖는다. 에이전트 개념은 행위 가능성과 행위 욕망으로 규정할 수 있다. 에이전트의 다양한 의미에 대해서는 10장에서 본격적으로 이야기할 것이다.

주체와 객체 사이의 비대칭성은 생명체 발생 초기의 단순한 형태에서도 발견된다. 살아있는 유기체는 생존과 번식을 위한 생물학적 욕구를 내면화하고 있으며, 이는 생명체들이 특정한 패턴으로 현실과 상호작용하게 만든다. 무생물에는 생존과 번식의 태생적 욕망이 없다. 즉, 행위 능력이 있지만 행위 욕망은 없는 것이다. 반면 생명체의 행위 능력과 욕망의 조합은 에이전트라는 독특한 형태를 만들어낸다. 생명체는 자신의 생존과 번식을 위해 엄청난 역량을 갖추고 있다. 이 투쟁에는 세계 내의 객체를 지향하는 능력이 수반된다. 아메바도 자신의 위족을 뻗어 먹이를 자기 쪽으로 끌어당긴다. 그들은 다른 아메바들과 군집을 이룬다. 아메바도 원시적이긴 하지만 자신의 생존을 위해 주체로서 행위를 한다.

무생물은 내적 욕망에 따른 자율생성방식, 예컨대 생존과 번식을 목적으로 하는 현실을 지향하지 않는다. 일례로 컴퓨터 바이러스는 생존과 번식을 위해 안간힘 쓰는 것처럼 보이지만, 프로그래머가 작성한 외부 프로그램에 따라 작동할 뿐이다. 프로그램에는 욕망이 없다. 컴퓨터 바이러스의 작동방식은 경사면을 따라 굴러가는 공과 유사하다. 그것은 RNA와 DNA에 각인된 고유한 프로그램에 따라 내적으로 생성된 아메바의 활동과는 다르다. 이런 프로그램은 컴퓨터 프로그램에 비해 환경 변화에 훨씬 더 유연하고, 가변적이고, 민감하며(주제과학은 단백질 유전 정보학 분야에서 보다 많은 것을 배우고 있다), 활기를 띠고 있다. 적어도 지금까지 그러한 프로그램은 무생물의 행동양식을 지배하는 체제와는 질적으로 다른 속성을 갖는 것으로 알려져 있다.

3.2.3 인터랙션 디자인에 대한 함의

정보처리 심리학(Nielsen 1986)을 주요 기반으로 한 1세대 HCI의 인간-컴퓨터 인터랙션 모델은 활동이론의 분석 단위와 동일한 인간(사용자)과 객체(인터랙티브 시스템) 사이의 상호작용 분석을 다룬 것처럼 보인다. 그러나 '사용자-시스템' 상호작용이 활동의 한 구성 부분으로 간주되는 반면, 세계와의 유목적적 상호작용은 인터랙티브 시스템의 사용자 인터페이스와의 상호작용으로 국한되지 않는다. HCI 모델은 과업으로 한정된 낮은 단계의 상호작용을 다룰 뿐이다.

과업은 대개 그것이 주체에게 어떤 의미를 갖는가보다 시스템의 기능 측면에서 설명된다. 그러나 시스템 사용 그 자체만으로는 어떤 목적을 갖는다고 보기 어렵다. 그 의미는 동료에게 메모를 남기거나 친구에게 연락하는 등 테크놀로지 자체와 관계없이 자신의 의도를 반영하는 행위에서 결정된다.

활동이론에서는 분석의 범위를 과업으로 한정하지 않고 상황 맥락 그리고 주체의 세계와의 상호작용 상황까지 확장해 보도록 한다. 객관적 세계의 범위가 사용자 인터페이스로 한정될 수는 없으며, 사람들은 인터페이스를 통해서 세계와 상호작용한다(Bødker 1991). 활동이론에 따르면, 사용자-시스템 상호작용은 매우 한정된 현상이라 진정한 활동으로 간주하기 어렵다. 유의미한 활동을 분석 단위로 한다는 것은 사람과 기술의 상호작용은 물론 테크놀로지를 통해 주체와 상호작용하는 세계 내 객체까지 고려한다는 것을 의미한다.

활동이론과 전통적인 HCI의 또 다른 차이점은 HCI 모델이 상호작용의 개별 구성요소인 사용자와 시스템을 추상적인 모델로 접근하려 한 반면, 활동이론은 인간과 세계 간 상호작용의 일부로서 실생활 속 테크놀로지 사용을 분석 대상으로 강조한다는 점에서 찾을 수 있다.

마지막으로 초보자와 전문적인 컴퓨터 사용자의 차이에 관해 설명하려는 연구(Allwood 1989; Mayer 1988) 이외에 HCI 분야에서의 전통적인 모델은 발달적 변화에 그다지 관심을 두지 않았다. 따라서 사용자-시스템 상호작용이 아닌, 인간의 실제 테크놀로지 활용에 주목하기 위해서는 전통적인 HCI 모델이 가진 한계를 뛰어넘어야 한다. 이를 요약하면 다음과 같다.

표 3.1 "사용자-시스템" 상호작용에서 활동까지

	분석 단위	
	사용자-시스템 상호작용	**주체-객체 상호작용**
맥락	사용자와 시스템	사회적 주체
분석 수준	시스템 특정 업무	유의미한 목표지향 행위
방법	공식모델, 실험실 연구	실생활에서의 연구
시간 범위	제한된 기간	발달적 변형

- 다양한 기술의 지원을 받는 높은 단계의 의미 있는 과업으로 분석 범위 확장
- 사용자와 시스템의 분리가 아닌 사용 중인 기술에 대한 연구
- 사용자, 기술, 그들의 상호작용, 전체적인 맥락의 장기적인 발달적 변화에 대한 고려

표 3.1은 일반적인 활동 개념에 기초한 함의를 정리한 것이다. 개념이 심화됨에 따라 도출될 수 있는 함의에 대해서는 이 책 후반부에서 이야기할 것이다.

SECTION 3.3 활동이론의 기원: 문화–역사적 심리학

3.3.1 1920년대와 1930년대의 러시아 심리학

활동이론은 난해한 자료에서 구할 수 있는 심오한 진리를 보여주는, 소수만이 이해하는 이론이 아니다. 실제로는 수백 년, 아니 수천 년 이전으로 역행하여 이어져온 관례적인 지적인 전통이다. 1장에서 우리는 인간 활동이 최고라는 부처의 말을 인용했다. 서양으로 눈을 돌려보면 괴테(Goethe) 역시 같은 생각을 했다는 것을 알 수 있다.

> 기록하여 가로되, '태초에 말씀이 계셨나니라!'
> 이 대목에서 벌써 막히는구나! 누가 이 해석을 도와줄 것인가?
> '말씀'을 그리 높이 상찬할 수 없기에,
> 만일 내가 혼령으로부터 올바른 계시를 받은 것이라면
> 이 대목을 달리 해석할 수밖에 없다.
> 기록하여 가로되, 태초에 뜻이 있었나니라!
> 첫 구절을 더 신중히 검토해야겠구나,
> 혹시 경솔하게 잘못 번역하지 않도록!
> 과연 뜻이 시시각각 모든 것을 창조하고 거기에 작용하는 것인가?
> 차라리 이렇게 기록해야 할 것이다, 태초에 힘이 있었나니라!
> 하지만 내가 이렇게 쓰는 동안에도,
> 이것으로는 안 된다는 경고가 들려온다.
> 혼령이 돕는구나! 이제 알겠다
> 드디어 흡족한 마음으로 기록한다, 태초에 행함이 있었나니라!

사람들이 어떻게 행동에 연연하는지에 관해 부처가 내놓은 설파와 모든 일이 어떻게 말이나 생각으로 시작하지 않는가에 대해 표명된 파우스트의 깨달음은 활동이론과 일면 궤를 함께한다고 볼 수 있다.

이 장에서는 1920~1930년대에 러시아에서 비고츠키와 그의 제자들이 발전시킨 활동이론의 전신인 문화–역사적 심리학에 관해 이야기해 보겠다. 활동이론의 창시자인 레온티프는 비고츠키의 제자였고 그의 지도하에 연구 이력을 쌓아갔다. 문화–역사적 심리학 부류에 속한 여러 이론들이 활동이론과 직접적이든

간접적이든 연관되어 있다. 문화-역사적 심리학과 활동이론의 경계는 너무 모호하여 최근 몇 년 동안에는 이 두 가지 접근법을 합쳐 CHAT(cutural historical activity theory)라고 명명하기도 했다. CHAT는 "문화역사적 활동이론"을 의미한다.

문화-역사적 심리학이 탄생된 시기와 장소는 우연이 아니다. 1917년 볼셰비키 혁명 이후 러시아에서는 전통적인 부르주아적 심리학을 대체할 만한 새로운 마르크스주의 심리학에 대한 사회적 요구가 있었다. 이 기간 동안 다양한 이론들이 새로운 심리학의 후보로 제시되었다. 다행히도 그 기간 동안 발전된 일부 이론들은 중요한 탐구로 이어져 20세기 심리학의 발전에 중대한 영향을 끼쳤다. 이러한 이론들은 공통적으로 사고와 활동의 통일성 그리고 사고의 사회적 구성에 관한 내용을 담고 있다.

사고와 활동의 총체성

비고츠키를 포함해 많은 러시아 심리학자들은 인간의 마음은 세계와 인간 사이의 상호작용에 기반을 둔 총체성이라고 보았다. 마음은 세계와 더 성공적으로 상호작용하기 위해 생성되고 발달되었다는 것이다. 따라서 마음을 분석하기 위해서는 인간과 세계 사이의 상호작용에 주목해야 한다고 보았다.

정신의 사회적 본성

러시아 심리학에 크게 영향을 준 또 다른 기본적 생각은 인간의 마음이 본질적으로 사회적이라는 것이다. 이러한 생각은 의식과 활동의 통일성의 원리와 밀접한 관계를 가진다. 철학사적으로 보면, 인간 정신의 내재성을 활동에서 찾고자 한 것은 사회적 존재자가 그의 의식을 결정한다는 변증법적 유물론에 따른 것이다(Marx and Engels 1976). 초기 소련의 러시아 심리학자들에게 채택된 마르크스 심리학에 따르면 주체와 객체 사이의 상호작용은 본질적으로 사회적이다.

의식의 사회적 구성성은 상호작용의 두 주체에 모두 해당된다. 즉, 주체는 그 본성상 사회적이다. 인간은 문화로 삶의 모양을 갖추고 그들의 정신은 언어에 깊이 영향받기에 세계와 상호작용할 때 그들은 개별자가 아니다. 특히 그들은 다른 사람들과 집단이나 공동체, 문화를 이루면서 그 안에서 살아간다. 개인의 성공에 있어 중요한 요인은 개인이 소속되어 있는 집단적 주체이자 사회적 객체의 성공 혹은 실패다. 반면에 세계 그 자체는 본질적으로 사회적이다. 사람들에게 객체는 타자 혹은 문화적 인공물이다.

이러한 사상들은 그 시기의 다른 심리학적 접근방식과 다른 일종의 극단적인 일탈로 여겨진다. 사회적 활동을 심리학 연구의 주요 대상으로 꼽는 것은 오로지 주관적 혹은 객관적 현상에만 관심을 갖는 방식과는 대조적이다. 그러한 관심은 자기 성찰적인 심리학과 행동주의를 포함하는 20세기 초반 심리학의 대표적인 이론적 틀이었다. 게슈탈트(Gestalt) 심리학(Köhler 1925 참조)은 현상적 세계와 물리적 세계 사이의 동일 구조적 관계의 개념을 제시함으로써 분석의 범위를 주관적이고 객관적인 현상으로 확장시키고자 했다. 그러나 이 관계를 설명하기 위해서 게슈탈트 심리학자들은 물리학의 개념을 사용함으로써 러시아 심리학의 내재적인 가정들과는 동떨어진 접근방식을 취하였다. 그럼에도 불구하고 1920~1930년대의 러시아 심리학은 특히 게슈탈트 심리학의 아동발달(Koffka 1924)과 환경/사회 심리학 연구에 자연스런 호감을 가지고 있었다(Lewin 1936).

1920~1930년대의 러시아 심리학과 가장 깊게 관련된 연구는 스위스 심리학자인 장 피아제(Jean Piaget 1952)가 발전시킨 구조주의 심리학이다. 피아제의 심리학은 문화적 관점보다는 환경의 평형상태에 도달하기 위한 생물체의 노력이라는 생물학적 관점에 기반을 두고 있다. 그러나 인간의 정신을 개인과 세계 사이의 상호작용의 일부분으로 상정한 점에 있어서는 의식과 활동의 총체성 원리와 큰 차이가 없었다. 피아제는 객관적 제약과 유기체가 세계와 벌이는 상호작용에서 나타나는 규칙적인 패턴이 인간 사고의 내재적인 속성을 결정한다고 보았다. 다시 말해 사고의 기능과 능력은 개인들이 지속적으로 환경과의 평형상태를 향해 나아가기 위한 노력을 통해 발달된다는 것이다. 피아제의 구조주의에서 중요한 역할을 한 내면화의 개념이 러시아 심리학의 기본적 개념 중 하나였다는 점은 우연이 아니다.

그러나 피아제의 구조주의와 러시아 심리학 사이의 유사성에도 불구하고 두 접근법은 문화의 역할에 있어서는 완전히 달랐다. 피아제에게 문화는 중요했지만 이는 인지적 발달에 기여하는 이차적인 요소에 불과했다. 하지만 러시아 심리학에서 문화는 여전히 매우 중요한 역할을 한다. 그들은 인간과 세계 사이의 바로 그 상호작용을 문화와 사회의 관점에서 정의하였다.

3.3.2 레프 비고츠키(Lev Vygotsky 1896~1934)

비고츠키는 러시아 심리학 분야에서 상당히 잘 알려져 있는 학자이며 심지어는 전설적이기까지 한 인물이다. 그는 20세기의 가장 뛰어난 심리학자로 평가받고 있다(Toulmin 1978). 심리학에서 비고츠키의 경력은 10년밖에 되지 않지만, 그의 전설은 1924년에 국가심의회에서 뛰어난 발표를 하고 비첩스크(Vitebsk) 지방도시의 무명의 선생이 모스크바의 심리학 단체로부터 초청을 받으면서 시작된다. 10년 후 비고츠키는 37세에 결핵으로 사망하지만, 그는 짧은 경력 동안 심리학 역사에 있어서 가장 야심찬 프로젝트의 책임을 맡았다. 그는 당대의 심리학이 위기에 처했다고 생각했다. 경험적이고 실증적인 연구가 정신의 본질에 대한 새롭고 근본적인 통찰력보다는 단편적인 영역에서의 증거 축적만을 추구했다는 것이다. 비고츠키의 열망은 심리학 이론의 통합과 일반화에 있어 새로운 접근의 초석을 닦았다.

3.3.3 인간 정신의 문화적 결정

비고츠키에게 가장 중요한 관심사는 정신과 문화 그리고 정신과 사회 사이의 관계였다. 그는 문화의 개념이 인간의 정신에 영향을 주는 외부적 요인들에 한정되어서는 안 된다고 믿었다. 비고츠키는 문화와 사회가 정신에 영향을 주는 외부적 요인들이 아니라 정신을 만들어가는 데에 직접적으로 관여하는 추진 동력이라고 생각했다. 비고츠키는 이런 근본적 생각이 심리학 영역에 받아들여지는 것은 매우 중요한 사건이라고 말하였다.

동시에 비고츠키는 문화와 사회가 직접적으로 인간의 정신을 결정하거나 형성한다는 단순한 생각에는 동의하지 않았다. 그는 문화가 정신에 미치는 영향을 드러내기 위한 유일한 방법은 사회문화적 맥락에서 발달적이고 역사적인 변화를 따르는 것이라고 주장했다.

정신을 둘러싼 복잡하고 변증법적인 문화적 결정에 관한 이론은 비고츠키에 의해 몇 가지의 원리, 개념 그리고 연구방법으로 정교화되었다. 그는 분석에 있어서 분자 단위의 개념을 도입하고 형성적 실험을 활용해 발달 연구에 적합한 연구방법론의 발전에 기여했다. 이 연구방법론은 외부와 내부 그리고 개인과 집단이라는 전통적인 이분법에 의문을 던진 정신의 문화적 결정 기제에 관한 연구에 응용되었다.

3.3.4 발달 연구의 일반적 방법론

심리학 실험들은 대개 관찰과 통제된 연구를 통해 특정 변수가 서로 어떤 관계를 갖는지를 규명하는 데 관심이 있다. 이러한 전통적인 실험 방법들은 인간발달 연구에 적용하기는 어렵다. 발달과정의 변화를 분석할 때 분석을 독립변수들로 제한시킬 수 없는데, 이유는 변수들 사이의 관계가 발달의 과정 속에서 변할 수 있기 때문이다.

비고츠키에 의해 제시된 대안적 접근방법은 조사 중인 현상의 '기원(시초)'을 찾는 것이다. 즉 근원적인 최초의 형태에서 분석 현상의 가장 중요한 특징들을 찾는 것이다. 비고츠키는 기원이 발달의 과정에 나타나는 순간을 찾아내서 점점 더 발전된 형태의 변화를 따라가는 것이 발달 연구의 기본적인 전략이라고 생각했다.

비고츠키의 주장은 분석을 성분보다는 단위로 행해야 한다는 것이다. 이는 근원이 단지 부분의 합으로 단순하게 정의될 수 없다는 것을 의미한다. 부분들은 같을 수도 있지만 만약 그것들이 특정한 방법으로 서로 관련이 없다면 동일한 근원이 아닌 다른 독립체를 만들어내게 될 것이다.

이 생각을 비고츠키는 물의 예시로 설명하였다. 물 분자는 산소와 수소 원소들의 특정한 결합방식으로 이루어져 있다. 이때 물 분자는 이를 구성하는 원소들의 부분이 아니라 그 자체로 물의 근원이라고 할 수 있다. 예를 들어 산소와 수소가 독립적으로 존재할 때에는 불에 매우 잘 탄다. 그러나 개별적 요소들의 속성이 더 높은 단위의 요소와 통합되었을 때는 그다지 중요하지 않게 된다. 물 분자의 형태가 물을 불연성으로 만든다.

비고츠키 방법이 다른 심리학 연구와 또 다른 특징은, 연구가 대상에 미치는 영향에 대한 입장에서 찾아볼 수 있다. 전통적 심리학 연구방법은 연구자들이 현상에 미칠 어떠한 의도적 개입도 하지 않을 것을 요구한다. 그러나 발달 연구의 맥락에서 통제된 연구, 즉 발달 과정에 영향을 미치는 다양한 요인들을 파악하는 비교연구에서는 그 과정에의 개입이 필요하다. 특정 요소가 발달 과정에 영향을 주었다면 그것은 발달의 근본적인 이해가 정확했다는것으로 간주할 수 있다. 반면에 예상한 것과 발달의 결과가 다르다면 이는 더 추가적인 분석이 필요하다는 중요한 피드백을 주는 것이다. 발달의 과정에 의도적으로 개입하는 것은 적법하고 심지어 불가피한 연구 전략이기도 하다. 그러므로 비고츠키는 문화-역사적 심리학에서 특정한 발달을 목표로 발달 과정에 실험적 개입을 하는 실증적 연구방법으로 '형성적 실험'을 선호했다.

이러한 기본적인 방법론적 원리들을 비고츠키는 정신과 사회의 관계를 연구하는 데 적용하였다. 그의 연구들은 개인과 세계라는 두 가지 차원의 변증법적 상호작용에 주목하였다. 하나는 내부와 외부 그리고 다른 하나는 개인과 집단이다. 이 두 차원은 각각의 개념과 연구방법에 따라 해명될 수 있다고 보았다. 물론 그 두 차원에 관한 접근들은 개인과 사회 사이의 경계가 절대적이지 않다는 점에서 서로 일치한다. 인간의 정신은 본질적으로 내부와 외부 그리고 개인과 집단이라는 경계를 가로지르는 현상과 과정을 통해 문화나 사회와 내재적으로 연관성을 갖게 된다.

3.3.5 내적-외적 차원: 고등정신기능, 매개 그리고 내면화

정신의 사회적 구성에 관한 분석을 위해 비고츠키는 고등정신기능이라는 개념을 제시하였다. 고등정신기능은 기억이나 지각과 같이 모든 동물들이 갖고 태어나는 정신적 능력인 자연적 심리적 기능과 대비될 수 있다. 자연적 기능들은 성숙, 연습, 혹은 모방의 결과로 발달될 수 있지만 그 구조는 변하지 않으며 기능들은 모든 종에서 기본적으로 동일하게 나타난다. 인간도 다른 영장류들과 비슷한 자연적인 심리 기능을 가지고 있다. 하지만 인간은 더 고차원의 정신 기능을 발달시킨다. 고차원의 정신 기능들은 자연적 정신 기능을 문화 환경에서 재구성하는 과정에서 출현한다. 그리고 이러한 재구성은 자연적 정신 기능의 중재적 발현(과정)으로 설명될 수 있다.

인간은 좀처럼 세계와 직접적으로 상호작용하지 않는다. 인간은 세계와의 관계를 중재하기 위해 다양한 인공물을 발달시켜 왔다. 인공물의 사용은 인간의 삶에 있어서 전형적인 특징이다. 우리 주변 도처에 있는 도구나 기기들이 사람들의 활동을 지원하고 그들 일상에 영향을 미치는 물리적인 인공물이라는 점은 쉽게 파악할 수 있다.

비고츠키는 대수학의 표기법이나 청사진을 (망치와 같은) 전형적인 도구와 구별되는 심리적 도구라는 점을 간파하였다. 도구는 사람들이 어떤 것에 영향을 끼치기 위해 지원하는 인공물인 반면에 '심리적 도구'들은 다른 사람 혹은 자기 자신에게 영향을 주기 위한 인공물이다(Vygotsky 1982a). 물론 심리적 도구들과 전통적 의미에서의 도구들은 의미가 매우 다르다. 비고츠키는 유추를 지나치게 확대하여 적용하는 것에 대해 경고했다(Vygotsky 1982a, 1983). 그러나 기기와 표식은 인간 활동에서의 역할 안에서 공통점을 갖는다. 망치와 지도 둘 다 우리 행위를 중재하는 도구다. 중재도구의 사용은 망치로 호두를 깨거나 지도로 익숙하지 않은 도시에서 위치를 파악하는 등 활동의 구조를 변화시킨다. 심리학적 도구들을 통해 우리는 사고의 과정을 도구의 사용으로 변환시킨다. 도구 사용(그림 3.2)은 곧 문화 안에서 발달해온 도구에 의해 중재되는 사고의 과정이기도 하다.

그림 3.2 **도구 사용(instrumental act)의 구조**

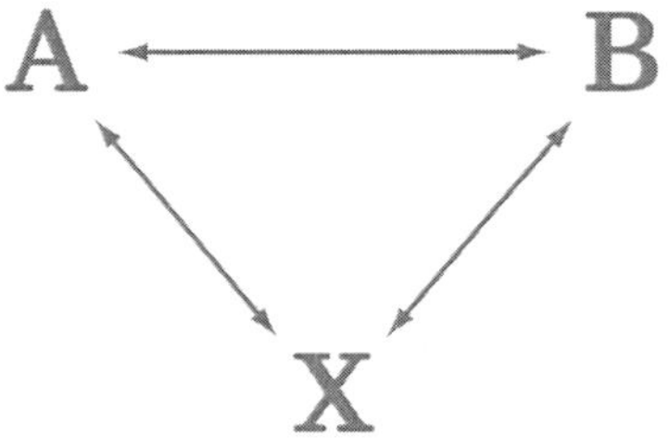

A–B는 두 자극들의 연관성을 자연적 연상기호로 단순하게 나타낸 것이다. 기억이 높은 단계의 정신적 기능으로 전환되면 이 연관성은 A–X 그리고 X–B의 도구적 행위로 대체된다.

비고츠키는 도구에 의해 중재된 사고 과정을 고등정신기능으로 보았다. 그리고 다른 동물들에게서도 발견할 수 있는 자연적으로 분출되는 정신 기능과는 분명히 차별되는 것으로 생각했다. 애초에 비고츠키(1982a)는 예술품, 지도, 도표, 그리고 청사진과 같은 물리적 인공물로 이루어진 심리적인 도구와 언어, 수의 체계, 대수 기호와 같이 머릿속에 있는 상징적 체계를 구분하지 않았다. 그러나 그는 심리적 도구가 물리적인 형태를 갖춘 인공물인지 그렇지 않은지의 문제가 왜 중요한지 인식하였다. 고등 심리적 기능들에 대한 실증적인 연구들을 보면, 과제를 해결하기 위해 중재적 인공물들을 사용한 주체들이 어느 순간 인공물에 의존하지 않고 성과에 도달하는 경우에 관해 언급하고 있다. 비고츠키(1983)는 이러한 현상을 내면화 혹은 외면적인 작동을 내면으로 변환시키는 과정으로 설명했다(Vygotsky 1983).

내면화의 과정에서, 이전에 외부에서 일어났던 작동의 과정들은 머릿속에서 내적으로 처리된다. 그 과정은 여전히 도구에 의존해서 진행되는데 이때 그 도구는 바깥에 있는 표식이 아닌 정신 내적인 도구라 할 수 있다. 내면화는 외부적인 과정을 이전에 존재하던 내적 단계로 변환하는 것을 의미하지 않는다. 내적 단계 자체는 내면화를 통해 새롭게 형성된다(Leontiev 1978). 외부에서 이루어지던 중재 과정들은 정신 내부에서 중재된 내면화 과정으로 귀결된다. 외부적으로 중재된 기능들이 이제는 내면적인 중재에 의존해서 작동한다.

정신 기능으로의 내면화는 단순히 바깥에서의 작동이 더 이상 일어나지 않는 상태를 말하지 않는다. 그것은 전체 작용 안에서 발생하는 외부와 내면 요소들의 재분배라고 할 수 있다. 이러한 재분배는 내면과 바깥 요소들이 항상 공존하는 가운데 정신적인 요소들에 대한 의존도가 높아지는 형태의 실질적인 변화를 초래한다. 정신 활동의 존재 이유는 개인이 세계에 어떤 실질적이거나 잠재적인 영향을 주는 데 있다. 영향은 오직 바깥의 활동을 통해서만 발휘된다. 예를 들어, 어린아이는 머릿속에서 계산을 한 후에 자신이 가진 돈보다 총비용이 더 크다는 것을 깨닫고는 원래보다 더 적은 양의 사탕을 사기로 결정할 수 있다.

내면화는 비고츠키의 진두지휘하에 수행된 레온티프(1931)의 실증 연구에서 중요한 연구 주제였다. 연구는 비고츠키가 고등정신기능의 발달을 연구하기 위해 특별히 고안한 이중 자극이라는 방법을 택했다. 이 방법의 특징은 피실험자에게 두 종류의 자극을 제시하는 것이다. 먼저 실험 과제를 해결하게 만드는 자극을 제공한다. 레온티프의 연구에서는 단어들을 기억한 후 이후에 상기하는 과제를 적용하였다. 피실험자들은 또 다른 자극에 노출되었는데 그것은 과제를 수행하기 위한 보조 수단으로 이는 첫 번째 자극을 가리키는 표식이다. 이중 자극을 사용하는 이유는 두 번째 자극이 있을 때와 없을 때의 문제해결능력을 비교하기 위해서였다. 이러한 실험 설계는 다양한 과제에서 중재가 피실험자의 수행능력에 미치는 영향을 분석하는 데 유용하였다.

레온티프에 의해 수행된 연구에서 이중 자극 방법은 다음과 같이 사용되었다. 유치원생, 중학생, 그리고 대학생, 이 세 연령층의 실험군에게 단어 암기 상황을 제시했다. 그리고 최대한 많은 단어들을 다시 상기할 것을 요구했다. 단어 목록은 첫 번째 자극으로 구성되었다. 각각의 실험군들을 두 집단으로 나누어 서로 다른 실험 상황을 제시했다. 한 상황에서는 단어들이 유일한 자극으로 제시되었다. 또 다른 상황에서는 피실험자들에게 그림 카드를 제공하여 이를 기억을 돕는 연상 도구로 사용할 수 있게 하였다. 예를 들어 '저녁'이라는 단어를 기억하기 위해 피실험자들에게 달과 같은 그림 카드를 사용하도록 했다. 단어를 상기하는 단계에서 피실험자들이 이 카드를 사용할 수 있도록 마련해 두었다.

각각의 상황에서 피실험자가 보인 성과는 연령이 높을수록 높게 나타났다. 그리고 카드를 사용하는 집단이 대체로 우수한 결과를 보였다. 그러나 카드의 유무에 대한 결과는 세 개의 연령층에서 다르게 나타났다(그림 3.3 참조).

유치원생들의 전체적인 결과는 상대적으로 낮게 나타났고, 두 가지 상황에서 비슷했다. 중학생들은 카드 사용이 가능한 상황에서 더 좋은 결과를 냈다. 대학생들은 두 상황 모두에서 높은 수준의 결과를 냈고 상황 간 차이는 적었다.

그림 3.3 레온티프의 평행사변형

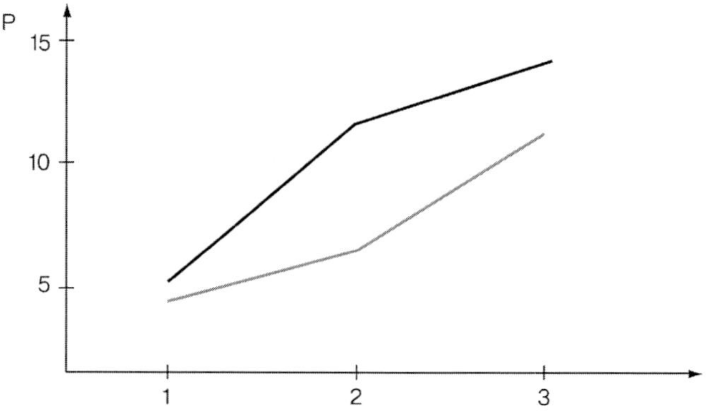

3개의 연령층에서 두 번째 자극의 유무에 따른 기억의 수행능력. 1.유치원생 2.중학생 3.대학생

레온티프는 실험결과를 세 연령층의 아이들의 기억력이 서로 다른 수준으로 중재되어 있는 증거로 해석했다. 유치원생들은 아직 중재능력을 발달시키지 못해서 카드를 효과적으로 사용하지 못했다. 따라서 두 가지 상황에서의 결과에 차이가 적었다. 중학생들은 외부적 중재 도구인 카드를 효과적으로 사용해 실질적으로 이득을 볼 수 있었다. 마지막으로 대학생들은 기억력이 이미 중재되었기 때문에 카드를 사용하는 것과는 상관없이 두 가지 상황에서 비슷한 수준의 결과를 냈다고 레온티프는 설명했다. 카드를 사용할 수 있을 때 그들은 그것을 각자의 수준에 따라 외부적 중재물로 사용했다. 반면에 외부적 중재물이 없을 때는 외부적 중재물만큼 효과적인 내부적 중재물을 사용하였다.

이와 같이 이중 자극 방법(Vygotsky 1982b)을 통해 얻은 실증적인 자료들은 정신과정의 재구성이 문화적 환경에 의한 것이라는 것을 뒷받침했다. 재구성은 (a) 중재가 없는 단계, (b) 외부적 중재, 그리고 (c) 내면화에 의한 내부적 중재의 단계를 거쳐 진행된다.

따라서 내면화의 과정을 통해 외부적 과정들은 내부적으로 변환되고 주관적 현상의 내부세계인 내적 차원과 객관적 세계인 외적 차원 사이의 뚜렷한 경계는 사라진다. 내면화는 정신의 문화적 결정에 있어 중요한 양태(modes) 중 하나다.

내면화는 문화적으로 발달된 도구를 통해 외부적 중재가 문화적으로 중재되는 내적, 정신적 과정들에 영향을 미칠 수 있도록 한다.

개인적-집단적 차원: 마음은 어떻게 사람들 사이에 분산되는가?

비고츠키가 정신과 물리적 세계를 분리시키는 경계에 대한 전통적 관점을 수정해야 한다고 본 것은 자아와 타자의 이분법에서 벗어나야 한다고 본 관점과 유사하다. 개인과 그들을 둘러싼 사회적 환경은 완고한 경계로 분리되어 있지 않다. 그보다는 이들을 개인적-집단적 차원의 양극으로 이해해야 한다. 발전 과정에 따라 정신의 역동적 과정은 변화한다. 정신적 과정들은 발달 과정을 통해서 역동적으로 변형된다.

때로 이 차원은 이전의 것과 완전히 구분되지 않는다. 내적-외적 차원과 개인-집단 차원은 내면화라는 동일한 현상에서 비롯된다. 다시 말해, 내면화 과정이란 주체 밖의 물리적이며 사회적인 현상이 그 주체로 개인화되는 과정을 말한다. 그러나 이 두 차원(내부-외부 그리고 개인-사회)은 하나의 차원으로 통합될 수 없다(Arievitch and Van der Veer 1995 참조). 심리학적 기능을 하는 내적, 외적 요소들의 역동성은 개인적이고 집단적인 과정들의 역동성과는 비교적 별개일 수 있다.

이는 집단적인 활동의 개인적인 활동으로의 변화와 같은 층위로 볼 수 없는 내면화의 예로 설명할 수 있다. 가령 처음에는 지도에 의존하여 차를 운전하다가 점차 지리에 익숙해지면 지도가 없이 운전할 수 있게 된다. 길을 의존하는 도구가 변화한 것이다. 그것은 외적 인공물에서 내면화된 표상으로의 변화다. 그러나 이 변화과정을 통해 활동이 사회적으로 덜 혹은 더 통합적으로 변화했다고 할 수 없다. 활동은 여전히 개인적인 활동으로 유지된다. 또 다른 예로 어떤 연주자가 오케스트라와 같은 집단 활동에 참여하면서 악보를 내면화한다고 생각해보자. 연주자가 악보라는 인공물에 의존하는 정도는 오케스트라와 같은 집단 활동에 참여하는 것과는 상관없이 개인 활동으로 이루어진다.

이러한 예시들은 외부의 인공물에 대한 의존도가 낮아졌다고 해서 집단적 활동이 개인적인 활동으로 변화했다는 것을 의미하지 않는다는 것을 보여준다. 그러나 이 두 과정들은 완전히 별개가 아니다. 그 두 과정은 같은 현상의 각각 다른 측면이다. 그럼에도 그것들은 서로 다른 주제의 대상이고 따라서 각각이 별도의 이해를 요구한다. 개인과 사회의 역동성은 문화-역사 심리학에서 중요한 이슈다. 비고츠키는 이를 정신발달이론과 근접발달영역으로 설명하고자 하였다.

개인 간 심리와 개인 내 심리의 문제

비고츠키에 의하면, 심리적 기능의 습득은 보편적 정신 발달의 원리에 따른다. 새로운 심리적 기능들은 개인의 기능으로 직접적으로 드러나지 않는다. 처음에는 어떤 기능이 상호 간 기능으로 개인과 다른 사람들에게 분산되어 나타난다. 개인은 어떤 기능을 처음부터 혼자서 수행하지는 못한다. 시간이 지나면서 점차 개인은 기능을 숙달하게 되고 타인의 도움 없이 그 기능을 발휘할 수 있는 단계에 도달하게 된다.

예를 들어, 특수한 장비를 갖춘 연습용 자동차로 운전을 배우면 누구나 쉽게 운전할 수 있다고 생각할 수 있다. 그러나 사실 방향 틀기나 방향 잡기, 전반적인 상황에 대한 판단 등과 같이 운전에 있어서 중요한 부분들은 운전강사에게 의존한다. 시간이 지나면서 연습생은 점점 더 많은 과제들에 책임을 가지게 되면서 혼자서 운전할 능력을 갖추게 된다. 읽기와 쓰기를 배우는 상황에서도 마찬가지 특징을 발견할 수 있다. 아이가 혼자서 배우는 것처럼 보이지만 자세히 보면 교과서의 설계, 컴퓨터 학습 보조 시스템의 기능, 동료, 튜터, 교사의 경험을 반영하는 인공물이나 환경 등 여러 요소들이 관여되어 있다.

따라서 정신 발달에서 가장 보편적 원리로 손꼽을 수 있는 것은 새로운 정신 기능이 개인 간 상호작용이 개인의 내면화로 변환하는 과정에서 출현한다는 점이다. 이러한 원리는 아이의 발달을 평가하고 지원할 때 가장 많이 회자되는 개념인 문화–역사 심리학에서 널리 알려진 '근접발달영역'으로 개념화되었다.

3.3.6 근접발달영역

전통적으로 아이의 발달 수준을 평가하는 방법은 평가 시점에서 개인의 성취도를 측정하도록 하는 것이다. 예를 들어 성취도는 개인에 의해 해결될 수 있는 가장 어려운 수준의 과제를 설정함으로써 평가한다. 비고츠키는 역설적으로 성취도 중심의 발달 평가는 아이가 어떻게 성장할지를 가늠할 수 있게 하지 못한다고 보았다. 그것들은 과거 지향적이다. 현재의 수행능력을 나타내는 지표로는 이미 지나간 발달의 결과만을 평가할 수 있다. 이 지표들은 미래의 발달 과정을 평가하거나 시간이 지나서 수행능력이 어떻게 변화할지를 평가하는 데 유용하지 못하다.

비고츠키는 근접발달영역을 발달 정도를 평가하는 전통적인 방법의 문제를 해결하기 위한 방법으로 제시하였다. 비고츠키가 애초에 제시한 근접발달영역의 정의는 다음과 같다.

> 한 개인의 문제해결능력으로 볼 수 있는 실제 발달 수준과 어른의 도움이나 더 유능한 동료들과 협력하여 문제를 해결하는 능력으로 볼 수 있는 잠재적 발달 수준 사이의 거리(Vygotsky 1978)

비고츠키는 발달 수준을 현재의 수행능력 수준으로 평가하기보다는 두 가지 수행능력 지표 사이의 차이를 바탕으로 평가할 것을 제안했다. (a) 한 개인의 문제해결능력과 (b) 타인의 도움을 받았을 때의 문제해결능력

두 명의 8살 어린이들을 상상해보자. 이 아이들이 해결할 수 있는 수학 문제들은 그들의 나이에 풀 수 있는 수준의 것이다. 그런데 만약 이들이 시험문제를 풀 때 같은 수준의 도움을 준다고 한다면 그 결과는 다를 수 있다. 첫 번째 아이는 12살 아이의 수준인 반면 두 번째 아이는 9살 아이 수준일 수도 있다. 분명히 첫 번째 아이의 잠재성은 두 번째 아이보다 높다. 그러나 이 차이는 전통적인 방법으로 발달 수준을 평가할 때 반영할 수 없다.

근접발달영역의 개념은 이전에서 설명한 심리 발달의 법칙에서 도출해낼 수 있다. 이 법칙에 따르면 심리적 기능들은 두 개의 단계를 통해 발달한다. 개인 간 단계에서 시작되어 개인 내 단계로 발전한다. 개인 간 단계에서 발현하는 기능을 발달의 첫 단계라고 할 수 있다. 개인 간 단계에서 보이는 기능은 개인 내 수준에서도 드러날 수 있기 때문이다. 한 개인이 혼자서 특정 수준의 문제해결능력을 보여주지 못할지라도 다른 사람들과 함께 그 수준의 능력은 발휘할 수 있다면 그것은 그에게서 다음 수준의 발달이 무엇인지 예상할 수 있는 강력한 지표가 될 수 있다. 물론 근접발달영역 이론을 정신 발달에 있어서 결정론적인 의미로 받아들일 필요는 없다. 즉 개인 간 발달의 단계는 개인 내 단계의 조건을 형성하지만 실제 발달로 연계되는지 여부는 확정적이지 않다.

또다시 인간과 세계(내적, 외적 차원 그리고 개인과 집단 차원)라는 두 개의 개별적인 차원에 논쟁의 초점을 두는 것이 이러한 차원들이 서로 무관하다는 것을 의미하지는 않는다. 비록 이 차원들은 별개이지만 여전히 밀접한 관련이 있다. 예를 들어 외부적 요소가 내면화되면 이는 개인-집단 차원에도 영향을 준다. 도구

와 신호들은 공유되고 소통을 촉진시켜 주기도 하지만, 내면화는 소통을 문제 상황으로 만들 수도 있다.

3.3.7 개인의 경계 문제

심리학에서 비고츠키의 관점은 다소 낯설고 신선한 것이었다. 비고츠키는 정신의 근원을 문화와 사회에서 찾고자 했다. 문화–역사 심리학에서는 문화와 사회를 초월적인 법칙이 아닌 인간의 정신을 형성하는 동력으로 간주했다. 여러 이론에서는 여전히 개인의 주관적 과정들이 지각을 통해 객관적인 실재를 반영하는 별도의 세계를 구성한다고 보고 있다. 그리고 감각으로 입력되는 자료를 해석하고 이를 실재의 표상으로 구성하는 것은 개인의 몫이라고 본다.

문화–역사적 심리학은 철저히 다른 입장을 취한다. 문화–역사적 심리학의 관점에서 보면 현실은 그 자체로 의미와 가치로 구성되어 있다. 인간은 정보 처리를 통해서가 아니라, 세계에 객관적으로 존재하는 의미와 가치들을 전유함에 따라 지식을 구성한다. 예를 들어 어떤 종교의 상징이나 성전이 가지고 있는 형태와 색 등 시각적 특성들을 지각할 수 있다는 것이 곧 종교의 계명을 깨우치고 있다는 것을 말해주지는 않는다. 이러한 깨달음에는 시각적 인지 이상의 더 높은 수준의 세계에 대한 이해가 깔려 있다. 그는 이미 존재하는 의미에 관해 인식하고 있어야 한다. 정신과 물리적 세계 사이의 경계 그리고 개인과 타인 사이의 경계는 닫혀있지 않다. 다양한 요인들의 작용과 함께 그것은 매 순간 역동적으로 재구성된다. 의미와 가치들은 이러한 경계들을 넘나들 수 있고 물론 그 과정에서 창의적으로 변모한다. 문화–역사적 심리학의 사상은 레온티프에 의해 활동이론으로 정교화되었다. 이하에서 다루겠지만 활동이론이 레온티프가 수행한 연구 프로젝트에서 파생되어 나온 부산물이라는 점이 흥미롭다.

SECTION
3.4 정신의 발달

3.4.1 알렉세이 레온티프(Aleksey Leontiev 1904~1979)

이미 언급했듯이 비고츠키의 주도하에 착수된 대규모 연구 프로젝트에서 심리학자로서 레온티프의 이력은 기억에서의 중재 효과에 관한 연구에서 출발하였다. 이후 후반기에는 자기 자신만의 연구 주제를 찾아 몇 십년 동안 연구를 진행했다. 그의 연구 주제는 심리학 역사에 있어서 매우 야심찬 것이었다(결국 레온티프는 비고츠키의 제자였다). 그의 목표는 생물학적 진화의 기초가 되는 초기 정신의 등장에서부터 고등정신까지 이르게 되는 정신의 역사적 발전에 관한 이론을 제시하는 것이었다. 그의 저서 〈정신 발달의 문제〉(Leontiev 1981)에 따르면, 그 연구는 러시아 심리학에 가장 큰 영향을 미친 연구 중 하나였다. 그러나 정작 레온티프의 가장 중요한 업적은 활동이론의 토대를 마련했다는 데 있다.

3.4.2 활동이라는 개념과 정신의 진화

1920년대 이후 러시아 심리학에서는 인간의 정신을 생존을 위한 진화의 과정에서 등장한 체계로 보는 시각이 지배적이었다. 그러나 그러한 생각은 경험적으로 증명된 이론이 아니라 추상적인 관념과 철학적인 주장에 불과하였다. 레온티프의 관심은 이를 넘어서서 초기 정신이 역사에서 어떻게 등장했고 어떤 과정을 거쳐 오늘날의 다양한 정신 현상으로 발전했는지 밝히는 데 쏠려 있었다. 그러한 목표를 위해 레온티프는 새로운 연구 도구가 필요했다. 그것은 정신보다 더 일반적인 개념으로 정신이 드러나고 발달되는 맥락을 규정해줄 수 있는 개념이었다. 그러한 개념에 가장 적합한 후보 가운데 하나는 삶에 관한 개념이다. 왜냐하면 진화도 결국 삶 속에서 겪는 것이기 때문이다. 그러나 삶의 개념은 너무나 상식적이고 모호한 것이었다. 이하에서 보겠지만 레온티프는 삶에 대한 더 구체적인 통찰을 제공해줄 개념으로 활동 개념을 선택했다.

초기에 활동 개념은 정신 진화론에 대한 이론적 체계를 구축하는 데 사용되었다. 그러나 레온티프 연구가 진행되면서 그 개념은 상당히 여러 변화를 거치게 된다. 보다 정교하게 정신을 설명하는 개념으로 진화된 것이다. 그 결과 레온티프의 연구는 두 가지 성과를 만들어냈다. 정신의 역사적 발달에 관한 체계적인 이론의 가능성을 확보했을 뿐만 아니라, 활동의 성격에 관해 여러 아이디어들이 뒤따라 나올 수 있도록 자극했다. 1970년대에 이르러서 레온티프는 이러한 사상과 원리를 정합적이지만 아직은 다소 불완전한 이론으로 집약했고, 그것은 훗날 활동이론의 토대가 되었다(Leontiev 1978).

3.4.3 생물학적 진화로서 정신의 발현

레온티프는 발달연구 방법론에 따라 정신 진화과정에 관한 연구를 진행했다. 이 방법론의 요구사항은 (1) 초기 발달이 이루어지는 시점을 찾아내는 것 (2) 각 단계에서 생겨나는 중요한 모순이 무엇인지 찾아내는 것 (3) 모순을 해결할 수 있는 시스템의 발달을 추적하는 것이었다. 이러한 연구 방법에서 말하는 모순이란 한 시스템 내에서의 불일치 또는 더 일반적으로는 시스템과 환경 간의 불일치를 의미한다.

레온티프에게 연구 대상이었던 현상 또는 발달 시스템이란 바로 정신이었다. 따라서 그의 첫 번째 도전은 진화에서 출현한 정신의 초기 형태를 탐색하는 것이었다. 그 과제는 결코 간단하지 않았다. 생물학적 진화에서 정신이 처음으로 등장하는 시점이 언제인지에 관해서 의견이 분분했다. 정녕 정신은 모든 생물체가 가지고 있는 속성인가?

오직 동물들만이 중추신경계를 가지고 있다고 진화의 문턱을 높여야 하는가? 오직 인간들만? 이러한 질문들에 대한 해답들은 실증적 근거보다는 상당히 논리적인 주장과 믿음에 밑바탕을 두고 있었기 때문에 특정 이론에의 확증에 도달하는 것은 쉽지 않았다. 따라서 그 질문은 해소되지 않았고 새로운 해결책에 대한 여지만을 남겨 두었다. 레온티프는 자기 자신의 주장을 진전시키면서 생물학적 진화에서 정신의 출현에 대한 다른 가설을 제시하여 새로운 해답을 모색했다. 여기서 그가 생각한 가설은 다음과 같다.

모든 유기체에게서 찾아볼 수 있는 특징은 환경에 대해 적극적으로 대처하는 능력, 즉 반응 능력이다. 유기체는 환경에 수동적으로 영향을 받지 않는다. 그들은 자신의 힘을 사용하여 자기 자신만의 내적, 외적 반응을 발달시킨다. 레온티프에 따르면, 이러한 반응 능력에는 두 가지 유형이 있다. 첫째, 유기체는 자극에 직접적으로 반응한다. 예를 들어 음식은 소화 과정을 촉발시켜 유기체가 이를 활발히 흡수할 수 있도록 하고 만약 주변의 기온이 변하면 유기체들은 자신의 체온을 특정 온도로 유지하도록 적극적으로 반응한다.

반응 능력의 또 다른 유형은 유기체가 직접적인 생물학적 반응을 생산하지 않는 자극에 발휘하는 반응이다. 음식의 냄새나 위험을 나타내는 소리는 강한 반응을 유발하지만 유기체의 생명 활동에는 즉각적인 영향을 주지 않는다. 민감성이라 칭해지는 이 두 번째 반응 능력은 생물학적으로 중요한 정보를 담고 있는 신호에 반응하는 능력이다. 레온티프는 민감성을 가장 기초적인 정신의 징후로 여겼다.

민감성 개념과 관련해서 생물학적 진화에 두 주류가 존재했다. 첫 번째는 소화와 같이 기본적인 생명유지에 필요한 능력을 발달시키는 것이다. 두 번째는 지각, 인식 기능 그리고 감각과 신경계, 팔다리와 같은 운동 기능이 기관들을 새롭게 갖추도록 하는 환경과 상호작용하는 능력의 발달이다.

레온티프는 정신의 가장 기본적인 형태를 염두에 두면서, 생물체와 환경 사이에서 발생한 변증법적 모순들에 의해 더 발전된 정신 발달의 형태를 추적하려 나섰다. 그는 환경의 변화와 동시에 환경과의 보다 정교화된 상호작용 능력의 습득이 결국 발달을 가져다주는 추진력이라 믿었다.

레온티프에 따르면, 정신은 생명 유기체의 생존 조건에 급격한 변화가 일어나면서 출현한다. 그러한 변화는 생명체를 처음 세상에 나오게 한 동종의 원생액(*지구상에 생명을 발생시킨 유기물)으로부터 갈라져 나와 다양한 개별적인 개체로 진화하는 변화다. 여기서 각각의 객체들은 안정적인 상태를 유지하는 방향으로 성립된 개체다. 직접적인 생물학적 중요성을 갖는 어떤 특성들은 그렇지 않은 다른 특성들과 체계적으로 연계되어 있다. 따라서 후자는 전자의 신호로 사용될 수 있다. 결과적으로 신호에 반응하는 능력인 민감성이 발달한 생물체들은 그런 능력이 없는 생물체들보다 각각이 유별난 유기체와 사물들로 가득한 환경 속에서 생존할 확률이 더 높다.

레온티프는 동물들의 정신 기능 발달을 3단계로 구분해 보았다. 감각 단계, 지각 단계, 지능 단계가 그것이다. 감각 단계에서 동물은 환경의 고립된 특징들을 인지하고 이에 반응하지만 전체적인 객체들과 그들 자신과의 관계는 인지하지 못한다. 수족관에 사는 물고기 주변에 먹이가 있지만 유리벽과 같은 장애물이 음식에 접근하는 것을 막고 있다고 생각해보자. 장애물이 제거되면 물고기는 훨씬 더 쉽게 음식을 먹을 수 있다. 그러나 몇몇 연구(Leontiev 1981)에서 드러났듯이 장애물이 제거되고 난 후에도 물고기들은 한동안 마치 여전히 장애물이 있는 것처럼 행동했다. 반면 그보다 진보된 지각 단계에 있는 대부분의 동물들은 그들과 음식 사이에 놓여있는 장애물이 사라진 것을 보게 되면 그 즉시 음식으로 향해 나아간다.

유인원과 같은 동물들은 정신 발달의 위계에서 가장 높은 단계인 지능 단계에 있다. 유인원은 그들이 직접적으로 개입된 문제 상황에서 정교한 수준의 정신적 표상을 만들어낸다. 그러한 표상은 효율성, 빠른 습득과 빠른 전달의 특징을 가진 문제해결 특성을 가능하게 한다. 똑똑한 동물들이 보인 문제해결의 한 예로 쾰러(Köhler)의 유명한 침팬지를 들 수 있다. 침팬지는 손이 닿을 수 없는 천장에 매달린 바나나를 먹기 위해 막대기를 사용할 수 있다는 것을 불현듯 알아차렸다(Köhler 1925). 이러한 통찰은 침팬지의 행동을 즉각 바꿔놓으며 그와 유사한 상황들에 닥치면 이를 시행착오 없이 바로 적용하였다.

3.4.4 활동 개념의 기원

활동 개념의 상정은 정신 진화에 관한 레온티프 연구에서 결정적이었다. 그는 정신의 초기 출현에 관해 설명하면서 가장 기초적인 토대가 되는 개념으로 활동을 내세웠다.

> *활동* 과정이야말로 다른 과정과 달리 현실에 대한 주체의 살아있는, 즉 활동적인 관계가 실현되는 특정한 과정이라고 본다(Leontiev 1981).

레온티프는 활동 개념을 소개한 후 활동의 객체 개념에 대해서도 제안했다. 그는 활동이 객체 없이 존재할 수 없음을 강조했다.

> 생물체의 모든 활동은 특정 객체를 지향한다. 즉, 객체 없는 활동은 불가능하다(Leontiev 1981).

정신적 현상과 비정신적 현상을 구분하기 위해서는 두 현상을 일반적이고 포괄적인 개념으로 정의한 뒤 이것을 기준으로 각각을 차별화해야 한다. 레온티프는 그런 근본적이고 기초적인 개념으로 활동을 선택했다. 그는 이 개념을 사용하여 정신이 등장하기 전의 삶의 과정이 정신 현상과 관련해 보다 진화된 형태의 삶으로 전환됨을 설명하였다.

> '정신 이전'의 활동, 즉 객관적 실제의 표상으로 매개되지 않은 활동으로부터 객관적 실제의 표상이 매개한 활동으로의 전환 ... 그러므로 정신 활동은 삶에 추가되는 것이 아닌 삶의 특수한 형태이며 발달 과정에 필연적으로 등장하는 것이다(Leontiev 1981).

따라서 레온티프의 정신 진화 분석에서 두 가지 역사적 실마리를 확인할 수 있다. 첫 번째 실마리는 정신의 발달적 변화를 다루는 장기 프로젝트다. 두 번째 실마리는 레온티프가 활동 개념의 역사적 분석을 위해 사용한 주요 분석 도구의 개발이다. 처음 도입됐을 때의 활동 개념은 중요한 속성(객체에 의해 결정되고 객체를 지향하는, 주체와 현실의 적극적 관계)을 보유하고 있지만 실체는 기본만 갖춘 아직 개발되지 않은 씨앗 같은 것이었다. 하지만 레온티프의 발달 분석 과정, 특히 인간 정신의 발달에 대한 논의가 진행되면서 개념의 의미 또한 발전되었음을 다음 장에서 확인할 수 있다.

3.4.5 정신의 역사적 발달

인간 정신의 발달은 정신의 진화 국면에서 완전히 새로운 단계였다. 동물에게 정신은 생존에 필수적인 기관이다. 정신은 발톱이나 털처럼 자연환경 속 생물의 생존능력을 증대시킨다. 진화는 적자생존에 대한 각인을 통해 동물의 정신 발달을 자극한다. 그러나 인류 문화와 사회의 출현으로 인해 생물학적 진화는 더 이상 정신 발달의 주된 요인이 되지 못했다. 사회적 존재에게 생존은 자연환경에 적응할 수 있는 신체 능력보다는 경제나 정치, 기술에 의해 결정된다. 따라서 인간 정신의 본질은 생물학적 요소뿐만 아니라 문화와 사회에 의해서도 결정된다.

레온티프는 특히 정신에 영향을 미치는 문화 요소로서 도구, 언어, 노동 분업을 제시했다. 도구와 언어의 역할에 대한 분석에서 레온티프는 전반적으로 비고츠키의 접근법을 따랐다. 그는 도구를 인간의 경험을 대대로 전달하는 수단으로 간주했다. 도구 사용방법의 습득은 물론 도구의 구조 그 자체가 세계와 인간의 상호작용 구조를 변화시킨다. 인간은 도구 사용을 섭렵하고 활동에 통합시키는 가운데 문화에 축적된 경험까지 전유하게 된다. 도구를 만들고 저장하고 지속시키는 정교한 실천이야말로 인간을 다른 동물과 구별 짓는 가장 기본적인 특징이다.

도구 사용은 정신의 발달에 영향을 주는 다른 요소인 언어 사용 및 노동 분업과 밀접한 관계가 있다. 레온티프는 정신의 기능과 발달에서 기호와 상징이 차지하는 역할을 이해하기 위해 도구 비유를 사용하는 문화-역사적 전통을 계승하면서, 개념 개발과 관련한 도구의 역할에 집중한다. 개념은 다양한 구체적 상황과 경험에 적용할 수 있는 일반적인 의미를 갖고 있다. 개인 발달의 과정을 통해(*개체발생학*) 인간은 문화 속에 존재하는 개념을 학습하고 전유한다. 그러나 개념이 늘 그 자리에 존재했던 것은 아니다. 그것은 문화 발달에 기여한 사람들의 긍정적이고 부정적인 경험의 결과물이다. 그렇다면 개인의 경험에서 최초의 개념, 최초의 일반화가 어떻게 발생했을까? 레온티프는 이 질문의 답이 될 수 있는 가설을 제시했다.

주먹도끼와 같은 초기 도구는 나무를 자르거나 동물을 죽이거나 땅을 파는 등 다양한 목적으로 사용될 수 있었다. 부드러운 재질 혹은 단단한 재질에도 사용할 수 있었다. 어떤 객체는 자르기 쉽고 어떤 것은 상당한 시간과 노력을 필요로 하며, 어떤 것은 너무 단단해서 흠집을 내기도 어려웠다. 이러한 차이에도 불구하고 모든 객체는 도끼라는 동일한 속성에 따라 대비된다. 따라서 도끼는 부드러움과 단단함을 구현한 기준으로 간주될 수 있었다. 특정 객체에 작용을 가하려는 실용적인 목적으로 도끼를 사용함으로써, 해당 객체를 경도 측정 척도로 재단하는 *부작용*이 따랐다. 이 척도가 개인적인 도구 사용 경험의 일반화로 나타났다. 사람들은 도구를 만들고 사용하는 공유된 문화적 발달 과정을 따랐기 때문에 도구가 개인 및 집단 경험의 일반화에 기반을 둔 추상적 개념을 구현하는 역할을 할 수 있었다.

정신의 역사적 발달에서 도구 사용은 노동 분업의 등장에 또 다른 함의를 갖는다. 노동 분업의 발현에는 다양한 요인이 작용했지만, 협력 작업과 사회적으로 분산된 활동에서 전형적으로 나타나는 조율의 형태를 정교하게 발달시킨 것은 도구를 통해서였다. 도구의 발달 과정에서 도구 제작은 전문 기술이 필요한 별도의 활동이 되었다. 이런 기술을 갖춘 개인이 공동체의 다른 구성원을 위해 도구를 만들었을 가능성이 높다. 이것이 노동 분업의 첫 번째 사례 중 하나일 것이다. 또한 도구와 여타 인공물(의복 등)을 통해 집단 활동에 참여한 개인의 기여 정도를 조율할 수 있었다. 도구와 인공물이 그 소유자의 사회적 지위와 책임을 나타냈기 때문이다.

레온티프에 따르면, 노동의 분업은 정신의 발달에 특별한 의미가 있다. 사람이 사회적으로 분산된 작업 활동에 참여할 때, 그 행위는 일반적으로 하나의 객체에 의해 동기부여되지만 서로 다른 지향을 갖는다. 활동의 전형적 사례인 집단 사냥 활동에 대해 생각해보자. 사냥에 참여하는 개인은 두 개의 그룹으로 나뉠 수 있다. 한 그룹(몰이꾼)은 사냥감이 놀라서 특정한 방향으로 이동하도록 덤불을 두들긴다. 다른 그룹은 몰이꾼이 사냥감을 몰아올 방향에 매복해서 사냥감을 기다린다. 두 그룹은 모두 식량 확보라는 동기를 갖는다. 하지만 한 그룹 구성원의 즉각적 목표는 사냥감에 다가가서 먹잇감을 포획하는 것이 아니라 먹잇감을 놀래켜 쫓아내는 것이다. 이 사냥꾼들은 사냥에 기여한 만큼의 보상으로 받게 될 자신의 몫에 따라 동기가 부여된다. 그러나 집단 활동의 맥락에서 벗어날 경우, 이 사냥꾼들의 행위에서는 의미를 찾기 어렵다.

활동에 동기를 부여하는 객체와 활동이 지향하는 객체의 불일치는 인간 활동의 특징이다. 동물의 활동에서 동기를 부여하는 객체와 지향하는 객체는 기본적으로 일치한다. 동물의 활동이 특정한 객체를 지향한다면 일반적으로 이 객체는 특정한 욕구에 직접 대응하는 것이다. 하지만 인간 활동에서는 때때로 개인이 하고 있는 일과 그 일을 통해 성취하려는 것 사이의 연관성을 확정하기 어렵다. 인간의 활동 구조는 동물의 활동 구조와 달리 매우 복잡할 수 있다. 레온티프에 따르면, 노동 분업은 개별 활동을 변환시키는데, 이것이 인간의 활동 구조를 복잡하게 만드는 주요인이다. 개인이 사회적으로 분산된 활동에 참여하면 활동조직에 의해서 객체에 의한 동기부여와 지향의 차이가 개인에게 강제된다. 노동 분업은 활동의 동기와 지향의 분리를 개인과 세계의 상호작용이 갖는 객관적 속성으로 전환시킨다. 개별 활동을 통해 객체의 동기부여와 지향 사이의 복잡한 관계를 발달시킬 수 있다.

어떤 면에서, 정신의 역사적 진화는 개인 발달에 대한 비고츠키의 심리 발달의 일반 법칙을 보여주고 있다. 새로운 기능과 속성은 처음에는 개인과 사회적 환경 사이에(개인 간 심리로) 분산되어 나타나며, 이후에 개인에 의해(개인 내 심리로 전환되어) 전유된다. 활동 객체와 목표의 관계가 직접적이지 않더라도, 노동 분업은 집단 활동에서의 목표 달성을 유의미하게(최소한 보상의 차원이라도) 만든다. 현재의 노력을 최종적으로 의도한 결과로 이어지게 하고 간접적 연관성을 갖는 행위들을 통합시키는 능력은 역사적으로 노동 분업에 처음 등장한다. 이 발달 단계에서 중간 목표를 조정할 수 있는 능력은 사람들 사이에만 분산될 수 있다. 위 사례에서 사냥의 몰이꾼들은 자기가 하는 행위의 실제 의미를 이해해야만 역할을 제대로 해낼 수 있다. 개인이 중간 결과와 최종 결과 사이의 관계를 이해한다면, 집단 활동이 더 잘 수행될 수 있을 것이다. 따라서 노동 분업은 동기와 목표가 분리될 수 있는 조건을 형성한다. 이러한 분리는 집단 활동에서 처음 나타나고 그 이후 개인 활동과 정신에 나타난다.

3.4.6 인간 활동의 구조

<u>활동의 욕망, 동기 그리고 객체</u>

지금까지는 일반적인 주체-객체의 상호작용이라는 넓은 의미에서 활동에 관해 이야기했다. 넓은 의미에서 보면 주체와 세계 간의 모든 상호작용 과정을 활동이라고 할 수 있다. 그러나 활동이론에서는 활동의 의미를 보다 정교하게 다룬다. 여기서 활동이란 객체가 동기의 지위를 부여받게 되는 수준으로 주체와 객체가 서로 상호작용하는 양상을 말한다. 동기는 주체의 욕망을 충족시켜 주는 객체다. 활동이론에서 동기를 어떻게 핵심적인 역할로 보는지는 이하의 설명에서 분명해질 것이다.

여러 수준에서 동시에 일어나는 주체-객체 상호작용에 관해서 세심하게 살펴보자. 어떤 상황에서도 우리는 주체가 객체와 어떻게 상호작용하고 있는지 객체의 범위에 관해 분명히 분간할 수 있다. 일례로, 컴퓨터 키보드를 사용하는 사용자를 중심에 놓고 보면, 그는 컴퓨터 자판을 두드리거나 단어를 입력하거나 소설을 쓰고 있다고 볼 수 있다. 여기서 자판, 단어, 소설 등 모두 그가 동시에 관여하고 있는 객체라고 할 수 있다. 이 객체들은 서로 위계를 이루면서, 이 위계구조의 상위에 있는 객체가 주체-객체 상호작용의 보다 큰 단위를 규정한다.

활동이론에 따르면 위계구조의 최상위에 있는 객체는 특별한 지위를 부여받게 된다. 주체가 이 객체를 획득하려는 이유는 바로 객체 자체에 있다. 객체는 곧 주체의 욕망의 대상이다. 객체는 주체에의 동기를 유발시킨다. 좁은 의미의 활동은 주체의 동기로 규정할 수 있는 주체-객체 상호작용의 단위다. 활동은 결국 동기로 귀결되는 과정의 시스템이다. 시스템에서 개별 구성요소가 갖는 의미는 그것이 동기 획득에 어떤 역할을 했는가에 따라 결정된다.

결국 활동이론에서 인간 활동의 궁극적인 원인은 '욕망'이다. 레온티프에 의하면, 욕망은 생물학과 심리학 관점에서 바라볼 수 있다. 생물학적 관점에서 욕망은 유기체의 객관적인 필요조건이다. 욕망이 있다는 것은 환경에 무엇인가 존재해야 한다는 것을 의미한다. 유기체의 생존과 번식을 위해서는 음식, 물, 공기, 적절한 온도가 유지되어야 한다. 심리학적 관점에서 욕망은 환경에 바람직한 변화를 일으키기 위한, 세계를 향한 활동 지향성이다. 이러한 욕망은 특정한 행동과 주관적인 경험으로 표출된다.

심리적 단계에서 욕망은 두 가지 방식으로 표출된다. 객체화되지 않은 욕망, 즉 구체적인 객체와 결합되지 않은 욕망은 그 욕망을 충족시킬 객체를 탐색하도록 자극한다. 주체는 불편함(결핍된 상태)을 느낄 수 있다. 그러나 이 불편함은 주체에게 구체적인 활동을 지시하거나 욕망 충족을 도와줄 수 없다. 단지 구체적인 객체를 지향하지 않는 탐색 행동을 자극할 뿐이다. 레온티프에 따르면, 욕망이 객체와 만나는 결정적인 순간(1978)에 객체화라는 전환이 일어난다. 욕망이 객체와 결합하면 활동이 일어나기 시작한다. 그 순간부터 객체는 동기가 되고 주체를 자극하며 지시적인 역할을 한다. 객체화되지 않은 욕망은 객체를 탐색하는 원초적 단계의 욕망이다. 반면에 객체화된 욕망은 주체가 열망하는 정의된 객체를 가진 욕구다.

따라서 레온티프에 의하면, 욕망의 가장 기본적인 특성은 그것이 객체와 분리될 수 없다는 것이다. 객체화되지 않은 욕망의 특징은 욕망이 객체를 추구하고 있다는 점인 반면, 객체화된 욕망은 객체를 통해 발현된다. 활동 개념에는 활동에 동기를 부여하고 활동을 지시하는 객체를 향한 지향성의 의미가 함축되어 있다. 레온티프가 활동의 진정한 동기라고 규정한(Leontiev 1978) 활동 객체는 서로 다른 활동의 종류를 결정하는 가장 중요한 속성이다.

인간의 욕망은 동물의 욕구와는 다르다. 동물의 심리적 욕구는 생물학적 욕구와 관련되어 있으며, 그들의 활동은 생물학적 욕구와 연관되어 있는 대상을 지향한다. 그러나 심지어 비인간 동물들도 생물학적 욕구가 욕구의 객체를 직접 결정하지 않는다. 활동 객체를 선택할 때 동물은 생물학적 특성과 간접적인 연관성만을 갖는 속성까지 광범위하게 고려할 수 있다. 이런 능력에는 장점이 분명히 있다. 느린 영양만 공격하는 사자는 무분별하게 공격하는 사자보다 더 오래 생존할 수 있다. 발달 수준이 높은 동물일수록 환경 구조와 환경의 어포던스(affordances)가 심리적 욕구에 끼치는 영향은 더욱 커지며, 이때 그들의 행동방식을 생물학적으로 이해하는 데에는 한계가 있다.

인간의 경우, 일부 심리적 욕망은 생물학적 욕구에 기초하고 있음이 분명하다. 하지만 이런 욕구도 그 객체 및 충족 수단을 선정할 때 자극과 지침을 제공하고 제한하는 사회와 문화에 의해 변형된다. 더 중요한 것은 인간의 심리적 욕망은 생물학적 욕구에 국한되지 않는다는 점이다. 심리적 욕망과 생물학의 관계는 추적하기 어렵거나 불가능하고, 긍정적이기보다 부정적으로 보이기도 한다. 어떤 문화적 관습이나 의례는 이런 측면에서 보면 딱히 합리적이지 않다.

활동이론에서는 잠재적 욕구의 분류체계(일부 심리학 이론에서 사용하는 방식, Maslow 1968)나 동기와 비동기의 구분 준거를 제시하지 않는다. 인간의 욕망은 늘 발달과 변화의 과정에 놓여 있기 때문에 모든 욕망과 동기를 명쾌하게 설명하기란 원칙적으로 불가능하다. 활동이론은 동기와 행위 사이의 간극을 해소하기 위한 개념 틀이다. 활동이론에서는 다양한 차원에서 이루어지는 사람들의 행위 과정에 대해 일관성 있는 설명을 제공하고자 하였다.

활동, 행위, 동작

좁은 의미에서 보면 활동은 삶의 단위다. 즉, 활동은 모든 주체-세계 사이에 일어나는 상호작용 과정의 부분 집합이다. 이 부분 집합은 특정한 동기의 지향성으로 정의될 수 있다. 그러나 활동은 단일한 구조체제가 아니다. 각각의 활동은 세 개의 층위로 조직된 계층 구조로 나타낼 수 있다. 최상위 층은 활동 자체이며 동기를 지향한다. 동기는 객체로서 주체를 자극하고 그의 반응을 이끌어낸다. 주체가 궁극적으로 획득해야 하는 것은 객체다.

한편, 인간의 활동은 대개 동기를 직접 지향하지 않는다. 앞의 사냥꾼 사례에서 보듯이, 사회적으로 분산된 활동들을 보면 동기와 객체가 서로 분리되어 있다. 사회에는 이 두 유형 사이의 복잡한 관계가 존재하는데, 사회 속에서 살아가는 사람들의 실제 삶을 단적으로 보여주는 것이 바로 그 관계다. 개별 주체는 사회적 활동에 참여하면서 그 자신을 이끄는 객체와 자신들의 활동이 지향하고 있는 객체 간의 분리를 재생산한다.

즉, 활동은 연속된 단계로 구성되어 있으며, 연속성 전체가 결과적으로 동기 획득으로 귀결될지라도 각각의 단계가 동기와 직접적인 연관성을 갖지는 않는다. 활동이론 개념에서 이런 활동의 구성요소를 행위(action)라 한다. 행위가 지시하는 대상은 목표다. 목표는 의식적이어서, 우리가 획득하고자 하는 목표는 우리 인식의 대상이다. 이와 달리 동기는 직접 인식하지 못할 수 있다. 레온티프에 의하면 우리가 동기를 인식하려면 간접적 증거를 이해하기 위해 특히 노력해야 한다. 동기는 활동과 그 역동성에 대한 분석을 통해서만 객관적으로 의식할 수 있다. 주관적으로는 소망, 욕망의 경험, 목표 획득을 위한 노력 등의 형태로 완곡하게 표현될 뿐이다(Leontiev 1978).

행위도 활동의 가장 하위 단계인 동작(operation)의 차원에서 바라볼 수 있다. 동작은 진행 중인 상황 내에서 행위를 조정하는 일상적인 프로세스다. 동작은 주체가 목표를 획득하고자 하는 조건을 지향한다. 일반적으로 동작은 인식의 대상이 아니다. 동작은 행위를 즉각적이고 자발적으로 조정한 결과인 '변주'로 나타난다. 예컨대, 우리는 군중 사이를 걸을 때 다른 사람이나 장애물을 피하기 위해 몸짓이나 상황을 정교하게 조정할 수 있지만 그것을 의식조차 못한다. 동작이 작동하는 또 다른 원천은 행위의 자동화다. 학습과 빈번한 실행 과정을 통해 의식적 행위는 일상적 동작으로 전환될 수 있다. 노련한 운전자가 기술을 동작 단계에서 수행하는 것은 오랜 시간의 연습 덕분이다. 운전을 배우기 시작한 초보자에게 차선 변경은 의식적인 집중이 필요한 일이다. 처음 운전을 시작하면서는 차선 변경에만 온전히 집중해야 하기에 잡담 같은 사소한 활동조차 끼어들 틈이 없다. 하지만 이런 행위의 자동화 수준이 점차적으로 높아지면서, 종국에는 차선 변경이 자동적으로 수행되어 거의 인식하지 않게 되는 단계에 도달한다. 운전자는 이제 다른 활동도 동시에 수행할 수 있다.

행위와 동작의 구분은 상대적인 구분에 따른 것이다. 어떤 행위는 다른 행위에 비해 객체에 더 직접적으로 결부되어 있다. 예를 들어 초안에 새로운 절을 추가하는 행위는 논문 작성이라는 목표와 결부되어 있음이 분명하다. 그러나 이 목표를 달성하기 위해서는 당면한 목표와 느슨하게 결부되어 있는 일련의 보조 행위가 필요할 수 있다. 다른 사람들의 의견에 응답하거나, 워드프로세서의 스타일이나 '트랙 체인지' 같은 새로운 기능을 배우거나, 기록보관소 또는 전자 아카이브에서 정보를 검색해야 할 수도 있다. 여기서 행위와 동작은 자동화 수준에 따라 구분될 수 있다.

그림 3.4의 활동 단계는 상호 전환이 가능하다. 자동화는 행위와 동작 간의 전환을 보여주는 사례다. 거듭되는 실천 과정에서 행위는 자동 동작으로 전환될 수 있다. 이 과정이 역전되면 일상적 동작이 의식적 행위로 전환되는 탈자동화가 일어난다. 자동화된 동작으로 원하는 결과를 얻지 못하고 실패의 원인 및 수정 방법에 대해 반추할 때 이런 전환이 일어날 수 있다. 일반적으로 처음에는 의식적인 행위로 수행되다가 차츰 동작 수준으로 전환된다. 활동과 행위 간에도 전환이 일어날 수 있다. 상위 목표에 종속된 목표가 동기로 전환될 수 있으며, 따라서 그에 해당하는 행위가 활동의 지위를 얻게 된다.

그림 3.4 활동의 위계 구조

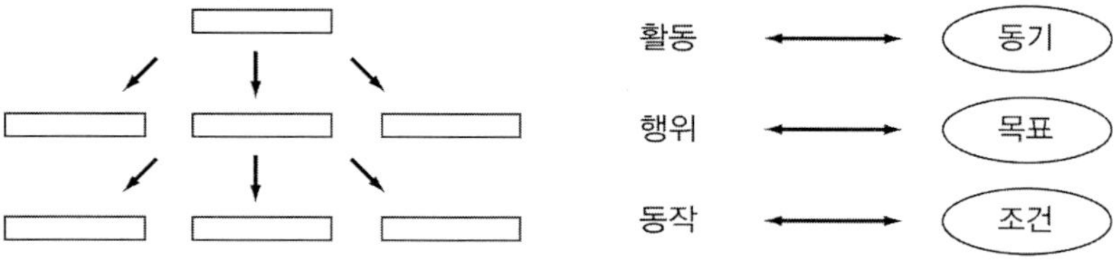

동작과 행위 그리고 활동이 서로 위계적인 층위를 이룬다. 이들 층위는 각각 동기, 목표, 조건과 상호작용하며 성립한다.

기능 조직

인터랙션 디자인의 관점에서 보자면 활동이론 가운데 가장 핵심적인 개념은 기능 조직의 개념이다. 기능 조직의 개념은 러시아 심리학자 우크톰스키(Ukhtomsky)의 초기 저작에서 기원하는데, 그에 따르면 넓은 의미에서 기능 조직은 목적을 달성하기 위해 성립한 힘의 일시적 결합체를 말한다(Ukhtomsky 1978; Zinchenko 1996에서 재인용). 레온티프(1981)는 개인들이 내적인 자원과 외적인 자원을 결합시켜 기능 조직을 구성한다는 아이디어에 착안해서 이 개념을 발전시켰다. 기능 조직을 통해 사람들은 자신의 타고난 능력과 인공물을 결합해서 목표를 성취할 수 있다. 예를 들어 눈은 안경, 망원경, 현미경, 야간투시경과 결합하여 시지각이라는 기능 조직을 형성함으로써 인간의 능력을 현저하게 확장시켰다.

기능 조직을 창출해내고 이를 활용하려면 개인에게 특별한 역량이 필요하다(Kaptelinin 1996b). *도구 관련 역량*에는 도구의 기능 및 도구 작동 기술에 대한 지식이 포함된다. 그리고 *과업 관련 역량*에는 도구 사용으로 달성 가능한 상위 목표에 대한 지식과 이들 목표를 도구의 작동으로 전환시키는 기술이 포함된다.

기능 조직 개념이 갖는 한 가지 함의는 정신과 인공물 사이에서 활동의 분산은 항상 기능적으로 일어난다는 점이다. 그것은 어느 정도 명확하게 정의된 특정 기능을 가진 하위시스템 내에서만 발생한다. 그런 하위시스템이야말로 분산 여부와 관계없이 주체의 핵심 부분이며, 주체는 기능 조직의 사용 시기 및 업데이트, 수정, 심지어 폐기에 대한 최종 결정권을 갖는다. 따라서 주체는 기능 조직을 효율적으로 생성하고 활용하기 위한 역량을 갖추고 있어야 한다. 잠정적으로 *메타기능*(metafunctional)으로 분류될 수 있는 이런 역량을 통해 기능 조직은 인간 활동의 총체적인 시스템으로 통합된다(Kaptelinin 1996b). 메타기능 역량은 도구 및 과업 관련 역량과 달리 목표에 도달하기 위해 기능 조직을 사용하는 것과는 직접적인 관련이 없다. 그 대신 한 가지 행위로 달성할 수 없는 다중 목표들 사이의 조정, 기능 조직의 한계(목표 달성 불가능 등), 부작용, 유지, 고장 수리 등을 다룬다.

SECTION 3.5 활동이론의 관점과 원리: 개요

여기서는 앞서 논의한 개념들에 관해 다시 한 번 짚고 넘어가려고 한다. 활동이론의 핵심 아이디어 두 가지와 그 아이디어를 구체화하는 동시에 일반적인 개념 체계를 구성하는 일련의 기본 원리가 무엇인지 살펴보겠다. 이를 위해 여기서는 워치(Wertsch 1981)가 보여준 활동이론에 대한 설명을 중심으로 정리해 보기로 한다.

3.5.1 활동이론에서의 핵심 아이디어

활동이론에서 핵심이 되는 두 아이디어는 사고와 행위의 일원론, 그리고 인간 정신의 사회적 구성성에 관한 것이다. 활동이론은 1920년대와 1930년대 러시아 심리학에서부터 출발했다. 첫 번째 아이디어에서는 정신이 주체-객체의 관계적 맥락에서만 드러나고 존재하며 이해될 수 있다고 주장한다. 두 번째 아이디어는 사회와 문화가 인간의 정신에 영향을 미치는 외부적 요인이 아니라 정신의 생산에 직접 관여하는 원동력이라고 주장한다.

레온티프는 개인이 문화와 사회의 복제품이 아니라는 점을 특히 강조했다. 그에 따르면 개인의 의식에서 의미는 두 개의 삶을 산다. 특정한 문화에 객관적으로 존재하고 해당 문화에 속한 개인들이 보편적으로 공유하는 것으로서의 의미 그리고 각 개인마다 다른 개별적인 지각으로서의 의미가 그것이다.

3.5.2 활동이론에서 중요한 몇 가지 기본 원리

객체 지향성

인간의 모든 활동은 기본적으로 객체를 지향한다. 디자인하거나 학습하거나 판매한다는 것은 무엇인가를 디자인하거나 학습하거나 판매한다는 것을 말한다. 꿈, 정서, 감정 또한 세계 안의 무언가를 지향한다. 따라서 객체에 대한 분석은 개인 또는 집단 차원으로 활동하는 인간에 대해 이해하기 위해 필수적이다. 활동의 객체는 활동에 동기를 부여하고 활동을 지시하며, 활동 내내 조정에 관여하여 활동이 완결될 때 최종 형태로 구체화되는 계획적인 활동(prospective)의 성과물이다. 객체에 따라 각각의 활동이 구분된다. 세계는 활동의 객체에 도달하려는 시도에 대해 저항과 어포던스를 제공한다. 저항과 어포던스를 통해 객체는 행위를 억제하고 지시한다. 또한 인간은 객체에 대하여 내적으로 반응 전략을 발전시킨다. 이는 세계의 저항과 어포던스 못지않게 활동을 억제하고 지시하는 데 효과적일 수 있다. 따라서 객체는 외적인 동시에 내적이다.

활동의 객체는 사람들이 하는 일에 의미를 부여하는 것이라고 이해할 수 있다. 구체적인 행위는 객체를 성취하는 데 얼마나 도움이 되는지에 따라 평가된다. 그러나 객체가 일방적으로 활동을 결정하는 것은 아니다. 주체와 객체의 발달 방식을 결정하는 것은 주체-객체의 관계적 총체성으로서의 활동이다.

예를 들어, 새로운 가정을 이루는 것은 개인 활동(가족 전체의 활동뿐 아니라)의 객체가 될 수 있다. 가정에 대한 처음의 생각은 이후 과정에서 여러 번 바뀔 수 있으며, 최종 결과는 처음과 완전히 다를 수 있다. 결과적으로 보면 활동의 주체인 개인과 가족 전체가 변화할 수도 있다. 가정은 사회적 현실의 한 부분이 된다. 가정은 어느 정도 가족과 지역 사회의 명시적, 암묵적 규칙, 규범, 요구사항(갈등까지도)에 맞춰 형성된다. 따라서 주체와 객체 어느 한쪽만이 결정 요소일 수 없다. 활동은 사회적 맥락 속에서 발현하고 주체와 객체 모두를 변화시킨다. 사람들과 그들의 활동에 관해 이해하려 할 때 우리는 주체와 객체 모두 고려해야 한다.

과녁판과 같은 사물이 객체가 될 수도 있고 '외과 의사가 되고 싶다'는 정서 심리 상태 또한 객체라고 할 수 있다. 레온티프는 심리학에서 객체의 개념이 사물의 물리, 화학, 생물학적 특징들로 한정될 수 없다는 점을 분명하게 이해하고 있었다. 인공물의 속성을 비롯한 사회적으로 결정된 속성과 인간 활동에 연관된 사물들은 객관적인 방법으로 연구될 수 있는 객체적 특성이기도 하다. 따라서 객체 지향성의 원리는 넓은 의미에서 인간은 객관적인 현실 속에서 살아간다는 의미와 같다. 이러한 현실을 구성하는 사물에는 자연 과학에서 객관적이라 여기는 것은 물론 사회적, 문화적인 것들까지 모두 포함될 수 있다.

활동의 위계 구조

넓은 의미에서 주체-객체 관계와 같은 활동은 *활동, 행위, 동작*이라는 서로 다른 층위에서 살펴볼 수 있다(Leontiev 1974). 행위는 객체를 실현시키기 위해 수행되어야 할 의식적인 목표 지향의 과정이다. 같은 목표를 달성하기 위해 서로 다른 행위가 수행될 수도 있다. 목표는 하위 단계의 목표를 가질 수 있으며, 이 목표 역시 또 다른 하위 목표를 가질 수 있다. 이는 인공지능 연구 등에서 목표/보조 목표 개념과 비슷하다. 사냥도구 제작에는 무기 제작에 필요한 도구와 적절한 재료를 찾는 하위 단계가 수반된다. 따라서 행위의 층위는 위계적으로 조직되며, 상위 단계에서 하위 단계에 이르기까지 각각 임의의 하위 단계로 구분해볼 수 있다.

행위의 하위 단계로 내려올 때 의식적인 과정과 자동적인 과정은 서로 경계가 모호한 상태가 된다. 전화 걸기는 의식적인 행위일 수 있지만, 전화기 버튼을 눌러 이 행위를 구현하는 것은 자동적으로 수행될 수 있다. 활동이론에서는 이 자동적 과정을 *동작*이라고 부르며, 이는 행위가 실제로 수행되는 방식을 말한다. 동작은 즉흥적으로 나타날 수 있지만 보다 일반적인 동작의 원천은 행위의 자동화다. 동작은 경험을 통해 일상화되고 무의식적으로 수행된다. 동작에는 목표가 없으며, 당면한 상황에 맞춰 행위를 조정한다. 운전을 배울 때 기어 변속은 의식적으로 처리해야 할 명시적 목표가 있는 행위다. 나중에 기어 변속이 동작 수준이 되면 더 이상 특별한 목표 지향적 과정이 아니다. 운전자가 그 목표를 따로 의식하지 않기 때문이다(Leontiev 1974).

활동이론에서는 활동의 구성요소가 고정되어 있지 않고 역동적이며, 이는 현실의 변화에 따라 바뀔 수 있다고 보았다. 바로 이것이 활동이론과 GOMS(Goal, Operator, Method, Selection Rule)와 같은 구조가 서로 차별화되는 중요한 지점이다. 활동이론에서 활동의 모든 층위는 상하로 이동할 수 있다(Leontiev 1974). 기어 변속 예시에서 보았듯이 운전자에게 습관화됨에 따라 행위는 동작이 된다. 동작은 기존의 동작으로는 행위의 실행이 곤란해진 상황에서 다시 행위로 전환될 수 있다(Leontiev 1974). 예를 들어 사용자는 익숙한 이메일 프로그램이 작동을 멈추면 다른 프로그램을 이용해서 메일 작업을 계속 한다. 이때 사용자는 익숙하지 않은 명령어에 의식적으로 주의를 기울여야 한다. 객체는 고정되어 있지만, 목표, 행위, 동작은 상황의 변화에 따라 달라진다.

내면화-외현화

인간의 정신은 사회, 문화와 분리되어 있지 않다. 내면화와 외현화는 인간의 정신과 사회문화적 환경을 연결시키는 과정이다. 내면화와 외현화에는 두 개의 차원이 있다. 첫 번째 차원은 정신적 과정과 외적 행동의 차이에 해당한다. 두 번째 차원은 개인적(개인 내 심리) 현상과 집단적(개인 간 심리) 현상의 차이에 해당한다. 이 두 차원은 각각 내면화와 외현화의 물리적 측면과 사회적 측면을 강조한다.

내적인 정신 과정과 외적인 행동

활동이론은 내적 활동과 외적 활동을 구분한다. 전통적인 정신적 과정 개념은 내적 활동에 해당한다. 활동이론에서는 두 활동 사이에 상호 전환이 있기 때문에 둘을 분리해서 분석하면 내적 활동을 이해할 수 없다고 보았다. 내면화는 외적 활동이 내적 활동으로 전환되는 것을 말한다. 처음 타자를 배울 때 학습자는 자판을 보지만 많은 연습 이후에는 더 이상 자판을 보지 않고도 타자를 칠 수 있게 된다. 내적 활동은 외적 활동에서 비롯되지만 외적 활동의 복사판은 아니다. 즉, 자판을 보지 않고도 타이핑이 가능한 상태에 이르렀을 때 마음속으로 자판을 떠올리며 입력하는 것은 아니다. 외적인 것이 내적인 것이 되었을 때 변환이 일어나며, 그 형태에서도 일정한 변화가 생긴다.

내면화는 실제 객체에 대한 작동 없이 가공의 시뮬레이션이나 상상을 통해 실제와 상호작용할 수 있는 수단을 제공한다. 내면화는 단순히 이전의 외적 행위를 내적 차원인 머릿속으로 전환하는 것만을 지칭하지는 않는다. 숙련된 타이피스트와 수동변속기 자동차 운전자도 여전히 물리적 자판을 두드리고 기어를 바꿔야 한다. 내면화는 활동의 외적 구성요소와 내적 구성요소의 재분배를 야기한다. 경우에 따라서는 자판을 볼 필요가 없는 타이피스트처럼 행위를 보다 효율적으로 수행하기 위해 외적 구성요소를 생략할 수도 있다.

외현화는 내적 활동을 외적 활동으로 전환시킨다. 외현화는 내면화된 행위를 수정하거나 조정할 때 필요하다. 즉, 머릿속으로 암산했을 때 답이 의심되거나 암산으로 처리하기에는 계산이 너무 복잡할 때 계산기를 사용할 수 있다. 협력에서 서로의 의견이 조율되려면 활동이 외적으로 수행되어야 한다는 점에서도 외현화는 중요하다. 전통적인 인지과학의 정보처리이론에서는 내면화 개념과 많은 부분에 관해 설명하는 반면, 외현화 개념은 중요하게 다루지 않는다. 활동이론에서는 외부와 내부 사이의 지속적인 전환이 인간 활동의 기초라는 점을 강조한다.

상호주관성과 개인의 심리

비고츠키(1986)에 따르면 정신 능력의 발달에는 두 단계가 있다. 학습자와 다른 사람들 사이에 분산되어 있는 상호주관적인 정신 기능으로 먼저 나타나고 이러한 사회적 분산이 더 이상 필요하지 않을 때 *개인의 심리* 기능으로 전환된다.

많은 점에서 개인 내 심리-개인 간 심리의 차원은 사고의 과정-외적 행동 차원과 유사하다. 두 경우 모두 인간 활동의 역동성으로서 두 축의 상호 전환과 관련되어 있다. 이 전환은 유사한 결과를 만들어낸다. 사회적으로 분산된 기능의 개인적 전유화로서 내면화는 발달의 강력한 원천이다. 활동의 사회적 재분산인 외현화는 개인을 사회적 환경과 연결시키고 문제가 생겼을 때 그 과정을 수정하는 방법이 될 수 있다.

매개성의 문제

활동이론에서는 사회적 요인 그리고 인간과 환경의 상호작용을 중요시한다. 여기서 중요한 원리로 도구에 의한 매개의 원리를 들 수 있다. 첫째, 도구는 인간이 상황과 어떻게 상호작용하는지 결정한다. 그리고 내면화-외현화의 원리에 비추어보면, 외적 활동의 형성은 내적 활동을 생성한다. 둘째, 도구에는 유사한 문제를 해결하기 위해 더 효율적인 도구를 제작하거나 변형시켰던 사람들의 경험이 반영되어 있다. 그들 경험은 도구 사용 방법에 관한 지식에 고스란히 축적된다. 그리고 이는 도구의 모양이나 재질 등 도구의 구조적인 특징에 반영된다. 도구는 활동이 발전해 나가는 가운데 생성되고 변형되며 특정한 문화, 즉 발달의 역사적 근거를 담고 있다. 따라서 도구를 사용한다는 것은 도구에 사회적 지식을 축적하고 전수하는 일이라 할 수 있다. 도구의 사용은 바깥의 행동과 내면의 사고에 영향을 미친다.

매개성에 관한 개념은 비고츠키 전통 내에서나 문화-역사적 연구 이전에서부터 다루어져 왔다. 예를 들어, 윌리엄 제임스(William James 1890)와 그레고리 베이슨(Gregory Bateson 1972)은 개인과 세계의 경계 문제에 대해 집요하게 물고 늘어졌다. 그리고 제임스와 베이슨 모두 인공물이 외부세계가 아닌 개인의 일부로 간주될 수 있다는 생각에 이르렀다. 마르크스 바르토프스키(Marx Wartofsky 1979)는 인공물의 유형과 그것이 개인의 경험에 영향을 미치는 방식에 대해 대단한 식견을 보여주었다.

이런 모든 관점은 매개성 개념의 발전에 영향을 주었다. 그러나 그들과 활동이론의 관점에는 차이가 있다. 활동이론에서는 인공물을 주체와 세계의 유목적적 상호작용 맥락 그리고 특정 문화에서의 사회적 경험의 생성과 전달 맥락과 결부시켜 규정함으로써 매개의 기능적 측면과 발달적 측면을 통합한다. 활동이론에서는 문화적으로 발달된 인공물의 특별한 지위를 인정한다. 즉, 인공물을 현존하는 객관적 세계 및 인류의 문화, 역사와 인간을 연결시키는 유목적적 행위의 궁극적 매개물로 간주한다. 이 관점에서는 주체, 객체, 매개적 인공물을 매개의 핵심 요소로 정의한다. 또한 시간이 지남에 따라 구성요소 사이의 관계는 변할 수 있으며, 발달적, 역사적 분석만이 이 개체들 사이의 삼자간 상호작용에 대해 통찰할 수 있는 유일한 방법임을 제안했다. 이러한 의미에서의 매개 개념은 문화-역사적 이론에서 발달하였다. 보드커(Bødker 1989, 1991)는 이 개념을 HCI에 도입했다. 인지적 인공물 개념(Norman 1991)과 개인의 확장(person plus)(Perkins 1993) 개념에서도 이러한 매개성 개념이 준 영향의 흔적을 발견할 수 있다. 최근에는 활동의 비매개성 패러다임에서도 그 개념을 찾아볼 수 있다(Beaudouin-Lafon 2000). (4장에서 자세하게 논의함)

발달의 문제

마지막으로 활동이론에서는 현실과 인간의 상호작용을 발달의 맥락에서 살펴보아야 한다고 보았다. 물론 활동이론만이 발달의 문제를 연구 주제로 삼는 유일한 심리학 이론은 아니다. 그러나 활동이론에서 발달의 문제는 연구 대상일 뿐만 아니라 연구 방법론이기도 하다. 활동이론은 모든 실천을 특정 조건 아래 행해진 특정한 역사적 발전의 결과로 바라본다. 발달은 끊임없이 실천을 수정하고 발전시킨다. 그래서 활동이론의 기본 연구 방법은 전통적인 실험실 실험 방식이 아닌 연구 참여자의 발달적 변화에 대한 모니터링과 적극적 참여를 결합한 형성적인 실험 방법이다. 최근 연구에서 실천의 역사적 발달을 추적하는 문화기술지 방법이 중요해졌다. 활동이론은 한 가지 연구 방법만을 고수하지 않는다. 연구 질문에 따라 연구 방법은 달라질 수 있다. 컨텍스트 분석에만 매달리는 연구 방법과 달리 활동이론은 연구 문제에 천착해서 연구 방법을 선택한다.

3.5.3 원리의 통합 구조

활동이론의 기본적인 원리는 활동 전체를 염두에 둔 것으로 통합된 시스템에 관한 것이다. 즉 이 원리 가운데 어떤 것을 시스템에 적용할 경우 다른 측면 또한 반드시 연동되기 마련이다. 예를 들어 마음의 사회적 구성 기제에 관해 파악하려면 도구에 의한 매개, 사회적 지식의 내면화 및 학습과 발달에 따른 활동 구조의 전환에 관해 고려해야 한다. 활동이론에서는 이 원리들의 통합을 주장한다. 그리고 단일한 절차만으로는 전체 활동을 이해할 수 없기 때문에 어떤 경우에도 단일 절차를 추상화하지 않는다. 다양한 이론이 활동이론(Haraway(1991)의 사이보그 개념; 또는 인지과학에서 정신적 표현—Norman 1991 참조)과 일면 그 궤를 같이하지만 활동이론만큼 전체적인 구조에 대해 다루는 이론은 찾아보기 어렵다.

다음 장에서는 활동이론의 기본 아이디어, 개념, 원리에 관해 소개하고 인터랙션 디자인에 어떻게 응용될 수 있는지 살펴보겠다.

CHAPTER 04

활동이론 기반 인터랙션 디자인

이 장에서는 활동이론이 인터랙션 디자인에 미친 영향에 관해 보고자 한다. 먼저 활동이론이 인터랙션 디자인에 도입된 역사에 관해 간략하게 정리하고 활동이론에 기반을 둔 투명성, 어포던스, 직접 조작과 같은 핵심 개념이 무엇인지 살펴보겠다. 이어서 엥게스트롬(Engeström 1987, 1990)에 의해 발전된 활동이론을 소개할 것이다. 그리고 레온티프(Leontiev)와 엥게스트롬의 활동이론이 기술사용에 관한 경험 연구 분야에 끼친 영향, 그리고 두 이론이 컴퓨터 기반 협력 작업 및 컴퓨터 기반 협력 학습 연구에 미친 영향에 대해 살펴보겠다. 마지막으로 활동이론의 영향을 받은 두 가지 하이브리드 설계 방식인 도구 생성과 장르 추적에 관해 이야기하겠다.

SECTION 4.1 활동이론의 역사

활동이론은 40여 년간 러시아 인간공학과 인적 요소 연구의 주요한 이론적 토대였으며(예컨대 Zinchenko, Leontiev, and Panov 1964; Zinchenko and Munipov 1979; Munipov 1983; Bedny and Meister 1997), 1970년대와 1980년대 독일 노동심리학의 발전에 영향을 미쳤다(Greif 1991). 1990년대 초반, HCI, 컴퓨터 기반 협

력 작업, 정보 시스템 분야의 국제적 연구 공동체들이 활동이론에 주목하기 시작했다. 개념적 영향, 배경 및 연구 안건이 결합되면서 활동이론이 확산되기 시작하였다.

덴마크의 컴퓨터 과학자이자 참여설계 연구 공동체의 핵심 멤버인 수잔 보드커(Bødker, S)는 HCI 분야에서 처음으로 활동이론을 기반으로 한 체계적인 연구를 수행했다. 1982~1983년 HCI가 정보처리 심리학에 기초한 새로운 연구 분야로 부상했을 때(Card, Moran, and Newell 1983), 보드커는 제록스 PARC의 객원 연구원이었다. 그 당시 대부분의 연구자들은 인지심리학이 HCI의 이론적 토대가 될 수 있을 것으로 전망하고 있었다(Carroll 1987). 하지만 보드커는 참여설계 경험을 통해 HCI를 정보처리 절차로만 접근하는 방식에는 한계가 있음을 깨닫고 있었다. 몇 년 뒤, 그녀는 활동이론을 토대로 한 박사 논문, '사용자 인터페이스 디자인과 인간 행동'을 출간했다(Bødker 1987). 학술지(Bødker 1989)와 책(Bødker 1991)으로 출간된 이 논문에서 보드커는 활동이론을 HCI의 이론적 토대로 소개하였다(Bødker 1991). 이 논문에서 제시한 핵심 주장은 기술 사용을 인간과 세계의 상호작용, 즉 기술에 의해 *매개되는* 상호작용이라는 보다 넓은 맥락에서 고려해야 한다는 점에 관한 것이었다.

배넌(Bannon 1990), 꾸우띠(Kuutti 1991)의 논문 발표에 연이어 보드커의 책이 출간되면서, 활동이론은 인터랙션 디자인 연구 분야에서 국제적으로 인정받기 시작했다. 인터랙션 디자인에 관한 가장 영향력 있는 저작 가운데 하나인 〈인터랙션 디자인하기: HCI의 심리학〉(Carroll 1991)에는 활동이론의 영향에 대해 서술한 장(Greif 1991; Norman 1991), 활동이론을 HCI의 잠재적 프레임워크로 제시한 장(Bannon and Bødker 1991) 등이 있다. 쿠퍼와 바워스(Cooper and Bowers 1995)가 1세대 HCI에서 2세대 HCI로의 전환점이 되었다며 격찬한, 리암 배넌(Liam Bannon)의 논문 '인적 요소에서 인간 행위자로'는 활동이론의 영향을 받은 저작이다. 1990년대 초반, 수많은 국제회의, 학술지 논문, 출판물(Kuutti 1991, 1992; Raeithel 1992; Kaptelinin 1992; Nardi 1992, 1993, 1994; Bødker 1993; Draper 1993; Kuutti and Bannon 1993)에서는 활동이론을 HCI 분야의 유망한 이론으로 소개하고 있다.

1990년대 초반, HCI와 CSCW(computer-supported cooperative work) 분야에서 부분적으로나마 활동이론 기반 연구를 수행했던 연구자들 사이에 소규모 공동체가 결성되었다. 이 공동체의 구성원은 인류학, 컴퓨터과학, 심리학 등 연구 배경 및 출신 배경(덴마크, 핀란드, 독일, 아일랜드, 러시아, 미국)이 다양한 6명 남짓의 개인 연구자들이었다. 그 당시에는 이론 연구가 주를 이루었는데, 이들은 활동이론을 구체적인 기술의 설계와 분석 도구로 활용하기보다 HCI와 그 관련 분야의 이론적 토대로 활용할 수 있는지 가능성을 타진하는 데 관심을 기울였다. 이들은 연구를 통해 다음과 같은 세 가지 결론을 이끌어냈다.

첫째, 활동이론에서는 기존의 인지적 접근에 비해 실생활의 기술 사용 문제에 대한 폭넓은 가능성을 제시할 수 있다(Bannon 1990; Bannon and Bødker 1991; Kuutti 1991, 1992; Bødker 1993; Kaptelinin 1992; Nardi 1992).

둘째, 활동이론은 다양한 층위에서 발생하는 절차들을 통합적으로 설명할 수 있다(Kuutti and Bannon 1993).

셋째, 활동이론을 통해 HCI와 CSCW 분야에서 제기되는 새로운 연구 주제들을 생성할 수 있다(Kaptelinin 1992; Kuutti 1992; Raeithel 1992). 초기 활동이론 기반 인터랙션 디자인의 연구 주제는 활동이론과 상황적 행위 모델, 분산인지(Nardi 1992, 1993) 등 이론의 비교 분석 및 HCI에서 전통적으로 사용해왔던 어포던스(affordance) 등의 개념을 수정하는 것이었다(Kaptelinin 1992).

1992~1995년 러시아에서 개최된 동서 HCI 회의를 통해 활동이론 기반 인터랙션 디자인의 초기 연구가 공고해졌다. 회의는 활동이론에 관심을 둔 연구자들에게 만남의 장소와 포럼을 제공했다. 회의를 통해 활동이론에 대한 접근성을 높일 수 있었으며, HCI 연구가 국제적으로 확산될 수 있었다. 이 회의를 계기로 호주(Bourke, Verenikina, and Gould 1993; Hasan, Gould, and Hyland 1998)와 프랑스(Linard and Zeiliger 1995)에서 활동이론 기반 연구가 새롭게 출범할 수 있었다.

HCI의 초기 활동이론 연구에서는 기존 시스템에 대해 소급해서 설명하거나 경험 연구를 재평가하는 주제가 주를 이뤘다. 보드커(1991)는 제록스 연구소의 스몰톡 80, 유토피아 프로젝트, 아루스 폴리테크닉의 메일관리 시스템 설계 등 자신이 참여했던 디자인 프로젝트들을 재검토했다. 이 사례들은 행위, 동작, 도구, 집단 활동 범주 안에서 이루어지는 개인 활동의 조율과 같은 개념을 활용해 복잡한 프로젝트 활동을 언술화할 수 있다는 가능성을 보여줬다.

나르디(Nardi 1994, 1996b)는 슬라이드 프레젠테이션 프로그램의 활용 패턴 연구를 재검토했다. 이 연구에서는 연구자들의 예측과 달리 소프트웨어의 복잡성과 사용자의 전문성 사이에 아무런 연관관계가 없음이 확인됐다. 일반적으로 전문성이 낮은 일반 사용자는 기본 도구를 사용하고 전문가는 고급 도구를 사용할 것으로 생각할 수 있다. 그러나 전문가들이 일반인보다 고급 소프트웨어를 더 자주 사용하기는 하지만 그들도 일상적으로는 기본 프로그램을 사용하고 있었다. 분석의 초점을 테크놀로지가 아닌 사용자의 목적으로 전환시킴으로써 활동이론을 이 문제에 적용하면 예측에서 벗어난 사용 패턴을 손쉽게 설명할 수 있다. 각각의 소프트웨어는 그 유형에 따라 사용 목적이 다르기 때문에 사용자들은 각자 맥락에 따라 최적화된 도구를 선택한다. 즉, 사용자들은 기초적인 프레젠테이션을 제작할 때는 기본적이고 사용하기 쉬운 도구를, 복잡한 과제를 해결해야 할 경우에는 복잡한 도구를 선택한다.

〈맥락과 인식: 활동이론과 인간-컴퓨터 상호작용〉(Nardi 1996a)에서는 인터랙션 디자인에 관한 초기의 활동이론 기반 연구들을 소개하고 있다. 이 책은 글로벌 연구 공동체에 활동이론을 각인시켰으며, 활동이론이 당시 HCI 연구의 개념, 관심사, 연구 안건 등과 보다 깊이 연관되어 있음을 상세하게 보여주었다. 이 책이 정보기술의 분석, 평가, 설계에 활동이론을 적용하도록 촉진한 것은 분명하다.

〈맥락과 인식〉 출간 이후 10년 동안 활동이론은 HCI, CSCW, CSCL의 이론적 발달에 지속적으로 기여해 왔으며, 보다 구체적으로 적용되어 왔다. 활동이론을 토대로 응용프로그램과 시스템 설계 및 설계와 평가 방법론에 구체적인 변화가 일어났으며 추상적인 개념 분석들이 보완됐다. 또한 인터랙션 디자인 분야에서 활동이론 관점이 다양해졌다. 지난 10년간 제안된 이론들은 활동이론의 기본 가정들을 공유하는 동시에 경험주의(Imaz and Benyon 1996), 참여 설계(Bødker and Christiansen 1997), 프랑스 인간공학(Rabardel and Bourmaud 2003), Bakhtinian 개념(Spinuzzi 2003) 등 여타 이론들의 영향을 받았다.

최근 활동이론의 활용은 인터랙션 디자인 공동체에서 확립되었다. 이 이론에 기초한 논문, 분석 도구, 시스템들이 지속적으로 증가하고 있다. *Scandinavian Journal of Information Systems*(2000), *Computer Supported Cooperative Work*(1999, 2002), *Interacting with Computers*(2003) 등의 국제 학술지들은 활동이론 기반 연구에서 다룬 주제들을 소개했다. 분명 이러한 움직임은 점차 주목받게 될 트렌드를 반영한다. 인터랙션 디자인 분야를 넘어 교육(Roth 2004), 커뮤니케이션 연구(Foot 2002b), 인간공학(Bedny and Karwowski 2004) 등 다양한 분야에서 활동이론에 대한 관심이 급증하고 있다.

다음 장에서는 HCI와 CSCW 분야의 활동이론 기반 연구들, 특히 〈맥락과 인식〉 출간 이후 이루어진 비교적 최근의 연구들을 검토할 것이다. 연구물의 양이 방대해서 모든 저작을 검토하지 못했고 중요한 논문들이 일부 누락되기도 했지만 관련성이 높은 연구는 빠트리지 않으려 애썼다.

SECTION 4.2 HCI, 어떻게 접근할 것인가?

4.2.1 HCI 분야의 확장

HCI 분야에 활동이론이 기여한 바가 있다면 그것은 HCI 분석 범위와 여기서 다룰 수 있는 주제 영역을 확장시켰다는 것이다. 활동이론에서 보면 테크놀로지의 사용은 다음 세 가지 차원에서 재조명할 수 있다.

- 테크놀로지의 사용은 의미의 맥락과 관련되어 있다.
- 테크놀로지의 사용은 정보처리 절차로만 한정되지 않는다.
- 테크놀로지의 사용은 다양한 층위에서 작동하며 통합적이다.

다른 탈-인지주의 이론과 마찬가지로 활동이론은 HCI의 보편적인 목적을 설정하는 데 중요한 역할을 했다. 실험 방식의 연구에서는 테크놀로지와 상호작용하는 주체가 누구든 기본적으로 동일한 정보처리의 기본 체제를 밝혀낸 뒤, 이 체제를 사용자 인터페이스 디자인에 적용하는 방식을 택한다. 하지만 HCI 연구에서는 일상에서의 테크놀로지 사용의 구체적인 맥락과 의미에 관해 다룬다. 활동이론은 테크놀로지를 상호작용의 대상이기보다 인간과 세계 사이를 중재하는 매개로 설정함으로써 중요한 문제들에 대해 해명해왔다. 보드커(1989, 1991)는 디자인에서 고려해야 할 사용자 인터페이스(UI, User Interface)의 세 가지 차원을 다음과 같이 제시했다.

- 물리적 차원(물리적 객체인 장치의 동작)
- 조작적 차원(인터페이스를 통해 이루어지는 상호작용의 논리적 구조)
- 주체-객체 지향적 차원(컴퓨터의 객체와 실제 객체의 일대일 대응)

보드커가 연구를 진행하던 당시에는 앞의 두 가지 측면이 HCI에서 주류로 연구되었으며, 세 번째 측면은 거의 도외시되었다.

유의미하고 유목적적인 인간과 세계 사이의 총체적 상호작용 안에서 테크놀로지가 차지하는 역할이 부각되면서 순수한 인지 분석 접근의 한계가 드러났다. 컴퓨터 사용자는 단순한 정보처리 장치가 아니라 자기 목표를 성취하고자 애쓰는 개인이다. 사용자에게서 표출되는 흥미, 정서, 희망, 열정, 두려움, 좌절은 테크놀로지를 선택, 학습하고 사용하는 데 영향을 미치는 강력하고 중요한 요인이다. 인터랙션 디자인 연구들이 이러한 요인들을 다루는 한 그것들은 활동이론과 직접적이든 간접적이든 관련되어 있다고 볼 수 있다(Christiansen 1996; Engeström and Escalante 1996; Agre 1997; Nardi and O'Day 1999).

활동이론은 다수의 위계적 층위를 갖는 테크놀로지의 용도를 통합적으로 설명한다. 이를 통해 물리적 층위의 상호작용, 개념적 층위의 상호작용, 사회맥락적 층위의 상호작용 등 테크놀로지 사용에서 상이한 측면에 대한 분석들을 통합하거나 조정할 수 있는 가능성을 열어주었다(Kuutti and Bannon 1993). 전통적으로 분석 층위가 다르면 서로 다른 분야, 예컨대 심리생리학, 인지심리학, 사회학 또는 사회문화심리학 등 각각의 연구 영역에서 연구해왔다. 하지만 효과적인 설계를 위해서는 서로 다른 분석 층위의 요구사항이나 고려사항들이 시스템 안에서 긴밀하게 통합되어야 한다. 활동이론에서는 다양한 분석 층위에서 수직적 통합이 가능한 이론적 틀을 제공하였다.

4.2.2 HCI에서 달리 보아야 할 것들

활동이론에서는 투명성, 어포던스, 직접 조작 등 전통적인 HCI의 핵심 개념들을 달리 보고자 했다.

투명성

*투명성*은 전통적으로 UI의 질을 결정하는 핵심 개념으로 간주되어 왔다(Hutchins, Hollan, and Norman 1986; Bødker 1991; Shneiderman 1998 참조). 이 개념을 명확하게 정의하기란 쉽지 않다. 투명성은 일반적으로 UI 자체에서 발생하는 산만함이 없는 상태를 의미하며, 투명하지 않은 것이 어떤 상태인지를 기술하는 방식으로 설명해왔다(Bardram and Bertelsen 1995). 투명한 상호작용이란 매개적 인공물인 시스템이 비가시적인 상태로 유지되는 동안 사용자가 일에 몰입할

수 있는 상호작용을 의미한다. 따라서 UI의 투명성이라는 은유적인 표현이 성립할 수 있다. 여기서 투명하다는 것은 지각이 아닌 몰입의 문제다. 즉, 투명성은 시스템이 실제로 보이지 않는다는 것이 아니라 사용자들이 시스템을 인식하지 못한다는 의미다.

활동이론에 따르면, 동작은 의식적 절차에 따른 추론 없이 자동적으로 수행되는 반면 행위는 인식 가능하다. 따라서 행위를 동작으로 변환(Bardram and Bertelsen 1995)시키는 기술 자동화(Kaptelinin 1991)를 통해 투명성을 제고할 수 있다. 투명성은 시스템에 고착화된 특성이 아니다. 즉, 사용자로 하여금 충분한 시간과 노력을 기울일 수 있게 하는 UI라면 투명한 UI라 할 수 있다(Kaptelinin 1991; Bardram and Bertelsen 1995).

부연하면, 투명성은 시스템으로 구축할 수 있는 것이 아니다. 디자이너는 동작이 전개될 수 있는 조건을 만들어낼 수 있을 뿐이며, 투명성 그 자체는 총체적 상호작용에서 나타나는 특성이다. 따라서 투명성은 시스템 사용자에 따라 현실화될 수도 있고 혹은 그렇지 않을 수도 있다. 물론 공간 내의 일정한 위치에 UI 구성요소들을 매핑하는 방법 등 기술 자동화를 촉진할 수 있는 방법은 많다(Kaptelinin 1993). 하지만 그에 따른 결과는 전적으로 특정한 사용 맥락과 특정한 사용자에 따라 달라진다. 최상의 디자인의 경우에도 상호작용의 투명성 여부는 장담할 수 없다. 간결한 수식 같은 텍스트 명령어가 엄청나게 많은 유닉스와 같은 최악의 디자인도 능숙한 사용자의 손에서는 최고 수준의 투명성에 도달할 수 있다.

어포던스

*어포던스*는 HCI에서 격렬한 논쟁의 대상이 되고 있는 개념이다. 원래는 깁슨(Gibson 1979)이 생태적 관점에서 시지각에 관해 설명하며 제안한 개념이다. 깁슨에 따르면, 환경의 어포던스는 환경에 의해 동물에게 제공되는 것을 말한다(1979). 그는 *호모 사피엔스*를 포함하여 모든 유기체는 환경을 *직접 지각*할 뿐 환경을 감각적으로 수용한 뒤 한 단계 한 단계 절차를 거쳐 가능한 행동방식을 추론하는 방식을 취하지 않는다고 주장했다.

노먼(Norman 1988)은 이 개념을 HCI에 도입했다. 여기서 어포던스 개념은 성공적인 인터페이스 디자인의 관건이 사물의 조작에 필요한 강력한 시각적 단서를 제공하는 어포던스의 구현임을 일깨워 주었고 여러 전문가들에게 큰 각광을 받았다. 최근에는 이 개념에 대한 깁슨과 노먼의 해석이 광범위하게 다루어지고 있다(Norman 1999; McGrenere and Ho 2000; Torenvliet 2003). 하지만 이런 논의를 통해 개념적 모순이 해결되기보다 새로운 모순들이 생성되고 있다.

어포던스에 대해서 다양한 이견이 있지만, 어포던스가 환경이 제공하는 행위 가능성을 나타내며, 구체적인 행위자의 역량에 따라 실재화된다는(McGrenere and Ho 2000) 점에 대해서는 누구나 인정한다. 하지만 연구자들 사이에 행위자, 행위, 행위 능력 등의 용어에 대해 암묵적으로 미묘한 다른 의미가 사용되면서 어포던스에 대한 해석이 엇갈린다.

한편, 활동이론에서 어포던스 문제를 어떻게 다루는지 그 아이디어(Kaptelinin 1996c; Albrechtsen et al. 2001; Baerentsen and Trettvik 2002)가 확산되면서, 행위나 행위 능력에 대한 편협한 이해에서 벗어나 보다 일관된 어포던스 개념을 발전시킬 수 있었다.

활동이론에서 행위는 지각에서 분리된 운동 반응 그 이상을 의미한다. 지각은 세계와 인간 상호작용의 필수적인 부분이다. 지각은 행위의 수행 및 특정 개인의 행위 능력을 결정하는 데 핵심적인 역할을 한다. 어포던스는 동물과 세계 간 상호작용의 속성이기 때문에 지각이 없다면 어포던스 상태에 임하게 될 수 없다. 이 점에서 활동이론은 깁슨의 견해와 일치하며, 어포던스와 지각을 분리된 것으로 보는 멕그레너와 호(McGrenere and Ho 2000), 토렌블리트(Torenvliet 2003)와는 관점을 달리한다.

멕그레너와 호는 분명히 말하자면, 어포던스는 행위자의 경험이나 문화와 독립적으로 존재한다고 강력하게 주장했다. 어포던스를 경험 및 문화와 분리시키는 것은 깁슨과 활동이론 사이에 공유되는 기본 관점과 상충한다. 깁슨이 제시한 어포던스의 예에는 과업이나 정치 등 복잡한 유형의 활동 사례들이 포함되어 있다. 이런 맥락에서는 행위 가능성이 문화에 의해 결정되는 것이 분명하다. 따라서 활동이론과 깁슨의 생태심리학 사이에 존재하는 개념적 유사성(Logvinenko 1988; Baerentsen and Trettvik 2002)을 감안하면 인터랙션 디자인에서 어포던스 개념을 어떻게 활용할 수 있는지 시사점을 얻을 수 있을 것이다.

또한 활동이론 기반 연구들은 깁슨의 관점과 활동이론의 차이에 대해 면밀히 들여다봄으로써 어포던스 개념을 어떻게 활용할 수 있을지에 기여했다. 특히 생태심리학은 매개와 학습 및 위계적 조직화로서의 활동에 대해 강조하는 활동이론의 수준과 성과를 능가하지 못한다(Albrechtsen et al. 2001; Baerentsen and

Trettvik 2002). 일반적으로 어포던스는 물리적 인공물에 대한 낮은 수준의 조작으로 해석된다. 이에 따라 그 개념도 조작 수준으로 제한된다. 배렌트센과 트렛비크(Baerentsen and Trettvik 2002)는 이런 어포던스를 조작적 어포던스라고 불렀다. 조작적 어포던스라는 개념은 객체를 손쉽게 실행할 수 있는 수준의 조작 정도를 암시한다. 하지만 배렌트센과 트렛비크는 그 개념이 행위와 활동 수준으로 확장될 수 있음을 지적했다. 활동이론에서는 어포던스 개념을 조작 수준에 그치지 않고 총체적 인간 활동으로 확장해야 한다고 보았다.

직접 조작(Shneiderman 1983; Hutchins, Hollan, and Norman 1986)도 활동이론에 따라 수정된 HCI의 전통적인 기본 개념이다. 1980년대 초반, 슈나이더만(Shneiderman 1983)은 그 당시 등장한 새로운 UI의 주요 특성에 대해 기술하고 성공적인 설계 준거를 마련하기 위해 직접 조작 개념을 도입했다.

이러한 새로운 상호작용 패러다임으로 전환한 결과는 놀라웠다. 이전 세대의 퍼스널 컴퓨터의 경우 컴퓨터를 활성화시키려면 명령어를 입력해야 했는데, 이 작업을 하려면 엄청난 학습이 요구되었다. 이 때문에 컴퓨터가 일반 대중들에게 일상으로 자리 잡히기가 어려웠다.

그러나 새로운 인터페이스에서는 화면에 떠있는 아이콘들을 물리적으로 조작해서 파일을 옮기거나 지우거나 하는 등의 동작이 가능해졌다. WIMP(윈도우즈, 아이콘, 메뉴, 포인터) 인터페이스는 역사적으로 가장 놀라운 기술의 성공 사례 가운데 하나일 것이다. 슈나이더만에 따르면, 이 성공은 수백만 년에 걸친 진화를 통해 완성된, 물리적 세계에서 객체를 이용하여 행위하는 인간 능력에 힘입은 것이다. 그는 새로운 UI가 다음과 같은 점에서 직접 조작의 원리를 구현하고 있다고 지적하였다.

첫째, 객체와 그 표현의 확정
둘째, 복잡한 명령어를 대체하는 단순한 물리적 행위
셋째, 즉각적인 피드백에 따른 신속한 조작 전환
넷째, 나선형 학습

여러 해 동안 HCI 연구에서는 직접 조작 원리와 직접 조작을 이상적인 UI로 여기는 기본 관점에 대해 문제제기가 거의 없었다. 하지만 최근 실제 UI상에서 이 원리들이 구현되는 방식을 활동이론 관점에서 분석해본 결과, 사용자들은 문서 등 자신들의 관심 대상을 직접 조작하지 않는 것으로 밝혀졌다(Beaudouin-Lafon 2000). 사람들은 물리적 환경과 가상 환경에서 어떤 사물에 조작을 가할 때

해머와 스크루드라이버 또는 스크롤바, 툴바 같은 도구를 사용한다. 나무에 나사를 박는 행위는 맨손으로 나사를 눌러서 돌리는 조작이 아닌 스크루드라이버에 힘을 줌으로써 원하는 결과를 얻을 수 있게 된다. 이와 마찬가지로 문서를 스크롤하는 행위는 스크롤바를 조정함으로써 문서 스크롤이라는 성과를 얻게 된다.

보두도-라폰(Beaudouin-Lafon 2000)은 UI 디자이너가 도메인 객체와 상호작용 도구를 차별화해야 한다는 점을 지적했다. 예컨대, 텍스트를 기록하는 사용자에게는 텍스트 자체가 관심 대상이지만 텍스트를 편집하는 사용자에게는 텍스트 스타일이 관심 대상일 것이다. 상호작용 도구는 사용자의 행위를 도메인 객체에 대한 명령으로 전환시키는 UI 구성요소다. 스크롤바와 같은 것이 상호작용 도구에 해당한다. 사용자가 스크롤 화살표를 클릭하면 스크롤바는 이 행위를 창에서 도메인 객체인 텍스트의 이동으로 전환한다. 보두도-라폰은 WIMP와 포스트 WIMP 인터페이스 디자인에서 직접적 상호작용 개념을 수정하고 확장한 도구적 상호작용 개념을 제안했다. 즉, 직접적인 상호작용보다는 도메인 객체와 상호작용 도구 통합의 최적화가 디자인의 목적이 되어야 한다는 것이다.

SECTION 4.3 일터에 대한 경험 연구

민속방법론은 협력과 협력적인 일터에 관한 수많은 미시적 경험 연구에 영감을 주었지만(예를 들어, Heath and Luff 1992; Bowers, Button, and Sharrock 1995), 컴퓨터의 가장 일반적인 용도인 사무실의 일상 업무와 지식노동자의 일상 업무에서의 쓰임에 대해서는 거의 주목하지 않았다. 이 점은 매우 아이러니한 것이다. 두케너트와 벨로티(Ducheneaut and Bellotti 2001)에 따르면, 이 가상의 작업 환경은 사람들이 자신들의 업무 시간 대부분을 보내는 일종의 거주지다. 도구나 자원을 적절하고 효율적으로 조직하는 데 실패할 경우, 즉각적으로 문제를 인지할 수 있는 물리적 업무 환경(Malone 1983)과 달리 가상 환경에서는 주로 개인 작업이어서 다른 사람들에게 거의 드러나지 않아 불거진 문제가 공유되지 않는다. 이런 특성들로 인해 가상 데스크톱 문제가 더욱 심화된 경험 연구를 필요로 하는 사안으로 인식되지 못하고 있다. 사용자들은 파일과 폴더 등 건축을 위한 벽돌을 제공받지만 그것을 이용해서 효율적이고 편안한 환경을 구축할 수 있는 방법에 대해서는 적절한 도움을 받지 못한다. 기본적으로 각 사용자는 처음 시작할 때부터 스스로 사용 환경을 구성해야 한다. 모든 사람들은 저마다의 솔루션을 가지고 있다. 기본적인 다양성 지표는 개인 데스크톱 외관의 다양성인데 이것은 빙산의 일각에 불과하다. 개인 데스크톱 환경을 조직하는 직접적이고 임기응변적인 수많은 방식은 외부 관찰자에게 드러나지 않는다.

디자이너와 연구자들은 사용자들이 현재 운영체제의 장치들을 이용해서 쉽게 가상의 작업 환경을 구축할 수 있을 것이라고 가정하기 쉽다. 하지만 통상적인 데스크톱 운영체제 사용에 관한 경험 연구들은 정보기술을 일상 작업의 일부로 만드는 일이 사소하지 않음을 보여준다(Cypher 1986; Barreau and Nardi 1995; Nardi, Anderson, and Erickson 1995; Erickson 1996; Kaptelinin 1996d; Ravasio, Guttormsen-Schär, and Krueger 2004).

나르디 외(Nardi, Anderson, and Erickson 1995)는 사용자들이 디지털 작업 환경에서 사용하는 정보를 작업 정보, 저장 정보, 임시 정보라는 세 가지 유형으로 설명했다. 일반적으로 가상 환경 설계에서는 사용자의 필요와 요구보다 정보 조직의 형식 논리적 관점을 더 반영한다. 특히 이 환경에서는 임시 정보 관리의 필요성을 고려하지 않는다. 하지만 임시 정보는 사람들에게 끝마쳐야 할 일을 상기시키는 등 많은 역할을 한다. 나르디 등은 사용자들이 임시 정보를 관리하기 위해 운영시스템에 설치된 장치들을 창의적으로 사용한다는 사실을 확인했다. 예컨대, 사용자들은 임시 항목을 쉽게 알아볼 수 있고 경우에 따라 휴지통에 버릴 수 있도록 바탕화면에 배치한다. 하지만 이러한 용도는 디자이너들에 의해 의도적으로 배제될 수도 있고 바탕화면의 기본 메타포와 충돌할 수도 있다. 책상 위를 의미하는 통상적인 바탕화면 메타포는 사용 중인 문서의 저장을 목적으로 설계됐으며, 휴지통으로 보낼 쓸모없는 아이템의 중간저장소와는 거리가 멀었다.

일상 업무를 수행할 디지털 작업공간의 생성 전략과 관점에 대한 연구(Kaptelinin 1996d)를 보면, 일반 운영체제의 사용자 다수가 공통적으로 개인 프로젝트와 관련한 다양한 유형의 정보를 조직하는 일, 작업공간을 정리하는 일, 사적 정보와 공적 정보를 분리하는 일 등이 문제임을 지적했다. 이런 문제에 대처하기 위해 사용자들이 개발한 다양한 방법들이 연구에서 확인됐다. 사용자들은 이런 문제를 처리하도록 설계된 표준 시스템 기능인 labels나 aliases 등을 전혀 사용하지 않는다는 점도 확인됐다.

현실과 가상이 혼합된 새로운 작업 환경에서는 그에 부합하는 적절한 이해와 해결이 요구된다. 하수처리 플랜트 기술자에 관한 연구(Bertelsen and Bødker 2002)에서 작업이 정보처리 기술과 전통 기술의 복합체인 인공물 클러스터에 의해 매개된다는 점이 밝혀졌다. 인공물 클러스터에 관한 이런 결론은 모든 유형의 작업 환경에 일반화될 수 있을 것이다. 사무실 환경은 오랫동안 기본 도구인 범용 데스크톱 컴퓨터에 지배되어 왔지만 도구들은 늘 복합적으로 사용되었다. 이런 점들은 (예컨대 데스크톱 컴퓨터, 랩톱 컴퓨터, PDA 및 휴대폰 등) 정보 기기들을 조합하여 분산 및 이동 작업을 수행하는 최근의 경향에서 특히 분명해진다.

일반적인 작업 환경 내의 정보기술 사용 문제를 다룬 경험 연구 분야에서 활동이론 기반 연구가 차지하는 비중은 상당해졌다. 중요한 연구 가운데 다른 이론적 관점에서 수행된 경우도 있지만(Kidd 1994; Ravasio, Guttormsen-Schär, and Krueger 2003), 도구적 매개와 유목적적 인간 활동의 통합적, 다층적 성격에 대한 관심을 감안할 때 활동이론이 이 분야에 상당한 영향을 미친 것은 그리 놀라운 일이 아니다.

SECTION 4.4 협력, 어떻게 이해하고 설계할 것인가?

4.4.1 활동이론과 컴퓨터 기반 협력 작업

HCI는 원래 사용자 인터페이스를 다루는 분야로 확립되었다. HCI 분야에 인간의 경험과 활동에 필연적으로 영향을 미칠 수밖에 없는 의도적 맥락을 반영하도록 개념과 디자인을 확장하고 개발하는 데에는 여러 해가 걸렸다. 하지만 컴퓨터 기반 협력 작업과 컴퓨터 기반 협력 학습 등 그 시발점부터 사회적 상호작용에 관심을 가졌던 분야에서는 사회적 맥락 이해의 중요성을 따로 강조할 필요가 없었다. 이들 분야에서는 일찌감치 활동이론을 전도유망한 이론으로 받아들였다.

꾸우띠(Kuutti 1991)는 1990년대 초에 열린 CSCW 컨퍼런스에서 활동을 CSCW 연구의 기본 분석 단위로 할 것을 제안했다. 그리고 꾸우띠와 아르보넨(Arvonen 1992)은 활동이론에 기반을 둔 분석 방법을 보여주었다(4.5.2절에 상술함). CSCW는 활동이론에 상당한 관심을 보였지만, 전통적으로 가장 영향력 있는 관점은 민속방법론이었다. 민속방법론은 실제 협력 양상의 복잡성에 대해 연구할 때 실제의 디테일에 천착할 것 그리고 이론적인 태도에서 벗어날 것을 강조하였다.

2장에서 살펴본 대로 활동이론과 민속방법론에는 상당한 차이가 있다. 민속방법론과 달리 활동이론은 이론적 전제에 기댄다. 하지만 CSCW 분야에 대한 두 접근에는 유사성이 있다. 두 입장 모두 추상적인 이론 모델이 아닌 일상의 실제 행위를 협력에 대한 이해의 출발점으로 삼아야 하며, 이런 이해가 디자인을 위한 정보로 제공돼야 한다고 주장한다. 시스템 개발자들은 흔히 관리자 인터뷰, 공식적인 업무 매뉴얼 분석, 새로운 시스템이 지원하거나 강제하는 작업의 논리구조를 시스템 분석가에게 확인하는 등의 활동을 통해 일의 실제에 접근할 수 있다고 생각한다(Sachs 1995). 활동이론과 민속방법론에서는 작업에 대한 형식적이고 규범적인 설명을 바탕으로 한 시스템 디자인이 충분히 가능하다는 생각을 정면으로 반박하였다. 이 두 접근에서는 일의 과정의 실제는 일반화된 절차에 비해 훨씬 복잡하다는 점을 주목하였다.

1970년대 소위 대화분석(conversation analysis)이라는 연구 장르를 개척하였던 사회학자 삭스(Sachs 1995)는 명시적 관점과 행위 중심의 암묵적인 관점이 어떻게 일에 대해 서로 상이한 이해를 보여주는지 설명한 적이 있다. 명시적 관점은 과제, 방법, 절차에 대한 기술로 대표되며, 암묵적 관점은 활동, 소통, 관계, 실제 수행 과정에서의 조율을 다룬다. 명시적인 관점과 암묵적인 관점은 각각 일의 서로 다른 측면을 강조하는데, 이는 훈련 대 학습, 과업 대 노하우, 조직적 위계 대 형식적 네트워크, 절차와 기술 대 개념의 이해와 경험, 일의 플로 대 일의 실천, 팀 대 공동체로 대조된다. 삭스에 따르면, 업무 환경 디자인은 두 관점을 모두 고려해야 하지만 흔히들 전자의 관점에 치우쳐 있다. TTS(Trouble Ticketing System) 소프트웨어 사례에는 두 관점의 차이가 잘 드러나 있다. TTS는 개별 과제를 실행하고 모니터링해서 전화 회사의 작업을 최적화하기 위한 것이었다. 하지만 이 시스템은 성공하지 못했다. 작업자들이 서로 배울 수 있는 가능성이 많지 않았으며, 업무 시간을 최소화하기 위해 최대한 빨리 과제를 다른 작업자에게 넘기려 했기 때문이다.

1990년대 CSCW 보고서에는 민속방법론의 관점에서 워크플로 시스템의 실패 이유를 연구한 논문들이 게재됐다. 이 시스템들은 효과적인 조직 활동과 효율성의 최적화를 의도했지만 사람들이 실제로 일을 수행하는 방법에 대해 고려하지 않았다(예를 들어, Bowers, Button, and Sharrock 1995). 이 연구들에서는 성공적인 시스템 설계를 위한 몇 가지 방향을 제시했다. 특히, 전통적인 협력 작업에서 비공식적 조율에의 애씀의 중요성을 강조하면서 컴퓨터 기반 환경에서도 그러한 표현과 의식을 지원해야 한다고 주장했다(예를 들어, Heath and Luff 1992).

하지만 워크플로 시스템에 대한 민속방법론적 연구를 설계에 적용하기는 쉽지 않았다(랭카스터 대학과 맨체스터 대학 1994). 사회과학 연구와 시스템 디자인 간에 필연적으로 존재할 수밖에 없는 괴리(Bowker et al. 1997)도 있었지만 또 다른 이유가 있었다. 워크플로 시스템에 대한 민속방법론의 비판은 근거가 없는 것은 아니었다. 하지만 시스템에 대한 부정적 태도로 인해 개선 방향을 제시하기보다 시스템 자체를 거부하는 결과를 낳았다. 이런 태도는 서치맨(Suchman)과 같은 민속방법론자로부터 비롯되었다(Suchman 1987). 그녀에 따르면 인간의 행동은 사전에 설정된 설계도를 따르기보다 구체적인 상황에 따라 생성된다. 그렇기 때문에 어떠한 시스템의 디자인도 상황적으로 진행될 수밖에 없는 인간의 행위와 일의 본성을 거슬러 프로크루스테스의 침대에 끼워 맞추려는 시도로 평가절하될 수밖에 없었다.

민속방법론과 활동이론의 차이는 바로 이 지점에서부터 시작된다. 활동이론에서는 상대적으로 고정된 주체의 목표와 목표 달성을 위해 고도로 상황화된 절차 사이의 균형을 조율하고자 하였다(Nardi 1994, 1996c). 이 관점은 워크플로 시스템에 접근하는 새로운 관점임이 분명하다. 바드람(Bardram 1997, 1998)은 병원 환경의 워크플로 시스템에 대해 활동이론에 입각해 분석하였다. 이 시스템은 컴퓨터를 활용한 임상업무 지원시스템으로 개발된 것으로 SAIK[2] 프로젝트의 일환으로 나온 것이었다. 이 논문에서는 해당 환경에서 업무를 설정하고 수행하는 데 설계가 어떤 역할을 하는지를 연구했다. 연구 결과, 설계는 집단 활동 내의 여러 기능을 조율하는 데 기여하는 것으로 나타났다. 즉, 설계는 업무 분담, 작업상태의 개요 파악 및 기록을 위한 수단으로 사용되었다.

활동이론에 입각해서 바드람은 설계를 삶에서 구조적으로 반복되는 경험을 토대로 행위의 목표를 예상해서 반영할 수 있게 해주는 인지적 또는 물리적 인공물(Bardram 1998)이라고 정의했다. 즉, 특정한 맥락에서 집단 활동을 조정해야 할 경우 특별한 방식의 조율을 위해 하나의 인공물로서의 설계도가 요구된다. 따라서 적절하게 디자인된다면, 워크플로 시스템은 설계안을 구체화하고 이를 통해

2 SAIK는 '임상 실습의 협업 정보학'(Samarbejdslnformatik I Klinikken)의 덴마크어 약어다.

작업의 상황적 성격을 고려하여 어떻게 지원할지에 대해 모색이 가능하다는 것이다. 맥락적인 설계를 제안했던 바드람은 이를 통해 협업을 지원하는 조율의 인공물을 고안하여 활용하도록 함으로써 설계에 유연성을 부여할 수 있다는 점을 보여주고자 했다.

CSCW 연구자들은 협업을 이해하는 데 유용한 분석 도구로 집단 활동 개념을 사용해왔다. 협업은 공동 노력의 대상인 공동의 목표와 개별 참여자 간 관점의 잠재적 상충 사이의 모순을 해결하기 위한 지속적인 시도를 의미한다. 이런 설명을 준거로 특정한 유형의 모순 및 이러한 모순을 고려한 정보기술 설계 방식을 특정할 수 있다. 협력의 현대적 양태를 이해하기 위해 집단 객체와 집단 주체 개념이 채택됐다. 이런 협력 양태는 많은 경우 정보통신기술의 사용에서 나타나며, 전통적인 팀이나 조직, 실천공동체와는 다르다(Clases and Wehner 2002; Nardi et al. 2002; Zager 2002 참조).

나르디 등(2002)은 점점 더 많은 업무가 내재적 네트워크, 즉 조직의 경계를 넘어선 개인 소셜 네트워크에서 수행되고 있음을 뒷받침하는 경험 증거와 이론 분석을 제시했다. 내재적 네트워크에서 발생하는 주요한 현상은 기억과 소통을 통해 구성되는 집단 주체의 발달이다. 이런 이해를 통해 사용자의 개인 소셜 네트워크에 맞춰 바탕화면을 구성하는 콘택트맵 시스템이 개발되었다(Nardi et al. 2002; Fisher and Nardi in press).

제이거(Zager 2002)는 대규모 조직의 컴퓨터 네트워크 관리처럼 느슨하게 조직된 협업 프로세스 내에서 조율을 지원하는 '가상 세계' 디자인을 제안했다. 이 접근법은 제이거가 디자인한 트리니티 시스템으로 구현되었다.

집단 활동 개념은 조직 내 지식의 생산 및 관리 프로세스를 이해할 수 있는 관점을 제공하기도 한다. 활동이론 관점에서 지식 생산은 집단 활동 참여자들의 다양한 상호작용 양상 안에 배태될 수 있는 프로세스다. 그렇기 때문에 지식의 생산 및 관리를 위한 기술적 지원에는 맥락의 다양성, 잠재된 상충하는 관점들, 집단 활동 내에서 조율과 협력이 규제되는 방식, 예기치 않은 사건을 다룰 필요가 없을 정도로 빈번한 집단 활동 등을 고려해야 한다(Clases and Wehner 2002).

4.4.2 활동이론과 컴퓨터 기반 협력 학습

1996년 코슈만(Koschmann)은 컴퓨터 기반 협력 학습이 교육공학에서 새로운 패러다임임을 간파했다. "나는 ... 우리가 지금 IT(교육공학) 연구에 있어서 학습의 성격에 대한 전제를 달리하며, 일련의 연구들을 새롭게 통합하는 새로운 패러다임의 출현을 목도하고 있음을 주장한다”(Koschmann 1996b). 코슈만은 패러다임 변화의 근간이 된 통찰력의 주요 원천이 문화–역사적 심리학과 활동이론임을 밝혔다. CSCL(computer-supported collaborative learning) 분야의 시작부터 활동이론은 연구의 핵심 이론이었다.

활동이론은 다양한 방식으로 CSCL에 영향을 미쳤다. 학습 활동을 기술의 설계와 사용에 대한 이해를 위한 맥락으로 간주해야 할 필요성을 강조했다. 그와 더불어 아주 구체적으로 기여했다. 활동이론에 터해 정보 기술을 이용하여 협력 학습을 지원할 새로운 방법을 탐색하기 위해 다양한 경험 연구들이 이루어지고 있다. 활동이론은 개인 학습과 그룹 학습 간 차이의 개념화, 협력 학습 맥락의 모델링, CSCL 시스템 설계 분석 도구의 개발에 기여했다.

최초의 CSCL 프로젝트 가운데 하나인 ‘5차원 프로젝트’에서는 컴퓨터 기반 학습 환경을 복합 활동 환경으로 만들고자 시도했다. 환경 설정 목표는 근접발달영역 내의 학습 및 발달의 촉진이었다. ‘5차원 프로젝트’는 1980년대 중반 UC 샌디에이고 대학에서 마이클 콜과 그의 동료들이 시작했다(Cole 1996).

그들의 연구에서는 지속가능성 및 교육용 컴퓨터 사용의 사회적 맥락이라는 두 가지 핵심 주제를 다루고 있다. 연구자들이 더 이상 프로젝트 실행에 참여하지 않을 때 유망한 교육 혁신들은 소멸될 가능성이 높다. 5차원 프로젝트는 공교육에서 정규 교육과정으로 자리 잡을 수 있도록 기획되었다. 프로젝트 초기에는 테크놀로지의 중요성을 과대평가하여 교육문제를 해결해줄 만병통치약처럼 여기는 경향이 있었다. 5차원은 컴퓨터 활용 학습의 사회적 맥락에 중점을 둠으로써, 테크놀로지 자체보다 정보기술을 활용한 학습의 사회적 맥락을 탐구한 최초의 프로젝트로 자리 잡게 되었다.

현재 진행 중인 5차원 프로젝트[3]는 이런 문제들을 해결하기 위해 다음과 같이 설계되었다. 아동들과 대학생들이 컴퓨터 활동으로 구성된 판타지 월드에서 함께 놀면서 학습한다. 이 환경은 주요 이해 당사자들의 지속적인 관심, (a) 컴퓨터 및 사람들과의 의사소통에 대한 아동들의 관심, (b) 5차원 사이트 방문을 비롯한 학과(심리학, 아동 발달, 교육학) 학습에 대한 대학생들의 관심, (c) 아동들에게 새로운 학습 기회를 제공하는 것에 대한 지역사회의 관심을 기반으로 하기 때문에 지속가능성이 상당히 높다. 활동 환경에서 아동–성인 비율을 낮춘 것은 문

3 www.5d.org

화–역사적 심리학의 관점, 특히 근접발달영역 개념 구현에 유리한 조건을 형성한다.

5차원 사이트는 주로 협력 학습으로 설정된 컴퓨터 게임인 방과 후 학습 환경으로 구성된다. 게임은 그 자체의 규칙, 규범, 인공물, 심지어 신화까지 갖춘 문화 모델링으로 설계되었다. 협력 게임이 대표적인 활동 방식이다. 이 활동에는 일련의 규칙과 규범이 적용된다. 컴퓨터 툴, 보다 구체적으로 교육용 컴퓨터 게임은 사실상 전체 시스템을 구성하는 요소의 하나일 뿐이다.

활동이론을 기반으로 한 CSCL 연구(Stahl 2006 참조) 및 5차원 프로젝트의 핵심 주제는 개인적 현상으로서의 학습과 집단적 현상으로서의 학습의 관계 문제다. 이 주제를 다룬 콜과 엥게스트롬(Cole and Engeström 1993)의 논문은 CSCL에서 가장 많이 인용된 참고 문헌 중 하나다. 콜과 엥게스트롬은 비고츠키의 일방향적 관점을 확장하여 학습과 발달을 쌍방향 현상으로 이해하고자 했다. 이를 통해 내면화와 외현화, 개인 학습에 미치는 집단 학습의 영향 및 그 반대의 영향에 대해 설명할 수 있게 됐다.

콜과 엥게스트롬이 확립한 CSCL 연구 노선은 벨라미(Bellamy 1996), 캡텔리닌과 콜(Kaptelinin and Cole 2002) 등의 연구에서 지속됐다. 벨라미는 테크놀로지가 학교 교육의 변화를 촉진할 수 있는 이유와 방법에 대해 연구했다. 벨라미는 변화를 추동하는 테크놀로지의 힘이 활동을 매개하는 역할과 직접적으로 관련되어 있다는 결과를 도출했다. 그녀는 학습자 공동체, 인공물 구성, 실제 활동에 대한 지원을 학교교육에 필요한 기술의 세 가지 기준으로 제시했다.

캡텔리닌과 콜은 5차원 프로젝트의 진행과정에서 얻은 경험적 증거를 개인 활동과 집단 활동의 상호변환 관점에서 분석했다. 프로젝트 환경에서의 학습은 개인 참가자가 5차원의 규칙과 규범을 전유하며(내면화), 다른 참가자와의 상호작용을 통해 규칙과 규범을 확립하는, 즉 그 환경의 문화적 연속성을 보장하는(외현화) 두 가지 특징을 보여준다는 것을 확인했다.

헤데스틱(Hedestig) 및 캡텔리닌(2002, 2005)은 화상회의 기반 학습 환경에서의 교수 학습에 관한 일련의 연구에서 활동이론을 이론적인 틀로 사용했다. 이 연구의 첫 번째 주제는 새로운 조건에 따른 전통적 대학 교육의 *기술적 개선* 문제였다. 이 연구를 통해 전통적인 캠퍼스 기반 학습 활동에서 화상회의 기반 활동으로의 전환이 수월치 않음을 발견했다. 엥게스트롬(1990)에 따르면, 전이에는 환경의 어포던스 및 제약에 적응하는 *하향 맥락화*와 광범위한 조직적 맥락 안에 활동 위치를 선정하는 *상향 맥락화*가 필요하다. 유형이나 원인이 다양한 문제들이 확인됐는데, 동기 통신의 불일치, 기술적 한계, 기관들 사이의 장벽 등이 그 원인이었다.

후속 연구(Hedestig and Kaptelinin 2005)에서는 교수 학습과 테크놀로지의 성공적 통합 요인 및 문제 예방에 주목했다. 보다 구체적으로, 화상회의가 진행되는 동안 장비의 설정과 작동을 책임지는 기술자의 일에 대해 분석했다. 화상회의 환경에서 기술자가 자신의 공식적인 업무 이외에 더 많은 책임과 역할을 수행할 때만 성공적인 학습이 가능하다는 점을 밝혔다. 기술자의 여분의 작업 덕분에 다수의 잠재적 문제를 예방할 수 있었다. 이 연구의 데이터 및 새로운 기술기반 학습 환경의 성공적인 작동 조건을 적절하게 설명한 개념은 *초-상황적 활동*(Petrovsky 1975) 개념이었다.

초-상황적 활동은 당면한 상황의 요구 사항을 초월한다. 집단 활동에 참여하는 사람들은 자신에게 요구되지 않고 심지어 자신의 개별적 이익과 충돌할 수 있는 행동들을 수행할 수 있다. 합리적으로 설명하기 어려운 이런 유형의 행동은 매우 일반적이다. 반역자, 반체제 인사, 광신도, 착한 사마리아인 또는 컴퓨터 사용자 등 자신의 일이 아님에도 동료에게 전문적인 기술 지식을 제공하는 '전문가들과 정원사들'이 떠오른다(Gantt and Nardi 1992). 초-상황적 활동은 활동시스템의 발전에 필요하지만 일시적인 단계로 간주될 수 있다. 특정 관행에 기초한 활동시스템에서 도구나 규칙, 분업에 따른 지원이 충분하지 못할 때(Engeström 1990), 초-상황적 활동이 시스템을 유지시킨다. 그러나 이 활동이 제공하는 기능들은 점차 인공물, 환경, 규범에 의해 제공되는 기능으로 변환될 수 있다. 그러므로 새로운 활동시스템이 아직 물리적이고 조직적인 구조로 정착되지 못한 초기 단계에서는 초-상황적 활동이 매우 중요하다. 예상치 못한 변경으로 인해 활동시스템을 재조정해야 하는 경우, 초-상황적 활동은 그 변경을 완료하는 데 필요한 추가적인 탄력성을 제공할 수 있다. 그와 동시에 초-상황적 활동은 활동시스템을 유지시킴으로써 궁극적으로 그 활동을 불필요하게 만들 개선과 발전의 토대를 제공한다.

컴퓨터 기반 협력 학습 분야에서 활동이론 관점은 일반적인 기술-강화 학습 환경 설계의 관점과 현저히 다르다. 기포드와 엔예디(Gifford and Enyedy 1999)는 기존의 컴퓨터 기반 학습 환경의 주요한 이론적 토대가 교수전달모델에 기초한 내용중심설계이며 협력과 상호작용을 전반적으로 무시하는 학습자중심설계 접근법임을 확인했다. 기포드와 엔예디는 이러한 내용중심설계(그림 4.1)와 학습자중심설계(그림 4.2) 모두 CSCL에 적합한 모델이 아니라고 결론 내렸다.

> LCD[학습자중심설계] 모델에 기초한 학습 환경 개발은 여러 면에서 근시안적이다.
> 첫째, 이 모델은 교사의 역할을 지나치게 축소하고 학생들이 전문가인 교사의 축적된 지혜나 경험, 공감능력에 접근하는 것을 차단한다.
> 둘째, 내용중심설계와 마찬가지로 학습의 사회적 맥락 및 능동적 학습 과정의 일환인 대화와 협력의 중요한 역할을 무시한다.
> 셋째, 활동의 성취물로 다루어야 할 학생의 오개념을 활동의 출발점으로 초점을 맞춰 환경을 설계한다(Gifford and Enyedy 1999).

그림 4.1 **컴퓨터 매개 학습의 내용중심모델**

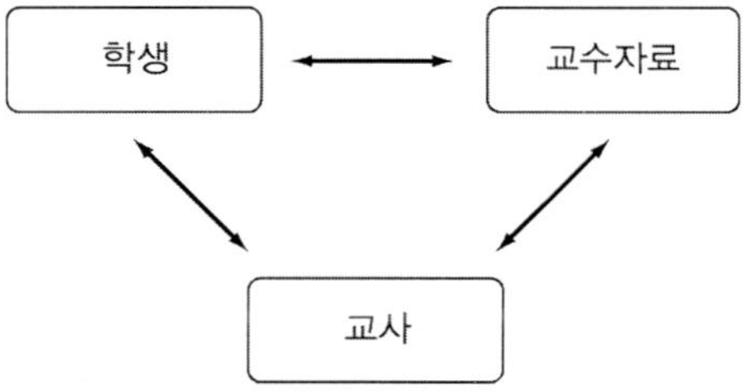

Gifford and Enyedy 1999에서 전재.

그림 4.2 **학습자중심설계**

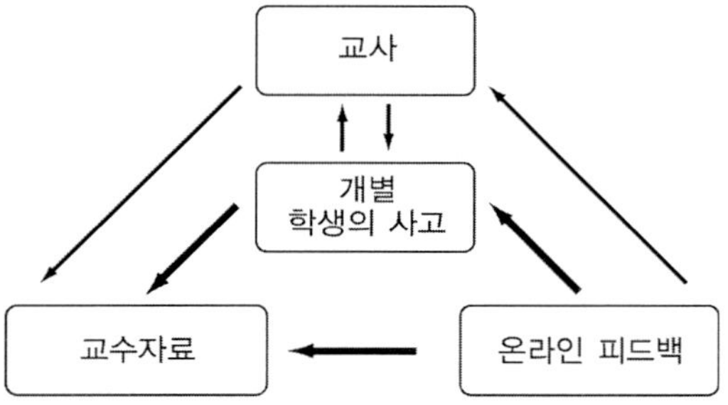

Gifford and Enyedy 1999에서 전재.

그림 4.3 **활동중심설계**

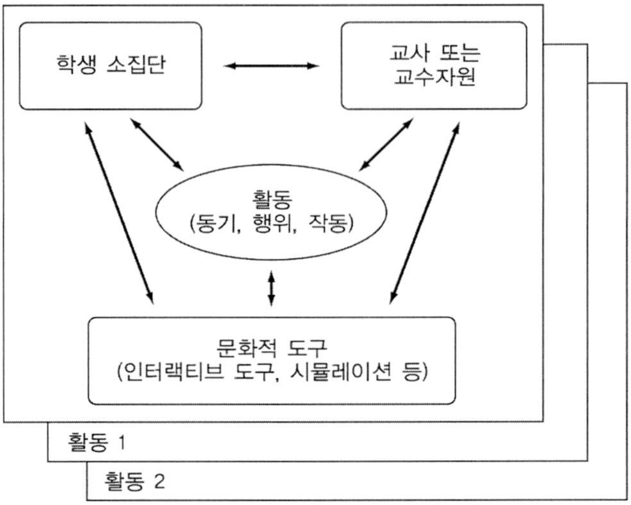

Gifford and Enyedy 1999에서 전재.

기포드와 엔예디는 나아가 다음과 같이 주장했다.

> CSCL 공동체는 최근 작업에서 개인에게 초점을 맞추는 것을 피하고 있지만, 많은 연구가 여전히 학습자중심설계의 가정과 사고에 기초하고 있다. 하지만 이 모델의 핵심은 개인이 아닌 학생들의 협력 팀에 있다(Gifford and Enyedy 1999).

이런 문제를 해결하기 위해 기포드와 엔예디는 활동이론에 기초한 새로운 모델을 도입했다(그림 4.3 참조). 활동을 중심에 두는 이 모델은 다음과 같은 활동-이론적 통찰에 의존한 것이다.

- 모든 활동은 문화적 도구에 의해 매개되며, 그 매개 사물로 인해 과제의 성격이 결정된다.
- 활동은 세 가지 층위, 즉 활동, 행위, 조작으로 나누어볼 수 있다.
- 인지와 문화적 매개 도구의 사용은 사회적 상호작용에 기반을 두어 성립한다.

활동-중심 설계 모델은 구체적인 교육시스템인 탐구 환경(probability enquiry environment) 평가에 사용됐다. 평가에서는 학생들의 실제 활동은 부분적으로만 의도했던 활동과 일치한다는 사실이 확인됐으며, 문제는 도구 사용 맥락 및 다른 인공물들과의 관계 방식과 관련된 것으로 드러났다.

최근 게이와 헴브루크(Gay and Hembrooke 2004)는 코넬대학 학부생들의 무선 노트북 컴퓨터 사용에 대해 연구했다. 그들은 개별 학습자에게 초점을 맞추기보다 노트북 사용을 둘러싼 사회적 실천의 진화 양상을 검토하여 테크놀로지로 야기된 사회시스템의 모순에 대해 조사했다. 무선기술의 사용으로 학습공동체의 활성화가 기대됐지만, 많은 경우 학습자들이 수업 중에 인터넷 서핑을 하거나 친구와 메시지를 주고받는 등 역효과가 있었다. 학생들은 인터넷쇼핑, 이메일, 정보 탐색 등 흥미로운 유혹에 빠져 공유 프로젝트에 참여하지 않고 다른 가상 환경으로 이탈했다. 결국 학생들은 공동체의 측면에서 이 문제에 관해 논의했고, 기술을 관리하기 위해 몇 가지 사회적 규칙이 필요하다는 결론에 이르렀다. 게이와 헴브루크는 학습자 공동체에 초점을 맞춘 활동이론으로 특정 기술 도입으로 야기되는 모순을 검토하고, 테크놀로지를 애초 의도대로 사용하게 하려는 집단적 반응을 이해할 수 있었다. 이 연구에 관해서는 9장에서 더 자세히 논의할 것이다.

활동이론은 다양한 경험 연구, 구성주의 학습 환경(Jonassen and Rohrer-Murphy 1999), 심장의학과 임상업무에서의 일터학습(Sutter 2002a, b), 원격교육(Mwanza 2000, 2002a, b) 등 테크놀로지 기반 협력 학습 사례에 대한 분석 및 평가 틀 등으로 활용되었다.

SECTION 4.5 설계 및 평가에 있어서 분석 도구

4.5.1 활동 체크리스트

활동이론은 상당히 잠재가능성이 큰 광범위한 이론적 틀을 제공해준다. 활동이론은 분석과 함께 인터랙션 디자인에 있어서 적지 않은 확장가능성을 보여주고 있다. 오히려 탄탄한 이론적 틀은 인터랙션 디자인을 구현하는 데 걸림돌이 되지 않을까? 활동이론의 기본 개념과 원리는 제품 개선에 도움이 되는 구체적이고 실제적인 도구로 변환시킬 수 있을까?

인터랙션 디자인 분야에서 활동이론의 역할은 이론의 발전에 한정되지 않는다. 활동이론이 구체적인 질문과 문제에 대해 준비된 답변과 해결책을 제공하지 않는 것은 사실이다. 하지만 연구자나 행위자가 관점을 바꿈으로써 활동이론은 실제 문제해결에 영향을 미칠 수 있다. 활동이론은 문제를 처리하는 방식과 적절한 질문 방법을 찾는 데 도움을 줄 수 있기 때문이다. 이를 용이하게 하기 위해, 많은 분석 도구가 활동이론을 근간으로 하여 개발되어 구체적인 설계 및 평가 프로젝트에 사용되었다.

활동이론이 그 잠재력을 인정받은 최초의 사례는 경험의 구조화를 위한 분석 도구를 만든 것이었다. 실생활 맥락의 정보기술 활용과 연관된 다양하고 풍부한 경험적 데이터를 처리할 때 직면하게 되는 공통적인 문제는 데이터의 전체적인 구조와 일관성을 유지하면서 처리 가능한 부분들로 분류하는 것이다. 민속방법론은 최대한 많은 세부 사항들을 기록하여 일반화를 지양하는 방법을 제안한다. 하지만 디자이너와 평가자들은 이 방법에 대해 호의적이지 않다(예를 들어, 랭커스터 대학과 맨체스터 대학 1994). 반면에, 일반적이고 이론적이기는 하지만, 활동이론에 기초한 분석은 조사 중인 현상에서 보다 중요한 측면들 및 이런 측면들이 연관되어 있는 방식에 대한 단서를 제공한다. 즉, 활동이론의 개념 체계는 일상적 실천의 복잡한 기술 중재 현상에 대한 경험적 증거의 처리와 해석을 용이하게 하는 기술적이며 정향적인 프레임워크로 사용될 수 있다.

우리는 활동이론 프레임워크를 이용한 활동 체크리스트를 개발했다(Kaptelinin, Nardi, and Macaulay 1999). 이 도구의 장점은 활동이론을 구체적인 설계 및 평가에 활용할 수 있는 가능성을 높였다는 것이다. 활동 체크리스트는 인간-컴퓨터 상호작용에서 가장 중요한 맥락적 요인들을 규명하기 위해 연구자나 행위자가 주목해야 할 구체적인 영역을 특정할 수 있도록 한 것이다. 즉, 활동이론을 활용한 체크리스트는 맥락의 주요 영역을 지정함으로써 '맥락 설계 공간'을 제시한다.

체크리스트는 3장에서 기술한 활동이론의 기본 원리를 반영하여 구조화된다.

- 객체 지향성
- 도구적 매개
- 내면화 - 외현화
- 활동의 위계 구조
- 발달

체크리스트는 전체에 적용되었으며 다른 원리와 구조적으로 결합됐다. 이에 따라 체크리스트의 4개 섹션이 생성되었는데, 이는 목표 기술(평가하거나 설계할 구체적인 기술) 사용에 관한 네 가지 관점에 대응하는 것이다. 4개 섹션은 (a) *수단과 목표*, 기술이 사용자의 목표 달성을 지원하거나 제약하는 정도, (b) *환경*, 다른 도구 및 자원과 목표 기술의 통합, (c) *학습*, *인지*, *표현*, 활동의 내적 구성요소 대 외적 구성요소 및 요소들 사이의 상호 전환에 대한 지원, (d) *발달*, (c)를 통한 (a) 성분의 변화다.

이 체크리스트는 애플 데이터 디텍터(Nardi, Miller, and Wright 1998), 신문용 정보 시스템(Macauley 1999; Macauley, Benyon, and Crerar 2000), 웹사이트(Uden and Willis 2001), 화상회의 기반 학습 환경(Hedestig and Kaptelinin 2002), 유형의 협력적 사용자 인터페이스(Fjeld, Morf, and Krueger 2004) 등 다양한 기술의 분석, 평가, 설계에 사용되고 있다.

4.5.2 활동시스템 모델을 이용한 분석 및 평가

인터랙션 디자인을 위한 여러 분석 도구가 엥게스트롬의 활동시스템 모델을 기반으로 개발되었다(1987, 1990, 1999a, b). 이 활동시스템 모델은 레온티프(Leontiev)의 관점에 기초하지만 개인보다는 집단 활동에 대해 기술한다. 레온티프(1978)의 기본 관점은 초국가적 분석 수준의 확장 가능성을 내포했음에도 불구하고, 그는 거의 개인 활동에만 집중했다. 엥게스트롬의 모델은 활동을 집단적 현상으로 기술하는 확장된 모델로, 레온티프 분석의 주요 초점이었던 주체-객체 관계를 반영하고 있다.

엥게스트롬은 기본 개념을 다음과 같이 정의했다.

> 객체 지향적, 집단적, 문화적으로 매개된 인간 활동 또는 활동시스템. 이 시스템의 최소한의 구성요소는 객체, 주체, 매개적 인공물(기호와 도구), 규칙, 공동체, 노동 분업 또는 역할 분배다(Engeström 1999a).

엥게스트롬에 따르면 활동은 사회적 현상이며, (공동체가 공유하는 객체로 정향되는) 활동 객체에 관한 것인 동시에 (개별적이기보다 집단적으로 수행되는) 활동 양식에 관한 것이다. 엥게스트롬에 따르면 개인들은 대규모 사회적 활동시스템 내에서만 활동을 수행할 수 있다. 엥게스트롬은 활동을 매개된 주체-객체 상호작용으로 보는 레온티프의 관점을 출발점으로 삼고 생물학, 인류학, 철학 등의 다양한 자원을 활용하여, 상호작용의 제3의 요소로 공동체 개념을 도입했다

(Engeström 1987). 이 요소를 추가함으로써 주체, 객체, 공동체의 3방향 상호작용 모델이 생성되었다. 이후 엥게스트롬(1987)은 세 가지 상호작용이 각각 매개될 수 있음을 제시하고, 이들을 매개하는 세 가지 매개 유형으로 도구, 규칙 및 노동 분업을 제시하여 모델을 정교화했다. 이 모델은 위에서 언급한 구성요소들 사이의 관계를 나타내는 삼각형 모양으로 표현할 수 있다(그림 4.4). 활동시스템 모델이 인터랙션 디자인 연구는 물론 여러 연구 분야에서 어떻게 분석의 도구로 광범위하게 사용되고 있는지 다음 장에서 살펴볼 것이다.

그림 4.4 활동시스템 모델

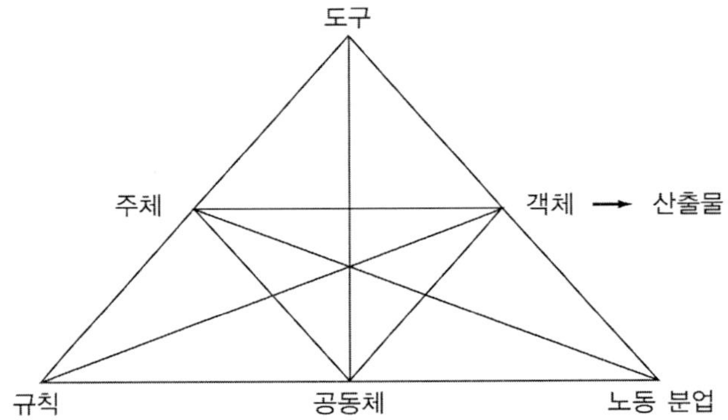

Engeström 1990에서 재구성.

엥게스트롬(1987, 1990)이 개발한 삼각형의 활동시스템 모델은 테크놀로지 및 테크놀로지 사용에 대한 분석과 평가를 기술할 수 있는 유망한 프레임워크로 간주되고 있다. 이 모델은 복잡하게 매개된 사회적 실천 단위들을 기술하기 위한 도구로 제작됐다. 이 모델은 기술된 실재의 주요한 측면들을 명확하게 드러내고, 잠재적 모순을 알려주며, 그 지점들이 어떻게 서로 연관되는지 시각적 모델을 제공해 주었다(Kuutti 1996; Bai and Lindberg 1998). 인터랙션 디자인에서 다양한 시스템과 기술적으로 매개된 활동을 분석하는 데 이 모델을 광범위하게 사용해온 것은 놀랄 일이 아니다.

꾸우띠와 아르보넨(Kuutti and Arvonen 1992)은 CSCW 시스템 설계를 위한 분석 도구를 제안했다. 이 도구는 두 세트의 개념을 행렬로 결합한 표(표 4.1)다. 첫째 세트는 엥게스트롬(1987) 모델의 여섯 가지 개념 — 주체, 객체, 공동체, 도구, 규칙, 노동 분업 — 으로 구성된다. 둘째 세트는 CSCW 시스템의 세 가지 잠재적 용도인 (1) 예정된 일상적 절차 지원, (2) 의사 결정과 문제 해결 지원, (3) 사용 중인 기술의 조정과 개발로 구성된다.

터너, 터너 그리고 호튼(Turner, Turner, and Horton 1999)은 구체적인 작업 상황에 알맞은 기술을 결정하기 위해 활동이론의 주요 아이디어 및 문화–역사적 심리학, 활동시스템 모델을 문화기술지와 결합해서 사용하는 방식에 대한 이론적 논의와 구체적인 사례를 제시했다. 콜린스, 슈클라, 그리고 레드마일즈(Collins, Shukla, and Redmiles 2002)는 대기업의 고객지원 도구 및 기술의 일환인 SMS(단문 메시지 서비스) 사용 요건을 이해하기 위해 활동시스템 모델을 채택했다. 이 연구를 통해 엥게스트롬(1987)의 모델이 민속지적 데이터 해석과 신기술에 대한 요구사항을 결정하는 데 유용하다는 점이 확인됐다.

표 4.1 활동에서 행위자와 지원시스템의 관계 범위

지원 영역	개인의 역할		
	수동적 태도	참여	확장
수단	일상적 자동화	도구	도구의 구성 및 자동화
규칙	통제 및 관리	의미의 공유	규칙의 구성, 협상 및 조율
노동 분업	일방적 조율	상호 조율	과업 · 일의 구성
주체와 사고	규칙에 따른 행위	정보 탐색	학습, 이해
객체	데이터	공유 자원	객체의 구성
공동체	고정된 네트워크	유연한 네트워크	공동체의 구성

Kuutti and Arvonen 1992 재인용.

므완자(Mwanza 2002a, b)는 활동시스템 모델에 기초한 분석 도구 모음인 활동 지향적 설계방법(AODM)을 개발했다. 이 방법에는 네 가지 도구가 있다. 첫 번째는 '8단계 모델'이다. 이 단계에서는 관심 활동을 찾은 뒤 객체, 주체, 도구, 규칙과 규범, 노동 분업, 공동체, 결과 등 모델의 개별 구성요소를 분석한다. 두 번째 도구는 활동시스템 모델을 구성하는 일련의 구성요소들을 조율하는 활동 기록이다. 세 번째 도구는 모델을 구성하는 각 부분들을 다시 검토하여 연구 질문을 생성하는 기술이다. 마지막으로, 네 번째 도구는 AODM 운영 프로세스 매핑

기술이다. 이 프로세스는 검토할 상황의 해석, 모델링, 분해, 연구 질문의 생성, 세부 조사의 실행, 결과의 해석 및 공유의 네 단계로 구성된다.

활동시스템 모델을 기반으로 한 또 다른 분석 도구는 조나슨과 로러-머피(Jonassen and Rohrer-Murphy 1999)가 개발한 (열린 학습 환경, 미시세계, 앵커 교수법, 문제기반 학습, 목표기반 시나리오 학습을 통칭하는) *구성주의 학습 환경* 설계 프레임워크다. 이 도구는 학습 환경 내의 행위자들이 학습 대상에 대한 행위 과정에서 수용해야 할 활동 구조, 도구 및 기호 체계, 사회문화적 기대를 준거로 하는 모델을 만들기 위한 것이다. 여기서 모델링은 다음 여섯 단계로 구성되어 있다.

1. 활동시스템의 목적 명료화
2. 구성요소(주체, 객체, 공동체, 도구, 규칙, 노동 분업)의 식별 및 기술을 통한 활동시스템 분석
3. 활동 구조(활동, 행위, 동작의 위계) 분석
4. 도구 및 매개물 분석
5. 컨텍스트 분석
6. 활동시스템의 작동 분석

조나슨과 로러-머피(1999)는 모델링 도구를 보다 쉽게 사용할 수 있도록 단계별 수행, 구조의 점진적 명료화, 활동시스템 작동에 대한 체크리스트를 제공했다.

활동시스템 모델에 기반을 둔 또 다른 분석 도구로 할러란, 로저스, 그리고 셰이프(Halloran, Rogers, and Scaife 2002)가 개발한 *활동 공간* 모델이 있다. 활동 공간은 활동시스템 모델의 각 지점에 내재된 잠재적 모순이 드러날 수 있도록 각 지점을 확장한 변형 모델이다. 할러란과 동료들은 활동 공간 모델을 사용해서 *로터스 노트* 앱의 협력 학습 지원 코스가 교사의 의도를 충족시키는 데 실패한 이유를 찾고자 했다. 숨어있는 다양한 실패 원인을 규명하고 시스템 개선 방법을 이해하는 데 이 분석 도구가 유용하다는 점이 확인됐다.

4.5.3 활동이론 기반 분석 도구의 다양성

앞서 살펴본 활동이론 기반 분석 도구들은 비교적 새로운 것이다. 각 도구마다 분명한 강점과 약점이 있지만, 강점과 약점의 실체를 정확히 파악하기 위해서는 더 많은 연구가 필요하다. 퀘이크와 샤(Quek and Shah 2004)는 최근 연구에서

지원되는 발달 단계, 시각적 모델 활용 등 다양한 차원에서 활동기반 정보시스템의 발달 방식들을 비교한 뒤 다음과 같이 제안했다.

> 실천에 대한 경험 연구를 통해 기존의 방법들을 철저하게 검증하고 문서화해야 한다. 또한 실제 개발 시나리오에 적용할 [활동이론] 개념을 만들기 위한 새로운 방법을 찾고 기존의 방법들을 개선할 추가 작업이 필요하다(Quek and Shah 2004).

4.5.4 프로토타입 조직하기

프로토타이핑은 정보기술 설계에서 가장 유용하고 효과적인 기술 중 하나로 간주되고 있다(Bødker, Gmnbaek, and Kyng 1993; Hackos and Redish 1998; Preece, Rogers, and Sharp 2002 참조). 그러나 바드람(1998)에 따르면, 기존의 프로토타이핑에는 심각한 한계가 있다. 먼저, 프로토타이핑은 일반적으로 인공물 자체에 집중할 뿐 그 인공물이 혼입된 실천에는 주목하지 않는다. 둘째, 프로토타이핑은 그룹웨어와 달리 개인용 인공물 설계에 특히 효과적이다. 참여자들은 시간과 공간 속으로 분산되는 경향이 있기 때문에 그룹웨어 프로토타입으로 작업하는 것은 문제가 될 수 있다. 이 문제를 해결하기 위해, 바드람(1998)은 조직 게임(예를 들어, Ehn and Sjögren 1991) 및 협력적 프로토타이핑(예를 들어, Bødker, Grønbaek, and Kyng 1993)을 포함하는 프로토타입 조직하기라는 새로운 방법을 제안했다.

바드람의 프로토타입 조직 기법은 다음 요소들을 통합한다.

1. 프로토타입을 구체적인 작업에 도입하는 한 가지 이상의 시나리오
2. 프로토타입 자체
3. 문제 상황을 사례별로 기술한 상황 카드
4. 각 상황 카드에 대응해서 누가 무엇을, 어디서, 언제, 왜, 어떤 수단을 사용해서 실행할 것인지 구체화시킨 행동 계획
5. 각 참가자들을 위한 역할 안내문
6. 상황 카드와 행동 계획을 저장하고 분류할 수 있는 공간인 운동장

바드람(1998)은 프로토타입 조직하기를 사용해서 CSCW 시스템인 SAIK 시스템을 4.4.1절에서 평가했다.

SECTION 4.6 응용프로그램 및 시스템 설계

4.6.1 고차원적 활동을 위한 기술적 지원

노먼(Norman)은 〈보이지 않는 컴퓨터: 왜 좋은 제품은 실패하는가〉(1998)에서 실제로 구현되었다면 컴퓨터 사용 역사에서 가장 혁신적인 발전 중 하나가 됐을 프로젝트에 대해 이야기하였다. 이 프로젝트는 비록 실현되지 않았지만 활동 이론의 영향을 강하게 받았기 때문에 언급할 만한 가치가 있다.

1990년대 중반 노먼은 HCI의 창시자 중 하나로 이 분야의 연구를 선도해 나갔으며 컴퓨터 산업계의 핵심 인물이기도 했다. 그는 1993년 그가 1970년에 설립한 샌디에이고의 캘리포니아대학 인지과학부를 떠나 애플 컴퓨터 부사장이 됐다. 노먼은 애플의 뛰어난 HCI 연구원들[4]과 함께 PC용 소프트웨어 제작에 대한 관점을 근본적으로 바꾸기 위해 노력했다. 응용프로그램을 중심으로 하는 컴퓨터 업계의 지금도 여전한 관행에서 벗어나 활동기반 컴퓨팅(ABC)이라는 새로운 방법을 제안했다. 그는 다음과 같이 설명한다.

> 기본적인 아이디어는 간단하다. 사용자가 더 이상 신경 쓸 필요가 없도록 활동에 필요한 모든 것을 손쉽고 유용하게 쓸 수 있게 하자. 현재 진행 중인 활동이 다른 활동의 방해를 받지 않도록 도구, 문서, 정보를 패키지로 묶는다. 물론, 패키지 내용물은 변경할 수 있어야 하고 활동 중에 신속하고 용이하게 전환할 수 있어야 한다. 마지막으로, 작업을 방해하지 않고 공간을 차지하지 않도록 현재 활동에 필요하지 않은 항목은 숨겨둔다(Norman 1998).

4 Thomas Erickson, Charlie Hill, Austin Henderson, Dan Russell, Harry Saddler, and Mitch Stein (Norman 1998, p. 287).

ABC 접근법에 따르면, 소프트웨어 개발의 목표는 장시간에 걸쳐 혼자 하기도 하고 다른 사람들과 함께 하기도 하며 때때로 다른 활동으로 전환했다가 다시 일로 돌아가기도 하는 그와 같은 활동 공간을 만드는 것으로 정의된다. 노먼은 활동공간을 기반으로 아이디어들을 통합한 소프트웨어로 ROOMS 시스템(Henderson and Card 1986)과 로터스 노트를 지목했다. 하지만 그는 활동 공간을 성공적으로 구현하기 위해서는 현재의 응용프로그램 기반 프레임워크와는 다른 모델이 필요하다는 점을 강조했다(Norman 1998).

노먼은 활동이론을 참조하여 ABC 방법을 개발했다. 애플 ABC 그룹이 사용한 활동 개념은 레온티프의 개념과는 다소 상이했지만, 3단계를 4단계(활동-작업-행위-동작)로 수정한 위계, 아이디어, 관심사, 용어들을 당시 활동이론 기반의 HCI 연구에서 직접 차용했다.

활동기반 컴퓨팅이 성공하지 못한 이유에 대해선 여러 가지로 짐작해볼 수 있지만 진짜 이유가 무엇인지는 확신할 수 없다. 노먼은 회사가 전반적인 컴퓨터 산업도 마찬가지일 텐데, 과도한 혁신과 위험부담으로 인해 그 방식을 원치 않았거나 채택할 준비가 되어 있지 않았던 것이라는 설명을 내놓았다. 또 다른 이유로는 활동기반 컴퓨팅이 구현되는 방식에서 찾을 수 있다. ABC는 오픈독 접근법(특정한 문서구조 접근 방식)과 밀접하게 연결되어 있었다. 오픈독 접근법이 폐기됐을 때, ABC도 그 기반을 일부 잃게 되었다.

이 특별한 프로젝트는 성공하지 못했지만, 활동기반 컴퓨팅에 관한 이야기는 활동이론이 인터랙션 디자인에서 진일보한 실용적 성과를 가져올 수 있다는 가능성을 보여주었다. 낮은 수준의 작업 및 응용프로그램을 지원하는 것에서 고차원의 업무 활동을 지원하는 것으로 이동한다는 아이디어는 활동이론의 주요한 함의 가운데 하나이며, 머지않아 어떤 식으로든 구현될 것이다. 애플 컴퓨터의 ABC 기획은 가장 야심찬 시도였지만, 그것이 유일한 시도는 아니었다. 이 아이디어는 활동이론을 토대로 한 이론적 분석, 실증적 연구, 시스템 설계 등의 작업에서 다양한 형태로 제시되고 있다(예를 들어, Bødker 1991; Kaptelinin 1992, 1996a, 1996c, 2003; Nardi 1992, 1993, 1996a; Christensen and Bardram 2002; Nardi, Whittaker, and Schwarz 2002). 현재 활동 관리(Moran 2003)와 활동중심 컴퓨팅 아이디어를 사용하는 연구들(Geyer, Cheng, and Muller 2003; Harrison 2004; Muller et al. 2004; Millen et al. 2005)은 애플 컴퓨터의 ABC 기획에 기초한 아이디어와 관심이 새로운 컴퓨팅 패러다임 탐색에 지속적으로 영향을 미치고 있음을 보여준다.

4.6.2 정보기술의 구체적인 설계와 구현

활동이론으로 설계되어 실제 산업의 프로토타입으로 구현된 최초의 기술은 '바디와이즈 퍼스널 트레이너'라는 피트니스 시스템이었다. 이 시스템은 사용자에게 신체운동 과정을 안내하도록 설계되었다(Blumenthal 1995). 시카고 일리노이 대학의 멀티미디어 디자인 스튜디오 학생들이 만든 이 디자인에서 시스템은 두 가지 요소로 구성된다. 주요 구성요소는 일반 시계, 스톱워치, 심박모니터를 통합한 손목 시계형 장치다. 이 장치에는 사용자의 운동요법에 대한 정보가 탑재된다. 바디와이즈 시계는 웨이트 트레이닝 장비에 장착된 장치와 함께 사용하도록 설계되어 있다. 장비에 장착된 장치는 근거리에 있는 바디와이즈 시계를 식별하여 사용자 정보를 읽고 체육관 데이터베이스에 접속할 수 있게 한다. 이 장치에는 몸무게, 필요한 훈련 세트, 사용자들이 자신의 훈련 프로그램을 따라 하는데 필요한 정보를 볼 수 있는 모니터가 장착되어 있다.

이 시스템의 디자인은 HCI, 산업 디자인, 활동이론을 기반으로 하고 있다. 설계자들은 세 접근법이 갖는 각각의 장점이 서로 보완적이라는 결론을 내렸다. 산업 디자인과 HCI 기술을 결합해서 학습과 사용이 가능한 인터페이스를 갖춘 매력적이고 편안한 물리적 장치를 만들 수 있었다. 활동이론은 장비 디자인에서 산업 디자인이나 HCI만으로는 해결할 수 없는 독창적인 영향을 미쳤다.

> 활동이론의 관점에서 보면, 운동의 동기에는 신체적 우월감을 드러내고자 하는 욕망이 포함되어 있다. 결과적으로, 사용자들의 일차적 관심은 웨이트룸을 공유하는 다른 사용자들에게 자신이 무능하게 보이는 것에 대한 두려움이었다. 이 공포 때문에 사용자들은 새로운 운동을 시도하거나 운동요법을 시작하거나 전문가의 도움을 요청하는 일을 회피했다. 웨이트룸에서 자신의 무능함을 엿보이게 된다는 점 때문에 운동 의욕이 약화된다는 것이다. 이런 분석 결과는 새로운 디자인 장치를 구상하는 데 영향을 미쳤다. 적합한 기술을 생생하게 보여주면서 사용자의 운동요법을 담을 수 있는 포터블 장치가 그것이다(Blumenthal 1995).

블루멘탈(Blumenthal)은 세 가지 관점을 조합해서 사용한 경험을 통해 활동이론의 주요 이점은 시스템이 제공해야 할 구성요소와 기능의 결정에 있다는 결론에 이르렀다. HCI와 산업 디자인은 구성요소와 기능이 구체화된 뒤 시스템이 구현되는 방식을 결정하는 데 유용하다는 점이 확인되었다.

활동이론으로 설계된 또 다른 시스템은 취리히 스위스 연방 기술 연구소의 모르텐 피옐드(Morten Fjeld)와 동료들이 개발한 컴퓨터 설계(CAD) 시스템인 BUILD-IT이다(Fjeld et al. 2001; Fjeld et al. 2002). 이 시스템은 사용자가 입력 장치로 사용되는 벽돌을 조작해서 3D 컴퓨터 모델을 생성하고 변환할 수 있게 해준다. BUILD-IT은 학교나 공장 건설 계획 같은 실제 프로젝트에 사용되는 높은 사양의 시스템이다. 유형의 사용자 인터페이스는 시스템 사용에 두 가지 영향을 미친다.

먼저, 3차원 모델의 동작은 직접 조작을 통해 수행된다. 3D 회전을 위한 매개변수 설정이나 다른 많은 컨트롤 세트에서 선택해야 하는 특수 컨트롤을 이용하는 대신, 사용자가 원하는 방향으로 벽돌을 회전시키다가 원하는 각도에 도달하면 회전을 정지시킨다. 둘째, 입력 장치인 벽돌들의 동시다발적 입력이 가능하다. 일군의 사람들이 동일한 위치에 있거나 분산되어 있을 때 각 사용자마다 자신의 벽돌을 이용해서 동시에 그 시스템 내의 다양한 디자인을 협력적으로 탐색할 수 있다. 이 기능으로 인해 BUILD-IT은 그룹웨어 시스템으로 사용된다.

BUILD-IT 시스템의 기본 철학은 활동이론 및 행동통제이론 등 연관된 이론의 영향을 받았다. 도구 중재, 외현화, 집단행동 통제 개념은 특히 유용한 것으로 밝혀졌다(Fjeld et al. 2002). BUILD-IT 시스템은 시각화 모델을 이용하는 컴퓨터 작업에 유형의 직관적 인터페이스를 제공함으로써, 계획 과정에서 개인의 아이디어를 외현화할 수 있도록 지원한다. 이 시스템은 또한 그룹 작업의 결과물을 객관적으로 드러냄으로써 집단행동을 통제할 수 있게 하는 것으로 밝혀졌다.

캡텔리닌(Kaptelinin 2003)이 개발한 UMEA(사용자 활동 모니터링 환경) 시스템은 개인용 컴퓨터의 기존 운영체제로 상위 수준의 작업에 대해 지원하기 어려운 점을 보완하기 위해 설계되었다. 이 시스템에 관해서는 5장에서 자세히 살펴보겠다.

SECTION 4.7 일터 연구

엥게스트룀(1987)이 개발한 활동시스템 모델이 인터랙션 디자인에 널리 사용되기는 했으나, 엥게스트룀과 동료들이 수행한 대부분의 연구에서는 정보기술의 평가 및 설계를 직접적으로 다루지 않는다. 대신에 그들은 업무 혁신이라는 연구 주제를 상정하였다. 일터 연구의 주된 초점은 조직적인 작업의 변형에 대한 것이다. 이런 변형은 기술 구현에 의해 유도되기도 하고 기술을 조직에 통합하는 객관적 필요에 따라 요구되기도 한다. 활동시스템 모델은 기술이 초래한 복잡한 효과를 이해하기 위한 도구로 사용되어 왔다. 조직에서 새로운 기술을 배치하면 대개 시스템이 불안정해진다. 조직은 다층적 모순의 생성 및 해결을 통해 새로운 형태의 일시적 평형 상태에 도달한다. 일 발달 연구에서 보여준 통찰력은 이 새로운 안정성이 사전에 예측한 대로 결정되지 않는다는 점에 있다. 비교적 안정적인 상태에서 변환이 일어나는 동안, 활동시스템은 긍정적인 영향과 부정적인 영향 모두에 특히 민감하다. 이 기간의 적절한 중재는 조직과 조직 활동의 발달에 크게 기여할 수 있다.

일터 연구에서의 방법론을 적용한 최초 사례들 가운데 하나는 핀란드 병원(Engeström 1990)에서의 정보기술 구현에 관한 연구였다. 이 연구를 통해 테크놀로지의 영향이 시간과 노동 소모적인 일상적 작업을 자동화하는 데 한정되지 않는다는 점을 보여주었다. 새롭게 도입한 인공물들은 일반적인 업무 조정, 서로 다른 파트의 근로자들이 자신의 역할을 정의하는 방식, 병원 근무자들이 자기가 하는 일의 목적을 이해하는 방식에 광범위한 영향을 미쳤다. 즉, 개별 구성요소 및 구성요소들 사이의 관계 특성 등 활동시스템의 전체 구조가 혁신되었다.

조직이 변화되는 변화기의 잠재력을 충분히 활용하는 데 일터 연구 방법론이 활용되어 왔다. 이 목표를 달성하기 위해 개발된 구체적인 방법은 업무 담당자와 일 발달 연구 전문가들이 만나 당면한 문제에 대해 논의하고 해결방법을 탐색하는 워크숍 프로그램인 혁신 연구소(the Change Laboratory)였다. 공공기관과 산업체 등 다양한 조직에서 혁신 연구소의 방법론을 사용해왔다(Helle 2000).

최근 몇 년 동안, 업무 혁신에 관한 연구에서는 특히 두 가지 문제에 주목했다. 첫째, 발달적 변화를 유도하는 방법에 대한 것이다. 이 연구에서는 때때로 활동시스템이 안정적으로 보이는 이유가 변화를 필요로 하는 모순이 없기 때문이 아니라 사람들이 모순을 인식하지 못하거나 의도적으로 무시하기 때문이라고 본다. 이런 경우 비디오 자료 등 무시할 수 없는 증거를 수집해서 사용할 수 있다. 업무 혁신 분야의 연구자들은 은유적으로 말하기 위해 현장의 전면에 거울을 배치하는데, 이 거울은 변화의 필요성을 보여준다. 이 '거울' 방법은 의료보험 재구조화 등 다양한 사례에서 사용되었다. 일례로, 진료의 주된 방향을 환자가 아닌 질병 치료로 전환했던 총체적 시스템 변경 사례가 있다. 이런 진료 방식으로 인해 복합성 만성 질환 환자들이 종종 이 의사, 저 의사에게 인계되며 떠도는 문제가 발생했다(Engeström 2005). 발달적 연구방법론을 통해 이런 문제가 잘 드러나게 됐으며, 이해당사자들이 일시적 미봉책보다 영구적인 해결방법을 찾을 필요성을 인식할 수 있었다.

업무 혁신 연구에서 주요한 두 번째 주제는 혁신을 분석하는 것이다. 혁신도 활동시스템을 불안정하게 하는 요소다. 미에티넨(Miettinen)과 동료들은 일련의 연구에서 정치적 결정과 갈등 때문에 (또는 그럼에도 불구하고) 연구 대상 기관들에서 혁신이 실행되는 방식, 혁신이 개인과 기관의 활동 목표가 되는 방식, 혁신이 장기간에 걸쳐 발달하는 방식을 보여줬다(Saari and Miettinen 2001; Miettinen 2002; Hyysalo 2005; Saari 2003).

SECTION 4.8 혼종의 이론

4.8.1 도구생성이론

피에르 라바르델(Pierre Rabardel)(Béguin and Rabardel 2000; Rabardel and Bourmaud 2003)이 제안한 도구생성이론은 활동이론과 프랑스 인간공학에 그 뿌리를 두고 있다. 이 이론은 활동의 구조와 인공물의 통합에 주안점을 두며, 통합에 대해 가장 정교하게 설명한다. 도구생성이론에서는 인공물의 전유가 단번에 이뤄지는 것은 아니라고 주장한다. 일반적으로 인공물의 전유는 인공물, 개인, 사회적 상호작용이 발달적으로 변형된 결과다. 변형에는 상당한 시간이 걸릴 수 있다. 인간은 자신의 필요와 조건에 맞춰 인공물을 바꾸고 조정하는데, 이 절차를 *도구화*라고 한다. 인간은 또한 도구 조작 방법, 도구에 따라 수행 가능한 일의 선택 방법 및 일을 효과적으로 수행하기 위한 방법 선택과 관련된 기술과 능력을 개발한다. 도구화와 계측, 즉 인공물과 인간의 변형을 통해 인공물은 도구로 개발되고 전유된다.

최근 몇 년에 걸쳐 도구생성이론은 국제적으로 인정받고 있으며, 프랑스, 이탈리아, 스웨덴에서 많은 연구[5]가 이뤄지고 있다(예를 들어, Béguin 2003; Cerrato Pargman 2003; DeCortis, Rizzo, and Saudelli 2003; Folcher 2003). 이 이론에서 가장 일반적으로 다루는 문제는 디자인일 것이다. 디자인에서는 실용과 이론, 두 가지 측면에 중점을 둔다. 실용적인 관점에서 보면, 도구 생성 접근법은 인공물이 사용자에게 맞는 장비로 변환될 수 있도록 효율적으로 설계해야 한다는 입장이다. 몇몇 저자들(예를 들어, Rabardel and Bourmaud 2003)은 사용자가 다양한 작업이나 예상치 못했던 작업을 하면서 수정하거나 조정할 수 있는 유연하고 개방적인 인공물 디자인의 중요성을 강조했다. 이 이론의 또 다른 결론은 설계자는 인공물의 전유 과정 전반에서 실제적인 실행의 변환과 사용자의 진정한 요구에 대해 고려해야 한다는 것이다. 예를 들어, 세라토 파그만(Cerrato Pargman 2003)은 협력적 글쓰기의 경험 연구를 통해 개별 작업과 협력 작업 간의 원활한 전환을 지원하기 위한 협업 도구의 설계 등 협력적 글쓰기 시스템에 대한 높은 수준의 설계 요구사항들을 정리할 수 있었다.

디자인 문제에서 보다 이론적인 측면은 도구화의 개념에 관한 것이다. 사용자는 진정한 의미에서 설계자로 간주된다. 이 가정은 다음과 같은 질문을 불러온다. 사용자 디자인은 통상적인 의미의 디자인, 즉 디자이너의 디자인과 어떻게 차별화되는가?

베긴(Béguin 2003)은 개념 분석과 경험 연구를 통해 이 문제를 다뤘다. 그는 사용자와 설계자 간 쌍방향 학습에 기초한 '활동 교환' 개념을 도입했다. 활동 교환은 언어적 대화 절차는 물론 설계의 중간 결과가 매개하는 대화적 절차로도 이해할 수 있다. 어떤 행위자가 설계를 변형시키면 다른 행위자는 그 객체를 다르게 전유하는 경험을 거칠 것이다. 따라서 전유는 다른 이들의 활동을 변화시킬 수 있다. 사용자와 설계자는 인공물 설계 경험을 비롯해서 서로 경험이 다르기 때문에, 활동 교환은 설계된 인공물이 도구 생성의 요구사항을 충족시킬 수 있도록 하는 방법이다. 폴처(Folcher 2003)는 사용자 중심 설계와 설계자 중심 설계를

---

5 이 연구 중 일부는 2003년에 출판된 *Interacting With Computers* 저널의 특수 이중 이슈를 구성했다.

구별하는 방법을 제안했다. 그녀는 설계자 중심의 설계와 사용자 중심의 설계의 차이에 관해 밝혔다. 이렇게 서로 다른 관점들은 해당 인공물에 대한 요구사항들을 전면적으로 드러낸다.

도구 생성이 제공한 설계 유형 및 현상에 대한 이론적 탐색은 전통적인 참여설계 연구와 관련이 있다(일례로, EHN 1988; Kensing 2003). 베긴의 활동 교환 개념은 참여설계 프로젝트의 초기 단계에서 발생하는 사용자와 설계자의 학습 과정을 이해하는 데 유망한 개념 도구가 될 것으로 보인다.

도구생성이론은 비교적 새로운 이론이지만 사람들이 테크놀로지를 어떻게 일상생활의 한 부분으로 받아들이게 되는지에 대한 여러 연구에 영향을 미쳤다. 이 이론에서 내세우는 가장 중요한 향후 과제는 도구를 구체적인 사용 상황에서 인공물과 장비로 구분하는 데 적용할 수 있는 운영 기준을 설정하는 것이다. 많은 활동은 이 두 극단 사이에 위치하는 것으로 나타나며, 따라서 인공물이기도 하고 장비이기도 한 객체에 의해 매개되는 것으로 정의될 수 있다. 이 문제를 해결하기 위해 이 두 극단 사이에 구체적인 도구를 배치하기 위한 척도가 필요하다.

4.8.2 장르 추적

HCI 분야에서 주요 트렌드 중 하나는 당연히 사용자 중심 설계다(Norman and Draper 1986). 사용자의 요구를 출발점으로 하는 시스템 디자인은 이상적인 가치다. 이 이상은 비현실적이고 실현하기 어려운 것으로 간주되지만, 그러한 이상 자체를 문제시한 적은 없었다. 그러나 스피누치(Spinuzzi 2003)는 사용자 중심 설계가 사용자에 대한 지원을 목표로 하면서 정작 사용자의 창의적인 활동을 인정하지 않는 점을 비판했다. 스피누치는 사용자는 잘못 설계된 시스템의 피해자이며 설계자가 이 피해자들을 구해줘야 한다는 것이 사용자 중심 설계의 기본 가정이라고 보았다. 그에 따르면, 이러한 희생자 비유는 컴퓨터와 자신의 행위를 융합하기 위해 사용자가 실행하는 일상적인 설계 변형을 무시하는 것이다.

스피누치는 업무 현장에서 발생하는 사용자의 혁신을 이해하고 그것을 정보기술의 사용, 설계 및 평가에 반영하기 위한 방법으로 장르 추적 방법론을 제안했다. 이 방법론은 다음 세 가지 층위에 바탕을 둔 것이다. 첫째, 장르 추적은 사람들이 일하는 방식을 미시적으로 관찰하면서 일상적인 행위를 문화기술지로 분석한다. 둘째, 장르 추적은 활동이론을 토대로 하며, 각각의 층위에서 일어나는 활동 프로세스 및 프로세스 상호간의 영향, 시간의 흐름에 따라 발달하는 프로세스에 대한 통합적 이해를 목적으로 한다. 셋째, 방법론으로 장르 이론을 사용한다.

> 장르 추적은 *쌍방향적* 성격을 띤다(Bakhtin 1981). 이것은 대화에 대한 은유를 통해 사람들이 복잡한 제도나 분야 및 공동체와 상호작용하는 방식, 사람들이 문제를 해결하고 그것을 전파하는 방식, 대화와 문제해결이 인공물에 물화되는 방식에 관해 탐색한다(Spinuzzi 2003, 이탤릭체는 원문).

(도구생성이론 등 다른 이론들과 공유하는) 장르 추적의 근본적인 통찰력은 설계자는 사용자가 행위할 수 있는 전제 조건을 만들 수 있을 뿐이라는 것이다. 이러한 실행 및 최종 사용자가 생성하는 지속적인 혁신의 흐름을 이해하는 것은 인터랙션 디자인에 있어서 중요한 자원이다(Mackay 1990; Nardi 1993; Orlikowski and Tyre 1994 참조).

SECTION 4.9 정보시스템 연구

정보시스템(IS) 분야는 HCI나 인터랙션 디자인과는 다소 거리가 있는 영역이었다. HCI 분야는 주요 관심사가 일이나 여타 활동을 수행하는 개인이나 집단이 어떻게 테크놀로지를 활용하는지 그 이해와 지원에 있다. 그러나 IS 연구는 조직 내에 시스템을 도입하는 절차, 시스템 도입에 따른 광범위한 효과, 관리자나 시스템을 직접 사용하지 않는 사람들의 활동 및 시스템의 일반적인 기능 등을 다룬다(Baecker et al. 1995). 그러나 최근 들어 두 영역의 경계가 불분명해지고 있다.

여러 요인이 정보시스템과 인터랙션 디자인 분야가 서로 스며드는 데 영향을 미쳤다. 서로 다른 언어를 사용하는 두 공동체로서 여전히 독립적으로 존재하지만, 일부 IS 연구자들은 HCI와 관련된 전통적인 문제에 눈길을 돌리고 있으며, HCI 분야에서도 마찬가지 현상이 일어나고 있다. 일부 연구자들을 중심으로 서로 다른 영역으로 자기 분야의 경계를 넘어서고 있는 현상을 찾아볼 수 있다. 일례로, 올리코우스키(Orlikowski)의 IS 연구(Orlikowski 1992)는 CSCW 문헌에서 널리 인용된다. 또한 두 분야를 통합해야 한다는, 그러지 못할 경우 최소한 서로 조율이라도 해야 한다는 조직적인 압력이 있다. 이 책의 두 저자가 소속된 부서를 포함하여 전 세계 여러 대학의 학과들이 정보학의 이름으로 IS와 인터랙션 디자인 및 관련 연구 분야를 통합하고자 시도하고 있다.

활동이론은 HCI와 거의 동시에 정보시스템에도 도입되었다. 1991년 꾸우띠는 IS의 연구 개발에서 컨텍스트의 문제를 다루는 데 활동이론과 엥게스트롬의 활동시스템 모델을 사용할 것을 제안했다. 꾸우띠(1991)는 활동시스템 개념이 서로 정반대의 입장인, 정보시스템 및 시스템 사용에서 컨텍스트 측면을 고려하지 않는 입장과 컨텍스트의 개념을 지나치게 복잡하고 관리할 수 없는 부분까지 고려해 설계하고자 한 입장 양 극단 사이에서 합리적인 타협점을 제공한다고 주장했다.

> 활동이론이 제안하는 해결책은 분석의 기본 단위가 되는 개별 행위의 최소 의미 맥락, 즉 중간 개념이 필요하다는 것이다(1991 Kuutti).

꾸우띠의 연구는 핀란드(예를 들어, Korpela et al. 2002)와 스웨덴(예를 들어, Bai and Lindberg 1998)에서 활동이론을 정보시스템에 대한 기초 이론으로 다루도록 부추겼다. 꾸우띠는 인터랙션 디자인(Kuutti 1992, 1996; Iacucci, Kuutti, and Ranta 2000)과 정보시스템 연구(Kuutti 1991, 1998, 1999)에 지속적으로 매진하는 진정한 경계인이라 할 수 있을 것이다(Kuutti 1991, 1998, 1999).

호주 울릉공(Wollongong)대학의 활동이론 연구실(the Activity Theory Usability Lab)에서는 활동이론에 기반을 두어 IS와 HCI 분야 연구를 수행 중이다(Bourke, Verenikina, and Sharrock 1993; Hyland 1998; Hasan, Gould, and Hyland 1998). 이들 연구에서는 활동이론이 테크놀로지, 사람들과 그들의 일, 조직화된 컨텍스트를 총체적으로 이해할 수 있는 통합적 관점을 제공한다고 보았다. 울릉공 그룹에서는 경영정보시스템의 활동 모델 개발(Hasan 1998) 및 인지과학(Gould 1998), 근거 이론, 일반 시스템 이론, 분산인지(Hasan 1998)와 같은 다양한 접근법의 비교 등 활동이론을 기반으로 하여 정보시스템과 그 접근성에 대해 일련의 이론적, 경험적 연구를 수행해왔다.

활동이론 기반 정보시스템 연구의 최근 사례는 와이어두(Wiredu 2005)의 연구다. 이 연구에서는 의료보험 프로젝트에 모바일 기술을 채용하려던 시도와 그

것이 실패한 이유를 다루었다. 와이어두는 원격 부서와 지역 부서 사이의 힘겨루기 등 모바일 전문가 활동의 모순을 분석하고, 실패를 야기한 문제점을 이론적으로 설명하는 원격분산활동 모델을 제시했다.

SECTION 4.10 결론

활동이론은 10년 이상 인터랙션 디자인 및 관련 분야에서 응용되어 왔다. 이 장에서 설명한 다양한 연구는 HCI 기본 개념의 이론적 개정, 경험 연구 및 시스템 개발 프로젝트의 사후 분석, 설계 및 평가를 위한 개념 도구 개발, 응용프로그램 및 시스템 설계 등이다. 다음 장에서는 활동이론을 이용한 UMEA(활동을 위한 사용자 모니터링 환경) 설계 사례에 대해 자세히 검토할 것이다.

CHAPTER 05

활동이론 기반 설계 사례: UMEA(User-Monitoring Environment for Activities) 시스템

이 장에서는 활동이론을 기반으로 설계된 시스템에 대해 상세히 살펴본다. 활동이론은 (a) 새로운 설계에서 다뤄야 할 문제의 확인 (b) 구체적인 솔루션 발견에 지침을 제공했다. 이 설계에 동기를 부여한 문제는 낮은 수준의 응용프로그램 작업보다는 높은 수준의 사용자 활동을 지원하는 것이었다. 제안된 솔루션은 사용자를 모니터링하고 모든 수준의 활동에서 나타날 수 있는 사용자 정의 동작에 디지털 리소스를 제공하는 것이었다. 활동의 계층구조 및 발달에 대한 활동이론 원리가 시스템 설계에 특히 유용하다는 점이 확인되었다.

SECTION 5.1 환경으로서의 응용프로그램

정보기술을 인간-컴퓨터 상호작용의 한 부분이 아닌 매개적 인공물로 보는 관점은 설계에도 직접적인 영향을 미친다. 이 함의를 진지하게 받아들인다면 설계의 가장 중요한 목적은 사람들이 의미 있는 목표를 실현할 수 있도록 돕는 것이다. 하지만 분명한 것은 이런 목적은 디지털 작업 환경 설계자들의 관심사가 아니라는 점이다.

맥OS나 윈도우즈 같은 현재 운영체제의 기반이 되는 데스크톱 메타포는 정보의 장기저장소로 계층화된 파일 시스템과 과제 수행에 필요한 문서 및 응용프로그램을 배치한 작업 공간인 데스크톱을 구분하는 것이다(Smith et al. 1982). 그러나 데스크톱 시스템의 실제 사용에 대한 연구에서는 데스크톱이 작업과 관련된 도구와 자료를 통합한 공간으로만 사용되지 않는 것으로 확인됐다. 오히려, 많은 도구가 애초에 운영체제와 관련된 기능을 복제하는 컴퓨터 환경으로 진화했다. 예컨대 대부분의 웹브라우저와 이메일 프로그램에는 "휴지통"이나 "파일찾기" 기능과 같은 계층적 파일 시스템이 포함되어 있다.

응용프로그램에 운영체제 기능을 추가하는 것은 분명 장점이 있다. 이런 기능이 부족하면 사용상의 문제가 생긴다. 예를 들어, 매킨토시용 Microsoft Word X 내에서는 파일 삭제가 불가능하므로, 워드의 "파일찾기" 기능을 사용하여 파일을 검색한 뒤 파일을 삭제하려면 다시 운영체제로 전환해야 한다. 사용자가 운영체제에서 다시 파일을 찾는 것은 사소한 일이 아니다. 이미 작업 중이던 문서를 다시 찾아야 하는 이런 상황은 역설적이며 사용자를 좌절하게 만든다. 이런 문제를 해결하기 위해 윈도우즈용 Microsoft Office 2000에서 구현된 것처럼 "삭제" 기능을 추가해 응용프로그램 기능을 확장하는 방법을 사용할 수 있다.

하지만 응용프로그램이 완전한 (작업)환경으로 전환되는 데는 문제점이 있다. 한 가지 응용프로그램을 이용해서 개별 작업을 수행할 때는 대체로 통합적이고 일관된 공간에서 작업을 한다. 하지만 작업 사이를 왔다 갔다 해야 하거나, 한 가지 작업에 여러 개의 응용프로그램을 사용해야 하는 경우 많은 문제가 발생할 수 있다. 예를 들어 컨퍼런스 참가 신청을 위해서는 아래와 같이 작업을 수행해야 한다.

1. 이메일 프로그램을 열어서 컨퍼런스 공고 내용이 담긴 메시지를 검색하고, 해당 URL을 찾는다.
2. 웹브라우저로 전환하여 해당 사이트로 이동한 뒤, 그 페이지를 북마크에 추가하고, 신청서 제출양식을 다운로드한다.
3. 워드프로세서로 전환하여 신청서 양식을 열고, 내용을 작성한다.
4. 다시 웹브라우저로 전환하여 해당 사이트의 북마크를 찾아 웹사이트를 열고, 신청서 제출에 사용할 이메일 주소를 찾아 복사한다.
5. 다시 이메일 프로그램으로 전환해서 메시지를 작성하고, 하드디스크에 있는 파일을 찾아 작성해둔 신청서 파일을 첨부하여 메시지를 전송한다.

이 신청서는 컨퍼런스 폴더에 텍스트파일로 존재하고, 해당 URL이 담긴 이메일 메시지는 컨퍼런스 편지함에 있으며, 북마크는 컨퍼런스 섹션 안에 다시 저장될 수 있다. 즉, 사용자의 가상 작업 환경에는 파일 시스템, 이메일 시스템, 북마크 시스템 등 세 가지 계층 시스템이 있고, 각각의 시스템에는 서로 연관된 주제의 아이템들이 있다. 여러 개의 응용프로그램을 사용해야 하는 프로젝트를 완료하기 위해서는 각 시스템별로 적절한 리소스를 구성하고 배치해야 한다.

이러한 컨퍼런스 신청서 제출 사례는 활동구조 내의 행위 수준에 따라 사용자에게 제공되는 지원이 달라지는 점을 보여준다. 높은 수준의 행위(higher-level actions)와 낮은 수준의 행위(lower-level actions) 사이에는 분명한 차이가 있다. 그 행위의 수행에 사용되는 특정 기술이 무엇이든, 사용자에게는 신청서 제출과 같은 높은 수준의 행위가 의미 있는 행위다. 낮은 수준의 행위나 작업은 이메일 주소 목록 생성과 같은 응용프로그램의 기능 측면에서 설명된다. 위 사례에서는 낮은 수준의 작업에 도움이 되는 다양하고 정교한 사용자 인터페이스 기능과 위젯이 사용자에게 지원되는데, 이메일 프로그램에서 메시지 검색하기, 워드프로세서에서 문서 형식 설정하기 등이 이에 해당된다. 그러나 높은 수준의 행위에 대한 지원은 제한적이다. 사용자는 문서를 첨부 파일로 보내기 위해 자동 인식된 이메일 주소와 URL을 클릭하거나, 파일 메뉴의 보내기 명령을 실행할 수 있지만, 개별 응용프로그램에서는 그 이상의 의미 있는 일을 하기는 어렵다. 따라서 기존 시스템들은 사용자에게 어느 정도 도움은 되지만, 높은 수준의 행위보다는 낮은 수준의 행위를 지원하는 경향이 있다.

SECTION 5.2 높은 수준의 행위 지원: 기존의 접근방법

한 가지 응용프로그램에 국한되지 않는 다양한 리소스를 통합하여 보다 높은 수준의 사용자 행위를 지원할 수 있는 시스템을 개발하려는 시도가 여러 차례 있었다. 이 시스템은 개인정보관리시스템, 전용 프로젝트 공간, 비계층적 정보 공간 구성의 세 범주로 구분할 수 있다.

5.2.1 개인정보관리시스템

Microsoft Outlook이나 ACT 같은 개인정보관리시스템은 주소록, 할 일 목록, 일정, 가계부, 메모장 등 전통적 도구들을 컴퓨터상에서 구현한 이메일 프로그램이다. 이런 도구의 사용은 종이에 직접 쓰는 것보다 효과적이며 다양한 형태의 높은 수준 활동을 관리하는 데 유용하다. PDA(개인 휴대 단말기)와 같은 휴대용 기기를 이용하면 PIM(Personal Information Management) 툴을 어디에서나 편리하게 휴대해서 사용할 수 있다. 그러나 시스템을 이용한 활동 관리는 활동 수행에 필요한 파일과 응용프로그램 관리에 느슨하게 관련되어 있을 뿐이다. 예컨대, Microsoft Outlook의 업무 정의에는 해당 업무 수행에 필요한 리소스를 찾아 할당하는 작업은 포함되어 있지 않다. 보고서 제출 기한 알람 기능은 유용하지만, 이것 때문에 관련 리소스 접속이 용이해지지는 않는다. 열어본 파일 목록을 사용하면 최근 파일을 더 쉽게 열 수 있지만, 이런 파일을 특정 작업에 연결하려면 추가 작업이 필요하다. 심지어 최신 PIM 시스템조차 필요한 리소스가 포함된 프로젝트별 컨텍스트를 생성하지 않는다. 그리고 개인정보관리시스템은 과제, 연락처 같은 새로운 계층구조를 추가하여 작업 공간 내 정보 계층의 다양성을 더욱 증대시킨다(Dourish et al. 1999).

5.2.2 프로젝트 전용 공간

*프로젝트 전용 공간*은 공간적으로 정의된 가상 작업 환경의 하위 집합으로, 개별 프로젝트 또는 유형별 작업의 컨텍스트를 제공한다. 가장 많이 알려진 프로젝트 전용 공간 환경 사례는 헨더슨과 카드(Henderson and Card, 1986)가 개발한 ROOMS 시스템일 것이다. 이 시스템은 다양한 층위의 활동과 관련된 특화된 작업 공간인 '방(rooms)' 아이디어를 기반으로 한다.

ROOMS는 특정한 종류의 작업을 수행하는 데 필요한 리소스를 제공하는 별도의 데스크톱으로 구현되었다. 이메일 통신 방, 프로그래밍 방 등이 이에 해당한다. 현재 리소스를 사용하고 있는 스크린 스페이스의 하위 집합만 열리기 때문에, 복수의 작업 공간에서 스크린 스페이스와 메모리를 보다 효율적으로 사용할 수 있을 것으로 가정했다. 또한 방으로 다시 들어가면 작업 컨텍스트를 복원할 수 있기 때문에 휴식 후에도 사용자가 작업을 이어가기 용이할 것으로 가정했다.

사용자가 도구와 자료를 배치하여 특수한 작업 환경을 구축할 수 있는 개별 프로젝트용 가상공간을 할당하는 ROOMS 시스템과 유사한 방식은 최근에 더욱 많이 구현되고 있다. 예를 들어 The Task Gallery(Robertson et al. 2000)는 사용자에게 가상 3D 갤러리의 벽에 걸린 작품으로 표현된 작업창을 제공한다. 또 다른 예는 Manufaktur인데, 이는 작업이나 프로젝트의 컨텍스트를 생성하고 유지할 수 있도록 설계하려는 전문가들을 지원하는 협력기반 3D 작업 공간이다.

작업 및 프로젝트 전용 공간 환경의 주요한 문제는 오버헤드[6]다. 사용자는 환경을 설정하고, 필요한 리소스를 배치하고, 지속적으로 업데이트해야 하며, 프로젝트가 완료되면 공간을 정리해야 한다. 이런 유지관리에는 시간과 노력이 필요하다(공동 작업 공간의 경우 이런 일을 책임지고 처리하는 사용자가 있기 때문에 다른 사용자에게는 이런 일이 보이지 않을 수 있다.)(Shapiro 2000). 오버헤드에서 가장 중요한 문제는 그 환경이 갖는 이점을 누리기에 앞서 사용자가 프로젝트 컨텍스트를 생성하기 위해 부가적인 일을 해야 한다는 것이다.

5.2.3 비계층적 정보 공간 아키텍처

개인정보 관리시스템과 작업 및 프로젝트 전용 가상공간은 계층적 파일 시스템에 기초한 기존 데스크톱 환경의 설계방식을 확장하면서 개발됐다. Lifestreams (Fertig, Freeman, Gelernter 1996a, b), Presto(Dourish et al. 1999) 등 새로운 정보 공간 아키텍처에는 근본적으로 상이한 프로젝트 맥락 생성 접근법이 사용됐다.

Lifestreams 시스템은 연대기 순으로 문서를 조직했다. 사용자는 '답장하지 않은 모든 메일'과 같은 선택기준을 입력하여 문서의 하위 스트림을 만들 수 있다. 이 방법으로 개인 전자 공간에서 간편하게 문서를 찾고 정리할 수 있다. 사람들은 종종 이벤트를 특정 시기와 연관 지으며, 어떤 이벤트가 발생한 대략적인 시기를 알면 해당 문서가 있는 라이프스트림 시퀀스의 프래그먼트를 식별할 수 있다. 사용자가 인접 문서들을 임의로 검색하면서 그 문서가 해당 문서의 앞에 있었는지 뒤에 있었는지를 기억하면 추가 검색을 지시하는 데 도움이 된다.

Lifestreams 시스템의 토대가 된 새로운 접근법에는 기존의 여러 설계방식에 비해 확실한 장점이 있는 듯하다. 문서 공간 관리와 개인 및 그룹의 활동 관리에 대한 통합 가능성이 그 중 하나다. 예를 들어, 필요한 리소스에 대한 접근과 개인 활동-그룹 활동의 조정이 용이해지도록 그룹 내에서 논의할 초안을 추후 특정 시점에 배치할 수 있다.

---

6 특정한 목표를 달성하기 위해 간접적 혹은 추가적으로 요구되는 시간 - 역자 주

Presto 시스템은 유연하고 역동적인 문서모음을 가능하게 하는 인프라를 제공했다. 문서에는 문서모음을 정의하는 특정 속성이 태그로 지정되어 있다. 속성은 논문이나 파워포인트 파일과 같은 문서의 의미를 나타내는 특징이며, 시스템에서 추출되거나 사용자가 추가한다(Dourish et al. 1999).

Lifestreams와 Presto는 특정한 기준을 충족시키면서 다양한 유형의 문서를 관리할 수 있는 복잡한 정보구조의 생성이 가능하도록 지원한다. 그러나 프로젝트 환경에 포함될 정보를 선택하는 데 정형화된 기준을 사용하는 것은 바람직하지 않다. 사용자가 그 기준이 무엇인지 명확하게 이해하더라도 이를 명시화하는 것은 어렵거나 불가능하다. 예를 들어, 문서작업을 하면서 참고문헌 제공자의 이메일 주소가 필요한 경우, 시스템의 하위 항목 또는 문서모음에 주소를 추가하도록 조건을 지정하는 것보다 프로젝트와 관련된 정보에 주소를 추가하는 것이 훨씬 쉽다. 실제로 해당 시스템에서는 자동으로 생성된 문서모음에 수동으로 문서를 추가할 수 있다. 하지만 이런 추가 작업을 허용하면 시스템의 개념적 일관성이 약해진다. 비계층적 설계방식에 잠재된 또 다른 문제는 사용자들은 대체로 프로젝트 환경을 생성하기 전에 프로젝트와 관련된 정보의 명시적 기준을 마련하지 않는다는 점이다. 이런 기준은 오히려 프로젝트 작업의 결과로 만들어진다.

SECTION 5.3 상호작용 히스토리를 활용한 프로젝트 맥락 생성: UMEA 시스템

5.3.1 UMEA 시스템 이면의 동기

앞에서 개별 응용프로그램의 범위를 뛰어넘는 지원을 제공하는 시스템 개발에 다음과 같은 문제가 관련되어 있음을 확인했다.

- 오버헤드 최소화 및 사용자에게 용이한 프로젝트 환경
- 개인정보 관리, 통신, 도구 및 자료 관리의 통합
- 사용자의 실제 경험 반영

다음에서는 이런 문제를 해결하도록 설계된 UMEA(User-Monitoring Environments for Activities) 시스템에 대해 기술한다. 이 시스템은 상호작용 히스토리를 사용해서 프로젝트 맥락을 생성한다.

1990년대에 상호작용 히스토리는 HCI의 중요한 연구주제로 인식됐다(Hill and Terveen 1994). 상호작용 히스토리는 작업 대상인 오브젝트의 제어와 변환, 정보 접근, 학습이나 소프트웨어와의 상호작용 가능성을 확장시킬 수 있는 유용한 자원으로 간주된다(Shneiderman 1999; Rich and Sidner 1997; Wexelblat and Maes 1999). 상호작용 히스토리 개념을 구현한 사용자 인터페이스 구성요소 사례에는 실행 취소 명령, 웹브라우저의 활성 · 비활성 히스토리, 그리고 일부 응용프로그램 파일 메뉴의 최근 문서 목록 등이 있다.

동일한 파일이나 응용프로그램을 지속적으로 사용하여 작업을 하는 경우, 최근 리소스 목록을 활용하면 오버헤드 없이 편리하게 작업에 접근할 수 있다. 하지만 각각 다른 응용프로그램과 문서를 사용하는 여러 개의 프로젝트를 전환해 가며 작업하는 경우, 최근 리소스 목록은 거의 도움이 되지 않는다. 예를 들어, 다른 프로젝트 작업을 하다가 이전 프로젝트 작업으로 복귀하면 워드 파일 메뉴의 최근 문서 목록이 완전히 변경돼서 필요한 모든 파일을 다시 찾아야 한다. 최근 파일 목록이 맥락에 민감하지 않은 이유는 이런 목록이 사용자의 행동 유형을 모두 동일하게 취급하는 단일한 상호작용 히스토리에 기반하고 있기 때문이다.

UMEA 시스템의 핵심 아이디어는 상호작용 히스토리 안의 이벤트를 작업 중인 특정 업무 및 프로젝트에 매핑하는 것이다. 매핑은 사용자가 해당 프로젝트 작업의 시작과 끝을 실시간으로 또는 소급하여 지시함으로써 수행된다. 시스템이 프로젝트별 상호작용 히스토리를 기반으로 구동되면 프로젝트 관련 리소스에 쉽게 접근할 수 있다. 이와 같이 리소스에 대한 접근성이 높아지면 프로젝트 환경에 진입하려는 사용자의 동기가 강화될 수 있다. 프로젝트로 들어간 사용자는 프로젝트가 활성화됐음을 지시한다. 시스템에서는 이 지시를 인식해서 각 프로젝트별 상호작용 히스토리를 지속적으로 수집하고, 프로젝트 맥락을 훨씬 더 정교하게 발달시켜 나갈 수 있다.

상호작용 히스토리의 사용은 기존 시스템의 문제점을 해결할 수 있는 방법으로 보인다. 특정 프로젝트 작업의 부산물로 생성된 상호작용 히스토리를 이용해서 프로젝트 환경을 개발함으로써 오버헤드를 최소화할 수 있다. 프로젝트 작업을 하면서 개인정보와 도구 및 자료 관리 모니터링이 가능하기 때문에, 두 가지 유형의 리소스를 하나의 프로젝트 환경에 통합할 수 있다. 또한 시스템에서 사용자의 실제 작업 방식을 모니터링하기 때문에, 사용자의 실제 업무 수행을 기반으로 프로젝트 맥락이 구조화된다.

5.3.2 UMEA 시스템과 활동이론

활동이론은 UMEA 시스템 설계에 다양한 방식으로 영향을 미쳤다. 첫째, 이 시스템의 기본 아이디어는 낮은 수준이 아닌 높은 수준의 사용자 활동을 지원하는 환경을 만드는 것이다. 둘째, 이 시스템의 설계는 활동 체크리스트의 초기 프로토타입(Kaptelinin, Nardi, and Macaulay 1999; 이 책의 부록 A)에 대한 경험 연구로 촉진되었다(Kaptelinin 1996d). 이 체크리스트는 여러 개의 응용프로그램을 사용하는 프로젝트를 수행할 때 사용되는 정보기술이 디지털 리소스 통합을 어느 정도 지원하는지 측정하기 위한 것이다. 연구에서 밝혀진 바에 따라 리소스 통합을 지원할 수 있는 설계 방법이 모색되었으며, 그 결과 UMEA 시스템이 탄생했다. 다시 말해서, 시스템 설계가 기초하고 있는 가정은 실제와 가상의 작업환경을 구성하는 다양한 객체의 의미가 활동 맥락, 즉 주체의 동기 및 목표와 객체의 관계에 따라 결정된다는 것이다. 이 시스템의 목적은 자원을 조직하는 자연스럽고 의미 있는 방식, 즉 사용자의 목표가 무엇이든 그 목표를 중심으로 자원을 조직하는 것이었다.

UMEA 시스템 설계에 영향을 미친 활동이론 아이디어는 다음과 같다.

- 다양한 수준의 활동 조정이 가능하도록, 시스템은 높은 수준의 목표 표현(PIM 시스템에서 제공하는 표현 등)과 목표 달성에 필요한 리소스(응용프로그램이나 문서 등)를 통합해야 한다.
- 일상생활에서 한 개인의 관심사는 다양한 의식적 목표와 그에 상응하는 맥락 사이에서 끊임없이 전환된다(예를 들어, Cypher 1986 참조). 맥락 전환은 좀처럼 쉽고 빠른 일이 아닌데, 시스템은 전환 과정을 좀 더 빠르고 쉽게 만들 수 있을 것이다.
- 활동은 상황적이며 물리적, 사회적 맥락에 따라 결정되기 때문에, 시스템은 실제 작업을 다양하고 폭넓게 지원해야 한다.
- 매개 인공물로서의 시스템은 사용자가 기술과의 상호작용보다 의미 있는 목표에 집중할 수 있도록 가능한 한 드러나지 않아야 한다.

이런 요구를 충족시키기 위해 UMEA 시스템은 (a) 높은 수준 업무인 프로젝트에 대한 사용자의 직접 지시 (b) 사용자 활동 모니터링 및 프로젝트 수행에 사용된 리소스 추적 (c) 프로젝트 작업 재개 시 사용하기 쉽도록 리소스의 자동 구성 및 업데이트가 가능하도록 설계됐다.

5.3.3 UMEA 시스템: 오버뷰

UMEA는 마이크로소프트 윈도우즈에서 구동되는 응용프로그램이다. 이 시스템은 전경모드(foreground mode)[7]나 배경모드[8]로 실행될 수 있다. 이 시스템은 전경모드에서 프로젝트 개요를 보여주며, 활성화된 프로젝트나 열린 프로젝트와 관련된 리소스(문서, 폴더, URL, 연락처)를 선택할 수 있다. 시스템이 배경모드에서 구동될 때는 웹페이지 열기, 파일 프린팅, 이메일 발송과 같은 이벤트를 수신한다. 시스템에 수신된 이벤트는 현재 활성화된 프로젝트에 태그된다. 이벤트가 해당 프로젝트에서 사용된 적 없는 리소스와 연결된 경우, 새 리소스가 프로젝트 리소스의 목록에 추가된다. 이때 리소스에 대한 링크가 추가될 뿐 리소스 자체는 변경되지 않는다. 따라서 동일한 리소스를 여러 개의 다른 프로젝트에서 사용할 수 있다.

시스템 보기는 최소화 개요, 최대화 개요, 프로젝트 창의 세 가지 방식으로 전환할 수 있다. 최소화 개요(그림 5.1)는 두 개의 수직 패널인 (a) 프로젝트 아이콘을 보여주는 프로젝트 패널, (b) 네 가지 유형의 프로젝트 리소스(문서, 폴더, URL, 연락처) 버튼을 보여주는 리소스 패널로 구성된다.

프로젝트 패널에서 프로젝트를 선택하면 해당 프로젝트와 관련된 리소스에 접속할 수 있다. 프로젝트를 선택한 경우, 리소스 메뉴 버튼 중 하나를 클릭하면 해당 프로젝트와 관련된 리소스 목록이 열린다(그림 5.2). 목록에서 항목을 선택하면 문서, 폴더, 웹페이지, 선택한 연락처로 전달될 새 이메일 메시지 등의 리소스가 열린다.

사용자는 수동으로 아이템을 추가하거나 삭제하여 리소스 목록을 편집할 수 있으며, 목록으로 표시되는 다양한 리소스 항목의 순위를 지정할 수도 있다. 항목은 순위에 따라 그룹으로 분류되며, 순위가 높은 그룹은 목록의 위쪽에 표시된다.

---

7 시스템이 실제 스크린을 통해 사용자와 대화하면서 처리되고 있는 상태 – 역자 주

8 시스템이 사용자와 직접 대화하지 않게 된 상태 – 역자 주

그림 5.1 UMEA 시스템의 최소화 개요 창

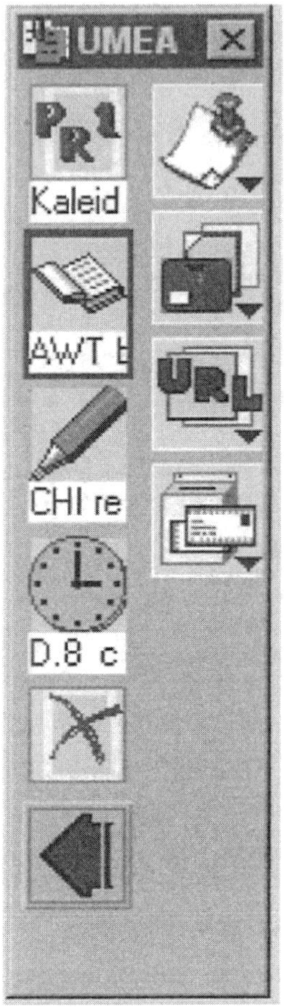

프로젝트 패널(왼쪽)은 프로젝트 아이콘과 "최대화" 버튼 (하단의 삼각형)을 포함한다. 리소스 패널(오른쪽)에는 문서, 폴더, URL, 연락처 목록을 열 수 있는 풀다운(펼침목록) 메뉴가 표시된다.

최대화 개요(그림 5.3)는 최소화 개요의 확장 버전이다. 프로젝트 패널과 리소스 패널 외에도 (a) 프로젝트 전체 목록 (b) PIM 툴과 활성 프로젝트의 히스토리를 보여주는 PIM/history 영역 (c) 제어 패널이 표시된다.

그림 5.2 UMEA: 최소화 개요 창의 폴더 목록이 포함된 팝업 메뉴

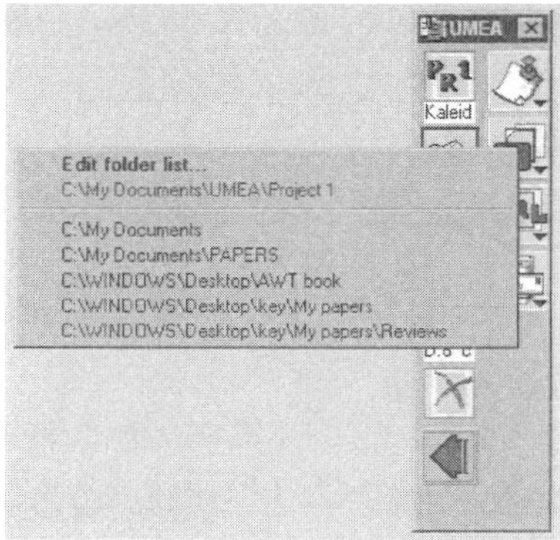

그림 5.3 UMEA: 최대화 개요 창

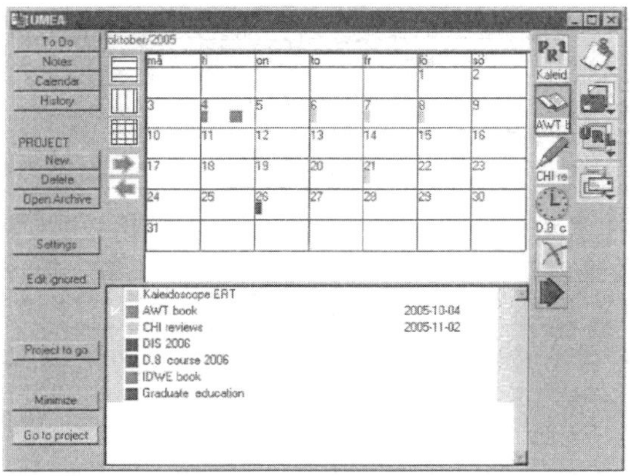

제어판(왼쪽), PIM/히스토리 영역(상단), 프로젝트 목록(하단) 및 리소스 목록(우측 위).

PIM 항목은 프로젝트에 링크되어 있다. 프로젝트 마감일과 같이 특정 날짜와 연동되어 있는 정보는 메모 형식(일별 보기) 또는 관련 프로젝트의 컬러 막대(월별 및 주별 보기)로 캘린더에 자동 표시된다.

히스토리(그림 5.4)는 오브젝트(문서나 폴더 등)와 동작(인쇄나 액세스 등)의 실행 시간이 표시된 이벤트를 기록하는 프로젝트별 상호작용 로그다. 히스토리는 사용자가 직접 편집할 수 있다. 예를 들어 사용자는 프로젝트의 상호작용 히스토리 중 일련의 이벤트를 선택해서 특정 시퀀스를 삭제하거나 다른 프로젝트에 재할당할 수 있다.

최대화 개요에서 사용자가 선택한 프로젝트의 창(그림 5.4)을 열 수 있다. 프로젝트 창은 최대화 개요와 유사해 보이지만 하나의 프로젝트와 관련된 정보만 표시된다. 프로젝트 창이 열리면 프로젝트 속성(이름, 색상, 아이콘, 마감일)을 편집하거나 프로젝트를 하위 범주로 세분화할 수 있다. 새 프로젝트를 생성하면 프로젝트 창이 자동으로 열린다. 프로젝트별 히스토리와 리소스 목록은 개요 창이나 프로젝트 창의 실행 여부와 관계없이 동일한 방식으로 지속적으로 업데이트된다.

그림 5.4 UMEA: 프로젝트 창

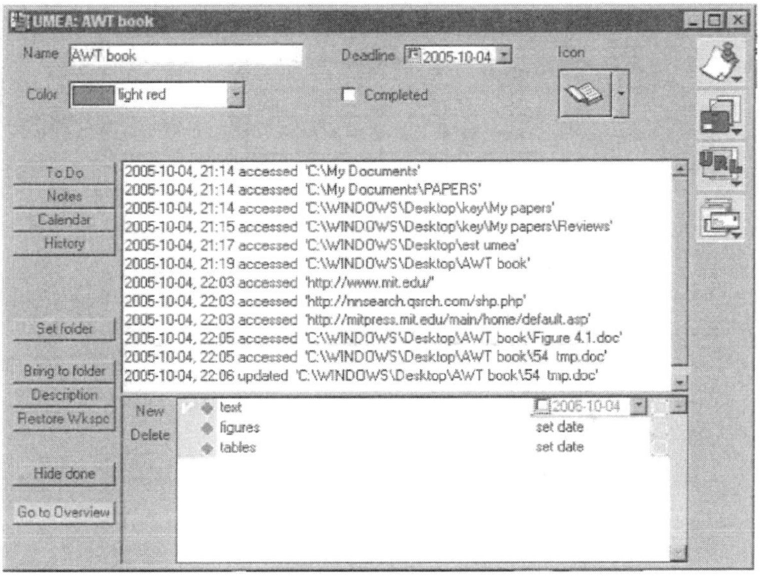

제어판(왼쪽), 프로젝트 세부 정보(상단), 히스토리(중앙)와 리소스 목록(우측 위)을 보여주는 PIM/히스토리 영역.

5.3.4 사용 시나리오

UMEA 시스템 사용에 관해 다음과 같은 시나리오를 상정할 수 있다. 먼저 UMEA를 실행해서 진행 중인 모든 프로젝트와 일정의 목록이 표시되도록 개요 창을 최대화한다. 작업할 프로젝트를 선택하기 위해 프로젝트 목록을 훑어보고 일정에서 마감일, 메모, 할 일 목록을 확인한다. 관련된 메모와 할 일 목록을 확인하기 위해 프로젝트명을 클릭하고 적절한 PIM 도구를 선택한다. 특정 프로젝트와 관련된 문서 목록을 열어 상태를 확인할 수 있으며, 선택한 프로젝트를 수행하기로 결정하면 바로 실행할 수 있다. 이전 프로젝트에서 사용된 문서, 폴더, URL, 연락처에 쉽게 접속할 수 있으며, 적절한 리소스 목록에서 해당 리소스를 선택하면 열 수 있다. 문서의 편집과 저장, 이메일 발송, 웹 검색을 하면, 새 파일명, 이메일 주소, URL이 프로젝트와 관련된 각각의 리소스 목록에 자동으로 추가된다. 메모와 할 일 목록을 작성하고 편집할 경우에도 해당 프로젝트에 자동으로 연결된다. 다른 프로젝트로 전환하려는 경우, 프로젝트 목록에서 해당 프로젝트명을 클릭하면 새로운 리소스 세트에 곧바로 접속된다.

기존 프로젝트 리소스에 접속하려면 기존 프로젝트 환경을 선택한다. 사용자가 기존 프로젝트에 재접속하면 시스템이 해당 프로젝트의 상호작용 히스토리를 계속 생성할 수 있게 되어 훨씬 더 정교한 프로젝트 맥락을 개발할 수 있게 된다.

만약 사용자가 프로젝트명을 잘못 선택해서 프로젝트 A의 상호작용 히스토리 일부가 실제로는 프로젝트 B와 연관된 것이었음을 알게 됐을 때, 해당 부분을 선택해서 프로젝트 B에 다시 할당하기만 하면 된다. 이렇게 지정된 일련의 이벤트는 프로젝트 A의 리소스 목록에서 삭제되고 프로젝트 B의 리소스 목록에 추가된다.

5.3.5 기대효과

UMEA 시스템의 기대효과는 다음과 같이 요약할 수 있다.

이 시스템은 문서, PIM 도구 및 커뮤니케이션 기능에 대한 통합적 접근을 가능하게 한다. 동일한 프로젝트 맥락에서 프로젝트별 업무 목록을 확인하고, 파일 및 웹페이지를 열고, 연락처에 있는 사람들에게 이메일 메시지를 보낼 수 있다.

이 시스템은 사용방법을 지시하지 않기 때문에 사용자는 시스템에 의해 제약받지 않고 자신이 원하는 방식으로 작업을 수행할 수 있다. 시스템에서 사용자의 작업 과정을 모니터링하고, 이러한 모니터링을 기반으로 프로젝트 맥락을 업데이트한다. 따라서 이 시스템은 광범위한 작업과 호환 가능하다.

새로운 프로젝트와 프로젝트명이 생성되는 즉시 시스템이 보유하고 있는 기능을 사용할 수 있다. 사용자가 아이콘 및 색상 선택, 기한 설정, 하위 과제 설정 등의 정보를 추가하면 프로젝트 관리의 새로운 가능성이 열린다. 시스템의 기능에 대해 많이 알수록, 그에 상응하는 더 많은 혜택을 누릴 수 있다.

SECTION 5.4 전망

UMEA 시스템에 대한 첫 번째 경험은 사용자가 진정으로 요구하는 높은 수준의 유의미한 목표를 둘러싼 다양한 정보를 낮은 오버헤드로 통합한다는 것이다. 이 시스템의 현재 버전은 적어도 일부 사용자에게는 실용적인 것으로 보인다. 시스템과 기본 접근 방식 모두에 상당한 개발 잠재력이 내포되어 있다.

좀 더 사용하기 쉬운 시스템이 되기 위해 해결되어야 할 최우선 과제는 리소스 목록의 정리, 즉 관련 없는 항목을 지속적으로 제거하려면 상대적으로 고된 노력이 필요하다는 점이다. 이런 문제를 방지하기 위해 일련의 경험적 접근법들이 개발되어 왔다.

"백그라운드" 리소스

웹에서 뉴스 확인하기 등 어떠한 프로젝트와도 관련이 없는 백그라운드 작업을 정기적으로 수행하는 경우, 실수로 뉴스의 웹사이트 주소 같은 관계없는 리소스가 여러 전경(foreground) 프로젝트에 추가될 수 있다. 이 문제의 해결책은 시스템에서 사용자의 프로젝트와 관련되지 않은 리소스로 인식하도록 백그라운드 리소스 목록을 설정하는 것이다.

리소스 순위의 자동 지정

상호작용 히스토리에는 프로젝트에서 사용되는 리소스의 상대적 중요도에 대한 수많은 단서들이 포함된다. 프로젝트 내 특정 문서가 연속된 버전으로 저장된다면 이 문서는 프로젝트에 필수적인 문서일 것이다. 반면 한 번만 열어보고 바로 닫아버린 문서가 있다면, 별로 중요하지 않은 문서이거나 실수로 열어본 것일 수도 있다. 시스템에서 순위를 지정하여 자동으로 리소스를 분류하는 경우, 가장 중요한 리소스에 대한 접근성을 높이기 위해 목록의 위쪽에 표시할 수 있다. 덜 중요한 리소스는 자동으로 목록 아래로 이동시키거나 숨길 수 있다.

프로젝트 맥락의 자동 전환

하나의 프로젝트에서 독점적으로 사용되거나 특정 프로젝트 내에서만 변경될 수 있는 리소스가 다수 있다. 이런 리소스는 자동 또는 수동으로 해당 프로젝트에 연결될 수 있다. 이렇게 연결되는 리소스는 사용자가 특정 프로젝트로 전환했음을 명시적으로 지시하지 않는 경우에도, 시스템에 의해 해당 프로젝트 작업이 진행 중임을 나타내는 지표로 사용될 수 있다. 예를 들어 사용자가 한 프로젝트 맥락에서 문서작업을 한 뒤 최신 버전의 문서를 다른 프로젝트에 저장하려고 할 때, 시스템에서는 실수로 프로젝트를 지시한 것으로 추론할 수 있다. 시스템은 자동으로 적합한 프로젝트로 전환하거나, 경고 메시지를 표시하여 사용자가 적절한 프로젝트를 선택하도록 할 수 있다.

이러한 경험적 접근법들은 이 시스템의 다음 버전에서 구현될 수 있을 것이다. 사용자들 간 개인차가 상당하기 때문에 이 방법은 부적절한 정보를 걸러내는 기준이나 프로젝트 간 전환 조건 등의 다양한 옵션을 선택할 수 있을 때 구현될 수 있다.

또한 이 시스템에 대한 초기 경험을 통해 상호작용 히스토리를 프로젝트 맥락으로 자동 전환하는 아이디어를 구현하는 데 장애가 되는 두 가지 문제를 확인했다. 첫 번째는 이메일 확인, 웹서핑, 안건이 많은 회의 참석과 같은 다목적 활동의 경우다. 한 주제에서 다른 주제로 계속 전환하는 것이 이러한 활동의 특징이다. 맥락을 바꿀 때마다 사용자가 일일이 지시해야 한다면 전체 활동이 더 혼란스러워질 수 있다. 이를 방지하려면 다목적 활동 세션이 끝날 때까지 특정 프로젝트 매핑을 연기하거나 회피해야 한다. 다목적 활동을 지원하는 가장 좋은 방법은 이메일 메시지나 웹페이지와 같은 콘텐츠의 자동 분석을 통해, 다목적 활동의 특정 조각이 다른 프로젝트에 어떻게 매핑될 수 있는지 사용자에게 제안하는 것이다.

두 번째 문제는 모니터링 가능한 활동의 범위가 제한적이라는 점이다. 실생활의 많은 작업과 프로젝트에서 동료와 대화하거나, 책꽂이에서 책을 꺼내거나, 화이트보드에 그림 그리기 같은 신체 활동은 매우 중요하다. 대부분의 컴퓨터 시스템에서는 실제 세계의 사용자 행동을 모니터링할 수 없기 때문에 상호작용 히스토리의 가치가 다소 손상된다. 그러나 전통적 의미의 인간-컴퓨터 상호작용 범위를 벗어난 다양한 활동을 모니터링할 수 있는 시스템이 증가하고 있다. 예를 들어 초기 Active Badge 시스템(Want and Hopper 1992)과 Kimura(MacIntyre et al. 2001; Voida et al. 2002) 같은 최신 시스템은 사용자의 실제 위치를 모니터링한다. Magic Touch 시스템(Pederson 2001)은 문서에 첨부된 태그를 읽어서 실제 작업 공간의 문서를 물리적으로 추적한다. RoamWare 시스템(Wiberg 2000)은 사용자 주변의 모바일 장치(예를 들어, PDA, 휴대폰, 랩톱 컴퓨터)를 감지하여 실제 회의의 상호작용 히스토리를 생성한다. 이 히스토리는 회의장 밖에 있는 동료들과의 커뮤니케이션을 촉진하고 지원하는 데 사용된다. '퍼스널 테크놀로지'(Sharples 2000)와 '사라지는 컴퓨터[9]'(Russel, Streitz, and Winograd 2005)라는 일반적 추세는 풍부한 상호작용 히스토리의 생성과 사용을 위한 기술적 가능성이 앞으로 더 확대될 것임을 시사한다.

이 장에서 기술한 UMEA 시스템의 버전은 높은 수준의 사용자 활동을 지원하기 위해 상호작용 히스토리의 사용 가능성을 탐색하는 첫 번째 단계다. 이 버전은 단일 컴퓨터의 사용자별 상호작용 히스토리를 활용한다. 발전과정상 다음 단계는 당연히 단체 및 집단 활동으로 접근을 확대하는 것이다. 미래의 작업을 위한 또 다른 방향은 다양한 기술과 접목된 프로젝트 맥락을 유지하면서 웹과 연결된 기술(PC, PDA, 기타 휴대장치 등)을 통해 작업을 지원함으로써 통합되고 일관된 작업 환경을 조성하는 것이다.

이러한 단계를 수행하려면 많은 과제를 해결해야 한다. 사용자 그룹 및 일련의 장치 사용으로 생성된 상호작용 히스토리에 기반을 둔 통합 프로젝트 맥락을 만들려면 기기 호환성과 같은 기술적 문제뿐만 아니라 프라이버시 보호, 목표 협상, 개별 사용자 간 업무 분장, 개인 목표와 집단 목표의 조율, 팀 내 히스토리 및 리소스 공유 같은 보다 일반적인 문제들이 야기된다. 이러한 과제들을 해결하려면 다양한 개념 도구가 필요할 것이다. 지금까지의 경험에 따르면 활동이론이 이러한 도구 중 하나일 수 있다. 이 이론은 설계의 관점을 사회적 맥락 속의 인간 활동에 둠으로써 전략 선택과 우선순위 설정에 유용한 지침을 제공한다.

---

9 미국의 IT 전문기자인 월터 모스버그의 칼럼에서 나온 말로 사용자가 의식하지 않는 컴퓨팅 환경을 의미한다. '앰비언트 컴퓨팅(ambient computing)'과도 일맥상통하는데, 이는 인간의 직관에 의해 작동하는 컴퓨터를 의미한다. 두 용어 모두 유비쿼터스 환경 확대로 인간과 컴퓨터 간 인터페이스가 사라지는 추세를 뜻하는 말로 사용되고 있다. – 역자 주

PART

02 활동이론에서의 몇 가지 이슈들

CHAPTER

06 객체란 무엇인가?

SECTION

6.1 서론

3장에서 활동이론의 객체 개념에 관해 다루었다. 이 장[10]에서는 객체 개념을 어떻게 확장시켜 활용할 수 있을지 이야기해 보고자 한다(Foot 2002a, b 참조). 활동 객체라는 개념은 그 정의부터 난해하다. 레온티프는 활동 객체를 다음과 같이 정의하였다.

> 활동의 구성적 특징은 기본적으로 그 객체성[또는 객체지향성]에 있다. 활동의 개념에는 이미 객체[Gegenstand]의 의미가 암묵적으로 함축되어 있다. '객체 없는 활동'이라는 표현에는 아무런 의미가 없다. 활동에 객체가 없는 듯 보일 수도 있지만 활동을 과학적으로 탐구하려면 반드시 객체를 찾아야 한다. 활동의 객체에는 다음과 같은 이중성이 있다. 첫째, 자기 자신에게 종속된 독립적 존재로서 주체의 활동을 변화시킨다. 둘째, 객체의 이미지, 즉 주체의 활동을 통해서만 실현되는 심리적 성찰의 산물이다(Leontiev 1978).

---

10 이 장은 국제적인 저널인 〈정신, 문화 그리고 활동〉에 발표된 이전의 논문을 바탕으로 한다(Kaptelinin 2005).

활동이론에서 활동 객체라는 개념은 매우 중요하다. 활동이론에서 주체와 객체는 서로 분리된 현상이 아니며, 활동 객체는 이들을 매개하는 중요한 연결 고리다. 활동 객체는 객관 세계에 대한 정신의 투영이자 정신에 대한 세계의 투영이라는 이중적 지위를 갖는다. 활동 객체에 대해 설명한다는 것은 주관적인 현상을 객관적인 세계로 사물화하고 맥락 짓는다는 것을 의미한다. 활동 객체에 관해 이해하기 위해서는 정신과 세계에 대해 기존과는 다른 접근이 필요하다. 정신은 정신적 과정의 집합체가 아니다. 그것은 항상 편향되어 있고, 의미와 가치를 갈구하고, 고통받거나 기뻐하며, 좌절하거나 희망하고, 살아있으며, 실존한다. 한편, 세계는 신체나 조직 등의 집합체가 아니다. 세계는 편안하거나 위험한, 또는 제재적이거나 허용적인, 그리고 아름답거나 추악한 의미와 가치로 가득 차 있는 공간이다.

본 연구에서 활동 객체의 개념을 살펴보는 것은 그것이 사람들이 무슨 일을 하는지, 왜 그 일을 하는지를 이해할 수 있는 분석 도구이기 때문이다. 활동의 객체는 개인, 그룹 또는 조직의 다양한 행동 뒤에 숨어 있는 궁극적인 이유다. 즉, 활동의 객체는 의미 구성자로서, 다양한 실체와 현상의 가치를 결정하고 의미를 부여한다. 따라서 활동 객체의 개념과 그 발전과정을 알아봄으로써 파편화되어 있는 흔적을 보다 깊이 체계적으로 이해할 수 있을 것이다.

그와 동시에 활동 객체의 개념에 문제가 없지 않다는 것이 점차 확실해지고 있다. 개념 사용의 오해를 피하려면 개념의 구체적인 의미를 명확하게 이해하는 것이 중요하다. 이 장에서는 레온티프가 어떻게 활동 객체 개념을 도입했는지 알아보고, 활동 객체를 바라보는 서로 다른 두 접근법에 대해 논의해 보고자 한다. 활동 객체 개념과 동기 개념을 분리함으로써, 하나의 활동 객체가 여러 개의 동기를 갖는 현상 및 활동 객체의 발달 과정을 좀 더 잘 이해할 수 있을 것이다. 다음 장에서는 생명공학 회사 사례를 통해 객체와 동기의 구분이 지식경영체제의 업무처리 과정을 설명하는 데 어떻게 도움이 되는지 보여주고자 한다.

SECTION
6.2 어원에 대한 해석: OBJEKT 대 PREDMET

활동이론은 독일 철학에 뿌리를 둔 20세기 러시아 심리학에서 유래했다. 그로 인해, 활동이론 초기의 주요 개념들은 독일어와 직접적으로 대응되는 러시아어로 표현됐다. '활동' 개념도 여기에 해당되는데, 이는 독일어의 Aktivität보다는 Tätigkeit에 대응한다(Leontiev 1978).

두 낱말 사이에는 중요한 차이가 있다. 협의의 활동은 목표 지향적인 사회적 과정을 의미하며, 광의의 활동은 역동성, 에너지, 권력과 관련된 개념으로 결과를 산출하는 과정 전체를 의미한다. 둘의 차이를 나타내는 Tätigkeit과 Aktivität은 각각 러시아어 dejatelnost와 aktivnost로 번역된다. 영어에서는 두 의미를 'activity(활동)'로 표현할 수밖에 없어 그 차이가 실종되고 만다.

레온티프의 러시아어 표현을 번역한 활동의 객체에도 이와 유사한 문제가 있다. 러시아어의 objekt와 predmet은 일반적으로 둘 다 object로 번역된다. 레온티프의 활동 객체에서 객체에 해당하는 러시아어는 predmet이다. 러시아어에서 objekt와 predmet은 의미상 매우 유사하며 다양한 문맥에서 호환이 가능하지만, 둘 사이에는 러시아 원어민들조차 이해하기 힘든 미묘한 차이가 있다. objekt는 정신과 분리되어 독립적으로 존재하는 사물을 주로 의미하는 반면, predmet은 종종 사고나 행위의 목표 또는 내용을 의미한다(Ozhegov 1982). 레온티프는 이 차이가 중요하다는 점을 강조했다(Stetsenko 1995 참조). 레온티프가 도입한 활동 객체의 개념을 살펴보면 그 이유가 잘 드러난다.

3장에서 설명했듯이, 레온티프는 초판이 1959년에 출판된 〈정신 발달의 문제(The Problems of the Development of Mind)〉(Leontiev 1981)와 1968년에 출판된 〈활동, 의식 및 인격(Activity, Consciousness, and Personality)〉(Leontiev 1978)에서 활동이론의 개념을 발전시켰다. 첫 번째 책에서는 생물학적 진화 초기에 출현한 가장 기초적인 형태의 정신에서 발달된 형태인 의식에 이르기까지 인간의 정신에 대한 역사적 설명을 제시하고자 했다. 이 프로젝트를 수행하기 위해 활동 개념을 도입했고, 활동 객체에 대해 정의했다. 당시 그는 러시아어 objekt를 사용했으며, 그 의미에 대해 조심스럽게 서술했다.

> 따라서 나는 객체의 의미를 제한할 것이다. 일반적으로 이 개념은 두 가지 의미를 갖는다. 넓게는 여타의 사물들과 연관되어 있는 사물, 즉 '실체로서의 사물'을 의미한다. 좀 더 좁은 의미에서 이것은 반대하는 것(독일어 Gegenstandt), 저항하는 것(라틴어 objectum), 행위가 지향하는 것(러시아어 predmet), 즉 생명체의 활동 객체로서(식사의 객체, 노동의 객체, 사색의 객체 등 내적 또는 외적 활동을 통틀어) 그와 어떤 식으로든 연관되어 있는 것이다. 지금부터 객체라는 용어는 이처럼 협의의 특수한 의미로 사용될 것이다(Leontiev 1981, 원문에서 강조).

이런 개념과 아이디어는 〈활동, 의식 및 인격〉(1978)에서 보다 체계화됐다. 여기서 레온티프는 objekt와 predmet을 모두 사용했으며, 각각의 의미에 해당하는 개념을 조심스럽게 선택했다. objekt와 predmet 모두 레온티프 이론의 개념과 원리를 형성하는 데 중요한 역할을 했다. objekt는 일반적으로 객관적이고 물질적인 실체, 즉 실제로 존재하는 사물을 나타내며, 활동을 주체와 객체의 상호전환 과정으로 정의함에 따라 활동을 구성하는 두 기둥(주체-객체) 가운데 한쪽인 *객체*를 의미한다(Leontiev 1978). predmet은 활동의 객체 지향성을 나타내기 위해 사용되었다. 레온티프는 활동을 *객체 지향적* 활동(predmetnaja dejatelnost)이라고 반복적으로 언급했으며, 이를 통해 활동 객체(predmet)의 역할이 결정적임을 강조했다.

레온티프는 활동 객체를 비롯한 주요 개념의 정의에 objekt와 predmet을 의도적으로 구분해서 사용했다. 영어에서는 predmet과 objekt를 모두 'object 객체'로 번역할 수밖에 없기 때문에 그 중요한 차이를 구체적인 용어로 나타내기는 어렵다. 따라서 구체적인 설명 없이 용어만으로 objeck와 predmet을 구분하기는 거의 불가능해 보일 수 있다. 하지만 특정한 경우에는 objekt와 predmet의 본래 의미를 재구성할 수 있다. 레온티프의 저서를 읽을 때 아래와 같은 지침을 참조하면 object의 의미를 식별할 수 있다.

- 일차적으로 문맥을 고려해야 한다. 구체적, 사회적, 유의미한, 통합적인 특성에 대해 특별히 강조하는 경우, 객체가 predmet의 의미를 가질 가능성이 높다. 지나친 단순화의 위험이 있지만, objekt가 보다 객관적인 반면 predmet은 주관적이라고 할 수 있다.
- '활동의 객체'라는 표현 및 그와 유사한 문맥에서, 객체는 predmet을 의미한다.
- '주체-객체'의 구분 및 그와 관련해서 사용될 때, 객체는 objekt를 의미한다.

predmet의 의미를 담을 용어가 없기 때문에 레온티프 저서의 영역본을 보는 경우 해석 과정에 문제가 생길 수 있다. 하지만, 위와 같은 간단한 지침을 염두에 둔다면 비교적 쉽게 해결할 수 있을 것이다.

SECTION 6.3 개념의 차이 탐색: 위계와 삼각시스템

앞에서 레온티프(1978, 1981)와 엥게스트롬(1987, 1990, 1999a, b)의 활동-이론적 접근법에 대해 논의했다. 이 두 접근법은 활동 객체에 대해 서로 다른 견해를 제시하는데, 그 차이점은 종종 무시되기 일쑤다. 둘의 차이를 이해함으로써 개념의 혼란을 피할 수 있으며, 동일한 개념이라도 맥락에 따라 의미가 달라질 수 있음을 알게 된다. 이런 차이를 명시적으로 확인함으로써 존재하는 모순이 명확해지고 개념적 발전을 이룰 수 있다.

레온티프에게 있어, 활동 객체는 주로 개인의 활동 객체인 진정한 동기(1978)를 의미했다. 레온티프는 분석의 초점을 개인에게 두었는데, 이는 그가 심리학적 관점에서 접근했다는 사실에 기인한다. 레온티프는 심리학의 맥락에 활동이라는 범주를 도입했다.

> 심리학은 개방된 상황의 군중 속에서, 혹은 물레나 책상 앞 등 주위 세계와 직접 대면한 가운데 일어나는 개인의 실제 활동과 관련된다. 인간의 활동은 어떤 조건에서 어떤 형태로 일어나든, 어떤 구조를 가정하든 간에 사회적 관계나 사회적 삶으로부터 동떨어져 고립된 것으로 간주돼서는 안 된다(Leontiev 1978).

이와 같이 레온티프는 집단적으로 수행되지 않아도 모든 활동은 사회적이라고 간주했다. 예를 들어, 혼자 일하는 경우에도 그 일은 사회문화적인 경험, 도구, 가치에 따라 결정된다. 활동의 형태는 개인 활동과 집단 활동으로 구분될 수 있지만, 활동 자체는 이와 같이 언제나 사회적이다. 활동 주체와 관련해서, 레온티프는 거의 전적으로 개인 활동에 중점을 두었다. 자신의 개념을 초개인적 차원의 분석으로 확장시킬 수 있음을 분명히 하긴 했으나, 활동 수준 등의 개념 자체는 개인의 활동을 설명하기 위해 개발된 것이었다.

엥게스트롬(1987, 1990)은 분석 단위를 개인의 활동보다는 집단 활동 시스템으로 상정하였다(상세한 내용은 4장 참조). 활동의 객체는 공동체에 의해 정의되며, 집단 활동을 총체적으로 수행하는 것은 공동체다. 따라서 활동시스템 모델에 '주체(subject)'가 구성요소로 포함되어 있기는 하지만 실질적인 주체는 공동체인 것으로 보인다. 레온티프와 엥게스트롬의 접근 방식에는 공통점이 많다. 두 접근법 모두 활동을 주체와 객체 간의 관계로, 모든 활동은 사회적인 것으로 간주한다. 또한 두 접근법 모두 문화, 발달 그리고 매개의 중요성을 강조한다. 그와 동시에 두 접근법에는 상당한 차이도 있는데, 특히 활동 객체에 대한 해석에서 차이가 두드러진다(표 6.1 참조).

표 6.1 활동의 객체에 대한 두 가지 시각

	레온티프	엥게스트롬
활동의 형태	개인 활동과 집단 활동	집단 활동
객체의 소유자	개인 (집단적 객체 소유자 포함)	공동체
관련 현상	동기부여, 욕구 (활동의 진정한 동기)	산출물(생산품, 제품)
관련 학문	심리학	조직 이론

레온티프의 경우, 활동 객체(*predmet*)는 개인이 집단적으로 또는 개별적으로 수행하는 활동의 객체이며, 동기부여와 관련된다. 엥게스트롬의 경우, 주체-객체로 구별되는 객체, 즉 *objekt*인 객체는 *집단* 활동의 대상이다. 객체는 활동이 지향하는 대상이며, 변화되어 결과물로 전환되는 사물 또는 문제 공간으로 정의된다(활동이론 및 일 발달 연구 센터(Center for Activity Theory and Developmental Work Research), n.d.). 객체 개념은 인간의 욕구나 동기와의 관계에서도 언급되지만, 주로 산출물과 관련된다.

분명한 것은 활동 객체에 대한 의미의 차이는 각 접근법의 목적에 따라 결정된다는 점이다. 레온티프는 심리학적 개념으로 활동 객체를 도입했지만, 엥게스트롬에게 활동 객체는 조직 혁신 연구의 분석 도구다. 레온티프와 엥게스트롬의 접근법은 활동이론의 상호 보완적 버전으로서, 실제 문제와 연구 문제를 다루는 데 적합하도록 각각의 영역에 맞게 맞춤 설계되어 있다. 두 접근법이 다루는 영역은 서로 다르며 다양한 유형의 연구 및 실제 과제 해결에 효과적으로 활용될 수 있을 것이다.

SECTION 6.4 개념의 수정: 객체와 동기

이하 내용에서는 레온티프 개념 체계 내에서의 불일치와 모순으로 인해 야기된 활동 객체 개념의 문제점에 대해 논의하고, 이를 해결하기 위해 활동 객체 개념을 어떻게 수정할 것인지 제안하고자 한다. 이와 같은 수정작업은 활동이론의 기본 원칙에 위배되지 않는다. 활동이론은 계속 진화 중인 이론이며, 새로운 개념이 도입되는 동안 어떤 개념들이 수정되거나 폐기되는 것은 불가피한 일이다.

레온티프는 활동 객체를 다음과 같이 정의했다.

> 활동의 객체는 활동의 진정한 동기다. 동기는 물질적인 것 혹은 관념적인 것, 즉 지각할 수 있는 존재이거나 상상 혹은 사고할 수 있는 존재로 이해할 수 있다(Leontiev 1978).

이 정의로부터 이미 의문이 생긴다. 활동의 객체가 진정한 동기라면, 활동 객체와 동기는 동일한 것을 의미한다. 동기와 동일한 의미를 갖는 레온티프의 두 번째 동기 개념의 필요성이 불분명해진다. 두 번째 개념의 목적은 진정한 동기와 진정성 없는 동기를 구별하는 것일까? 하지만 진정성 없는 동기에 대한 정의는 제시되지 않았다.

두 번째 문제는 동기가 활동을 이끈다는 견해에 일관성이 없다는 점이다. 〈활동, 의식 및 인격〉에서 레온티프는 두 가지 다른 견해를 제시한다. 먼저, 그는 동기가 활동을 지시한다고 주장하는 듯하다. "어떤 활동을 다른 활동과 구별하는 핵심은 ... 활동 객체의 차이이다. 정확하게 말하면, 활동에 결정적인 방향을 제시하는 것은 활동 객체다"(Leontiev 1978). 그런데 바로 다음 페이지에서 동기의 지시 기능에 의문을 제기한다. "동기에는 흔히 자극이라고 하는 흥미유발 기능이 있다. 지시 기능은 이와는 다른 문제다. 활동을 실현시키는 행위는 동기에 의해 유발되지만 목적을 지향한다"(Leontiev 1978). 따라서 동기가 활동을 이끄는지에 대한 질문은 여전히 열려 있다. 이 절의 뒷부분에서 다시 이 질문으로 돌아갈 것이다.

복수의 동기를 갖는 활동에서는 현상적으로 특별한 문제가 나타난다. 레온티프는 한 가지 활동에 여러 개의 동기가 동시에 작용할 수 있음을 분명히 밝혔다. 활동에는 반드시 복수의 동기가 작용한다. 즉, 둘 이상의 동기가 동시에 대응한다(Leontiev 1978). 그러나 이 생각은 레온티프가 수행한 활동의 욕구, 동기, 활동 객체의 근본적인 분석에 실질적인 영향을 미치지 못했다. 그의 분석은 활동, 욕구, 동기, 객체 간에 1 : 1 : 1 : 1 대응이 있다는 암묵적 가정에 기초한 것으로 보인다. 레온티프는 필요가 객체를 충족시킨 결과 동기가 실현된다는 점을 지적하거나 동기 없는 활동은 없다는 점을 강조하는 내내 복수의 동기를 갖는 활동 사례에 대해서는 언급하지 않았다.

하나의 활동에 여러 개의 동기가 있다는 점을 인정하는 것만으로 분석 범위를 복수동기 활동으로 확장할 수 없음은 분명하다. 이와 관련하여 많은 문제가 제기된다. 여러 개의 동기는 하나의 활동에서 어떻게 실현되는가? 활동을 구성하는 여러 개의 욕구는 그에 해당하는 객체를 각각 충족시켜야 하는가? 이로 인해 활동에는 별개의 새로운 동기가 추가되는가? 동기가 모두 개별적이라면, 왜 일련의 동기가 다양한 활동이 아닌 한 가지 활동으로 수렴되는가? 이런 질문에 답하기 위해 해결해야 할 주된 문제는 서로 다른 동기 사이의 갈등 해소와 관련된 근본적인 메커니즘을 이해하는 것이다.

레온티프에 따르면 활동에는 두 가지 유형의 동기가 있을 수 있다. 활동에 의미를 부여하는 감각 형성 동기와 부가적 동기를 부여하면서 활동의 의미는 변경시키지 않는 자극 동기가 있다. 예를 들어, 사람들은 이동수단에 더해 브랜드명에 끌려 자동차를 살 수 있다. 자극 동기는 때로 활동의 보편적인 의미와 상충하는 다양한 행동과 정서적 반응을 이끌기도 하지만, 감각 형성 동기의 중요성에 비하면 부차적이다. 따라서 둘이 상충하는 경우, 일반적으로 감각 형성 동기가 자극 동기에 우선한다. 레온티프는 다양한 동기의 상대적 중요도를 결정하는 동기의 위계를 보다 일반적인 갈등 해소 메커니즘으로 제안한다. 여러 동기가 상충하는 상황에서 동기의 위계를 이용해서 동기 사이의 중요도를 결정할 수 있다고 본 것이다.

한편 레온티프의 개념으로 복수동기 활동을 충분히 설명하기 어렵다. 이 개념으로는 순간적 국면과 장기적 국면에 걸친 활동의 역동적 발달에 대해 설명하거나 예측하기가 어렵다. 이 개념에 따르면 감각 형성 동기나 보다 높은 단계에 있는 중요한 동기가 활동 과정을 결정하며, 활동 내내 활동 객체는 변하지 않는 것으로 상정한다. 그러나 근본적인 동기가 중요하다고 해서 그것이 일상의 선택을 결정하는 유일한 요인이 아니라는 근거들은 충분하다. 예컨대, 덜 중요한 일이 매우 긴급할 때 더 중요한 일은 연기될 수 있다. 감수할 만하다고 생각되면 덜 중요하면서 위험하기까지 한 동기를 선택하고 기꺼이 위험을 감수하는 사람들이 있다. 또한 활동의 기본 동기는 변하지 않는 상태에서 활동 객체가 장기간에 걸쳐 발달하는 변화를 겪을 수도 있다(Miettinen 2002; Hyysalo 2005 참조).

이 분석의 주요 결론은 다음과 같이 요약할 수 있다. 첫째, 활동 객체 개념은 동기 개념과 의미가 중복되어 나타난다. 둘째, 동기(결과적으로 활동의 객체)가 활동을 이끄는 것인지 아니면 그저 활동을 자극하는 것인지에 관한 레온티프의 진술에 일관성이 없다. 셋째, 레온티프의 욕구, 활동, 동기, 객체 개념은 복수의 동기가 부여된 활동에는 적용하기 어렵다.

이런 문제를 해결할 방법은 활동 객체의 정의를 진정한 동기로 수정하고 동기를 활동 객체 개념에서 분리하는 것이다. 이 아이디어는 아래 그림과 같이 나타낼 수 있다. 그림 6.1은 한 가지 활동에 각각 한 가지 욕구, 동기, 객체가 대응한다는 활동, 욕구, 동기, 객체의 1 : 1 : 1 : 1 관계를 보여준다(모델 A). 이 관계는 레온티프의 대다수 분석에서 암묵적으로 가정된 것으로 보인다. 서로 충돌할 수 있는 욕구가 여럿일 때, 그에 상응하는 잠재적인 활동 또한 여럿이 존재하지만 그중 오직 하나의 활동만 실행될 수 있다.

그림 6.1 모델 A. 1:1:1

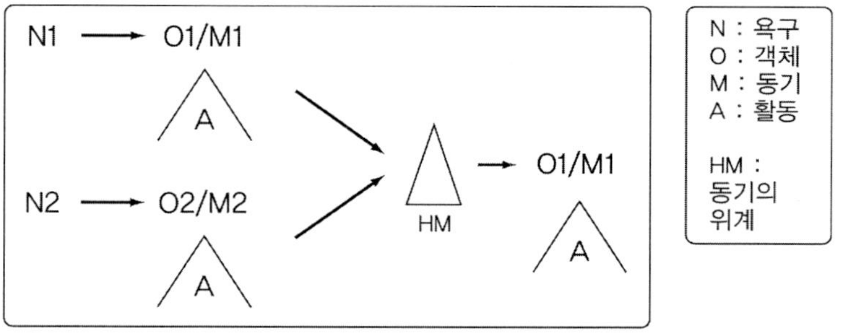

1 동기–1 객체–1 활동

실행될 활동은 동기의 위계 내 경쟁력에 따라 선택된다. 순위가 가장 높은 동기가 다른 동기를 압도하며, 그 동기/객체를 지향하는 활동이 이뤄진다.

모델 A의 한계는 동시에 여러 개의 동기를 갖는 활동에 대해 설명하지 못한다는 것이다. 레온티프(1978)와 여타 활동이론가들(Bratus 1999 등)은 활동이 복수의 동기를 가질 수 있는 가능성에 대해 언급하기만 했을 뿐 그에 대해 설명하지 않았다.

그림 6.2의 모델 B는 복수동기 활동에서 욕구, 동기, 객체, 활동의 관계에 대한 레온티프의 아이디어를 표현한 것이다. 이 모델은 욕구, 객체, 동기가 일대일 대응을 유지한다는 점에서 모델 A와 유사하다. 그러나 모델 B는 하나의 욕구, 하나의 동기, 하나의 객체로 구성된 여러 세트가 하나의 활동으로 수렴될 수 있다고 가정한다.

레온티프의 저작에서는 복수동기 활동의 갈등 해소에 대한 개략적인 근거만 제시하고 있어 모델의 설득력이 떨어진다. 즉, 여러 개의 경쟁적 동기와 그에 해당하는 객체 사이의 충돌을 해결할 방법이 불분명하다. 한 가지 가능한 방법은 동기의 위계를 갈등 해결 장치로 사용하는 것이다.

그러나 앞서 언급했듯, 위계로는 하나의 활동에서 우선순위가 결정되는 국면의 순간적 역동성을 설명하지 못한다. 동기 위계의 또 다른 문제점은 선택과정에서 다른 동기가 완전히 거부되는 동안 오직 한 가지 동기만 수정되지 않은 채 살아남을 수 있다는 것이다. 하지만 여러 동기를 가진 활동은 한 가지 동기가 아니라 유효한 동기를 모두 종합해서 구성될 것이다. 따라서 모델 B의 주된 문제점은 욕구, 동기, 객체가 하나의 활동으로 통합되는 것에 대한 설명이 충분치 못하다는 것이다.

그림 6.2 **모델 B. N:N:I**

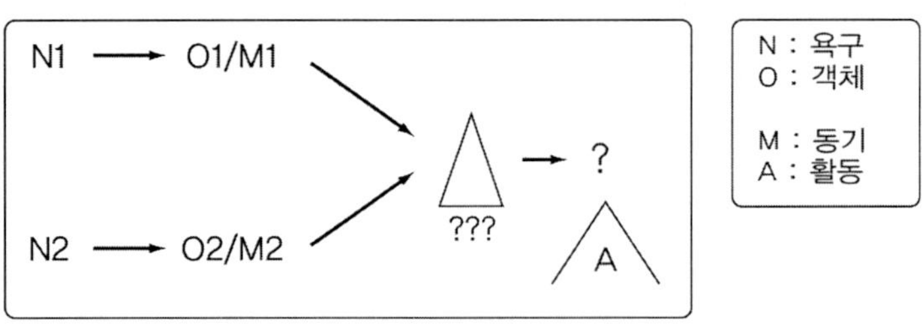

다 동기–다 객체–1 활동

러시아 심리학자 드미트리 레온티프(Dmitry Leontiev 1993)[11]도 복수동기를 제대로 설명하려면 레온티프 개념이 수정되어야 한다고 주장했다. 그는 동시에 복수의 동기를 갖는 레온티프의 활동 개념을 폐기하자고 제안했다. 대신, 레온티프는 (a) 활동과 동기의 일대일 대응, (b) 욕구와 동기의 다대일 대응 모델을 제안했다. 즉, 각 활동마다 동기는 하나이며, 다양한 욕구가 이 동기를 공유할 수 있다.

레온티프의 '다양한 욕구, 하나의 동기' 개념은 다양한 필요가 활동을 하나로 결정하는 방식에 일관성을 부여한다. 이 개념은 욕구와 동기의 관계를 중시하며, 인간과 세계의 총체적인 상호작용 시스템 안에서 작동하는 동기의 맥락화 방식에 대해 분석할 것을 요구한다. 그러나 이 모델에도 일정한 한계가 있다. 첫째, 활동 객체에 대한 설명이 없다. 즉, 활동의 객체를 별도의 구성요소로 다루지 않는다. 둘째, '하나의 활동, 하나의 동기'라는 개념은 레온티프가 제안한 감각 형성 동기와 자극 동기의 구분을 무시한다. 셋째, 이 개념은 욕구가 바뀌지 않더라도 활동 객체는 시간이 지남에 따라 변할 수 있음을 시사하는 근거와 양립할 수 없다(Hyysalo 2005).

따라서 이런 방식으로는 레온티프의 복수동기 활동 개념을 폐기시킬 수 없으며, 그에 대한 대안으로 동기와 활동 객체 개념을 분리할 수 있다. 두 개념을 분리함으로써, 욕구가 상충할 경우 각각의 욕구는 각각 다른 활동(모델 A로 설명할 수 있는)에 대응되거나 동일한 활동의 각각 다른 측면에 대응될 수 있음이 나타난다. 이것은 그림 6.3의 모델 C로 설명할 수 있다.

그림 6.3 모델 C. N:1:1

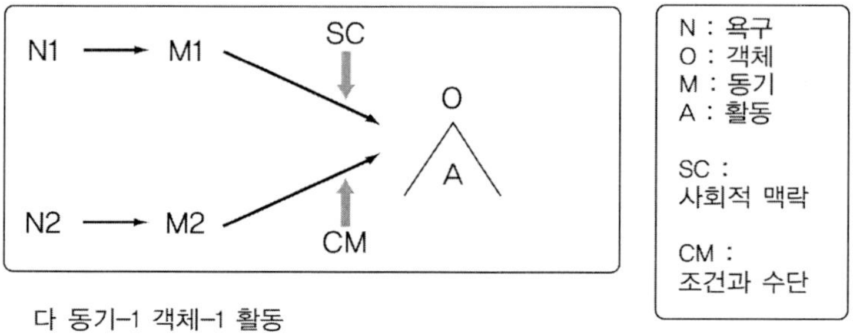

다 동기-1 객체-1 활동

11 Aleksey Leontiev의 손자.

이 모델은 특정한 사회적 맥락(특정한 상황에서 특정한 수단을 보유하는)에서 두 가지 욕구(N1과 N2)를 동시에 충족시키려는 개인의 시도를 나타낸다. 이 경우 개인은 두 가지 동기 M1과 M2를 동시에 달성하려고 시도한다. 두 가지 동기를 동시에 추구할 수 없는 경우, 활동은 활동의 객체가 정의될 때까지 방향을 갖지 못한다. 이때 객체는 어떤 유효한 동기와도 다르며, 개인이 자신의 활동에서 달성하고자 하는 모든 동기에 의해 공동으로 규정된다.

모델 C를 설명하기 위해 식량 획득과 자기 보존의 필요로 형성된 사냥꾼의 활동 사례를 살펴보자. 활동의 동기는 사냥한 동물의 고기를 식량으로 확보하는 것과 동물과 마주쳐서 생존하는 것이다. 두 가지 동기가 충분히 강한 경우, 즉 식량 섭취는 생존 문제지만 식량이 될 먹잇감이 매우 위험하기 때문에 사냥꾼은 혼란스러워지고 망설이게 된다. 두 가지 동기 중 하나가 지배적일 수 있으며, 사냥꾼은 도망감으로써 굶어죽을 위험에 처하거나 그 동물을 공격함으로써 죽음에 직면할 수 있다. 그러나 사냥꾼의 활동은 두 가지 동기를 모두 충족시킬 수 있게 해주는, 원하는 결과를 지향하게 될 가능성이 더 크다. 예를 들어, 사냥꾼은 동물이 지쳐서 위험하지 않게 될 때까지 동물을 쫓기로 결정할 수 있다. 그런 경우 식량 확보와 자기 보존의 동기 모두 사냥꾼에게 영향을 미친다. 사냥 활동의 객체는 동물을 쫓아서 지치게 한 뒤 죽이는 것으로, 활동에 구조와 방향을 제시한다.

모델 C에는 모델 A, B와 구별되는 몇 가지 뚜렷한 특징이 있다. (a) 동기가 몇 가지이든 활동 객체는 하나다. (b) 활동 객체는 모든 유효한 동기에 의해 공동으로 규정된다. (c) 활동 객체는 동기를 부여하고 활동을 이끈다.

이런 특징을 활용하면 레온티프가 활동 객체를 동기로 정의해서 생기는 문제를 해결할 수 있다. 첫째, 동기와 활동의 객체를 구별하면 개념의 중복 문제가 사라진다. 둘째, 활동을 자극하고 지시하는 기능을 동기(자극), 객체(자극과 지시), 목표(지시)에 분산시키면 동기의 지시 기능을 재구성하고 논리적 일관성을 획득할 수 있다. 셋째, 이 모델은 복수동기 활동을 다룰 수단을 제공한다.

SECTION 6.5 결론: 활동 객체의 디자인

마지막 결론은, 활동의 객체는 다양한 제약조건에 따라 역동적으로 구성된다는 것이다. 이러한 제약조건에는 해당 활동이 충족시키려 애쓰는 욕구, 이용 가능한 수단, 잠재적 관련성을 갖는 여타 활동, 그리고 자신의 고유한 동기와 객체를 가진 채 관련되어 있는 여타 행위자들이 있다. 예를 들어, 특정한 욕구의 중요성이 증가하거나 새로운 수단의 사용이 가능해진다면, 새로운 조건을 충족시킬 수 있도록 활동 객체를 다시 정의해야 할 것이다(Hyysalo 2005 참조).

이 점을 염두에 두면, 활동 객체를 구성하고 재구성하는 과정이 특별한 유형의 설계일 수 있음을 알게 된다. 모든 설계가 그렇듯, 그 결과물이 훌륭한 제품의 자격을 갖추려면 특정한 기준이 충족되어야 한다. 고품질 활동 객체의 예비 기준은 다음과 같다. (a) 균형: 효과적인 동기들이 적절히 충족되어야 한다. 동기가 조직적으로 무시되면 활동이 실패할 수 있다. (b) 영감: 활동 객체는 합리적 실현 가능성이 있어야 하며 매력적이고 활기 넘쳐야 한다. (c) 안정성: 객체가 너무 자주 변경되면 활동이 혼란스러워질 수 있다. (d) 유연성: 동기나 사용 가능한 수단 등의 요소가 변할 때, 활동 객체가 낡고 무용해지지 않도록 재정의되어야 한다.

CHAPTER

07 욕망의 객체

SECTION

7.1 서론

이 장[12]에서는 제약회사 연구사례를 통해 객체 개념의 확장에 대해 모색하고자 한다. 이를 위해 협력 상황에서의 객체 형성에 주목하여 여러 행위자들 사이에서 일어나는 다양한 동기의 상호작용 양상을 살펴보았다. 이 장에는 세 가지 목표가 있다. 첫째, 6장에서 다루었던 동기와 객체를 구별할 필요성에 대해 논의하고자 한다. 둘째, 객체의 *상정*과 *실행*의 차이에 대해 논의하고자 한다. 셋째, 객체에 스며든 권력과 열정에 관해 이야기하고자 한다. 여기서 권력이란, '사회적 관계에서 한 행위자가 다른 행위자의 저항에도 불구하고 자신의 의사를 관철시킬 수 있는 가능성'(Weber 1947)이라는 베버(Weber)의 정의에 따른다. 열정이란, 사전적 정의에 따라 열렬한 애정부터 강한 신념까지 목표를 향한 정서적 애착을 의미한다. 여기서는 객체가 행위자들의 열정과 권력 관계를 통해 *상정*되고 *실행*되며 서로 *연결*되어 있음을 밝히고자 한다.

이 장에서는 제약회사 내 생명공학 연구부서에서 나타나는 격렬한 욕망의 객체들 사이의 상호작용을 살펴보고자 한다. 이 연구가 객체에 주안점을 두는 것은

12 이 장은 이전에 출판된 〈Mind, Culture, and Activity: An International Journal〉(Nardi 2005)에 기초하고 있다.

활동의 *how*뿐만 아니라 활동의 *why*를 이해하는 데 있어서 중요하기 때문이다.

활동의 *why*에 대한 관심은 다음 두 가지 이유에서 비롯되었다. 첫째, 연구 활동에 참여한 이들은 자신의 활동에 대해 이야기할 때 정서적 용어를 사용하거나 권력에 관한 이슈를 포함시키곤 했다. 그 논의에는 일이 진행되는 실제적 범위를 넘어선 기쁨, 슬픔, 분노, 공포, 만족, 불만 등 폭넓은 인간의 정서가 포함된다. 둘째, 권력과 열정에 대한 관심은 활동이론의 근본적인 질문인 "의식과 객체 지향적 활동의 관계는 무엇인가?"에 대한 자연스러운 확장이다. 객체에 의해 지시되고, 강요되고, 동기부여된다는 활동이론의 주장에 따르면, 우리는 합리적 계산과 논리 그 이상을 포괄하는 영역에 존재한다고 볼 수 있다. 우리는 객체와 필연적으로 연결되어 있는 가치, 의미, 정서 등이 두툼하게 형성된 상황 안에 놓여 있다. 비고츠키가 인간의 슬픔과 광기의 의미에 대해 탐구한 셰익스피어의 비극, 햄릿 연구에 헌신한 것은 놀라운 일이 아니다. 최근 활동이론에서는 정서를 고려한 경험 연구가 막 시작됐으며 정서를 외생적 변수로 분석한 전통적 연구와 달리 정서가 활동에 붙박여 있는 것으로 본다(Roth의 연구 참조).

인터랙션 디자인의 유산인 인지주의와 상황주의 접근은 *why*가 아닌 *how*에 주목한 나머지, 정서나 동기에 대한 해명을 게을리했다. 엥게스트롬은 다음과 같이 말했다.

> 활동이론의 관점에서 볼 때, 인지주의와 상황주의 접근에는 분석의 초점이 상황이나 일로 제한된다는 공통의 약점이 있다. 두 접근법은 무엇이 사람을 행동하게 하고 목표를 설정하게 하는지, 실천의 지평은 어떻게 형성되는지, 사람들은 왜 즉각적이고 분명한 목표나 상황 너머에 있는 것을 얻으려고 애쓰는지에 대해 설명하지 못한다. 여기서 제외된 것이 활동의 동기인 객체이며, 이 동기가 행위의 근원적인 'why'이다. 이 수준이 상정되지 않으면 상황인지이론은 한낱 'how'에 대해 기술하는 이론에 불과하다. 방법에 대해 기술하는 이론은 관념주의 및 합리주의 모델보다 더 정교하고 유연하지만, 일상적인 행동에 퍼져있는 사회적 변화와 제도적 모순에 직면했을 때는 다른 모델들과 마찬가지로 무가치해진다(Engeström 1995).

이 장에서는 생명공학 연구부서의 일에 대해 이야기해 보고자 한다. 그리고 이를 위해 *why* 질문에 맞춰진 선행연구를 참고했다. 인지주의와 상황주의 전통에서의 과학 연구 문헌들은 주로 *how* 질문에 맞춰져 있다. 과학 연구 활동에서 협력은 과업 설정(articulation work), 업무 조정, 사람과 자원의 네트워크 관리 등의 개념으로 설명된다(Law and Callon 1992; Latour 1996b; Fujimura 1987). 후지무라(Fujimura)는 과학을 이끄는 원동력으로 수행 가능한 연구문제의 선택을 들었다. 과업 설정은 '일을 하는 데 필요한 모든 계획, 조직화, 모니터링, 평가, 조정, 조율 및 통합 등'(Fujimura 1987)을 하나로 묶어낼 수 있도록 한다. 이 프레임 작업에서 과학은 상황적 요인으로 유발되는 것들을 추스르는 일련의 전략적 결정의 연속이다.[13] 그런 분석에서 동기, 열정, 욕망에 대한 문제는 논외로 취급된다.[14]

6장에서 언급했듯이 객체의 개념은 사람들이 무슨 일을 하는지뿐만 아니라 그 일을 왜 하는지에 대한 이해를 돕는다. 사리와 미에티넨(Saari and Miettinen 2001)은 과학 작업의 *why* 질문은 객체 지향적 활동 속 동기에 초점을 맞춘 활동이론으로 설명될 수 있다고 주장했다. 휘살로(Hyysalo 2005)는 활동이론에는 일회성을 넘어선 폭넓은 맥락과 연속성을 설명할 수 있는 강점이 있다고 주장했다. *why*에 대한 탐구는 분산인지, 상황적 행위, 컴퓨터 기반 협력 작업 및 과학 연구 등 무수한 연구 전통에서 다루고 있는 협력 활동의 *행위*를 설명하는 데 도움이 될 것이다. 행위의 의미를 제대로 이해하려면 그 행위가 지향하는 요구나 욕망 등 활동의 최상위 수준과 연관지어 볼 수 있어야 한다.

이 장에서는 Ajaxe[15]라는 대기업 제약회사의 협력적 과학 연구 활동을 참여 관찰한 내용에 대해 논의할 것이다. 이 조사는 17명의 과학자를 대상으로 그들의 사무실과 회의실에서 진행한 인터뷰 그리고 점심 식사 시간이나 복도에서의 비

---

13 수행 가능한 문제라는 개념은 하나의 관점이다. 저자 중 한 사람인 나르디(Nardi)는 실험실에서 필드워크를 수행하며 대학의 분자 생물학 과정을 수강할 때, 분자 생물학자들이 스스로 어려운 과제를 설정하는 모습에 경외심을 품었다. 연구자들은 현미경으로도 거의 확인 불가능한 실체를 다루는데, 그 변화 양상을 확정하기 힘들 정도의 미세한 양으로부터 쉼없이 추론을 이어간다. 이런 추론은 매우 정밀하고 세밀하게 설계된 실험을 통해 가능하다. 과학자들은 수십억 년 동안 진화해온 복잡한 자연 현상을 이해하고자 한다. 인류가 이제까지 도전해온 과제 가운데 분자 생물학의 문제는 수행이 거의 불가능할 정도로 어려워 보인다. 이런 문제를 해결하기 위해서는 수준 높은 국제과학기구의 전면 배치와 더불어 엄청난 헌신과 열정이 요구된다. 단백질 유전 정보학의 새로운 분야는 (단백질이 합성될 때 복잡한 맥락적 요인의 영향을 받기 때문에) 유전체학보다 어려운 단계이며, 새로운 지평을 열기 위해서는 훨씬 더 많은 열정과 권한이 필요하다. 따라서 작업을 수행 가능성의 관점에서 설명하는 땜질(tinkering) 등의 용어 사용은 동기에 따른 객체 지향적 활동이라는 보다 넓은 맥락에서 관찰되는 특징들을 놓치게 만든다.

14 동기는 심리학에서 풍부하게 다루어지고 있다(Herzberg 1959; Maslow 1970; McClelland 1988). 그러나 이러한 접근 방식들은 활동을 기반으로 하지 않으며, 주로 보편적인 위계(Maslow)나 특정한 동기(Herzberg, McClelland)를 다룬다. 이 이론은 통찰력 있고 폭넓게 적용되었지만 특정 맥락과 관련된 역동성 및 목적/동기에 대해서는 다루지 않았다.

15 이 장에서 다루는 모든 연구 기관의 명칭은 가칭이다.

공식 대화 등을 포함하여 4개월 동안 진행되었다. 연구진의 대부분은 분자 생물학자, 생화학자, 면역학자였으며, 일부는 관리자, 수석 연구원, 박사후 연구원이었다. 이 연구에서는 연구진이 공식 주간 회의에 모여서 중요한 과학적, 전략적 의사 결정을 하는 상황을 관찰했으며, 장비나 사무실 레이아웃에 대한 정보들도 수집했다.

SECTION 7.2 객체 개념의 재정의

7.2.1 객체의 상정과 실행

활동이론 연구에서는 종종 객체의 '상정'에 대해 논의한다. 그것은 도대체 무슨 뜻일까? 무엇이 객체가 되어야 하는지를 결정하는 것일까, 아니면 객체를 획득하는 작업일까? 객체의 상정이란 객체를 *언술화*한다는 것을 의미한다. 즉, 객체가 무엇인지를 이해하는 것이다. 객체의 *실행*은 특정 객체를 실현시켜 결과를 획득하는 것이다. 이 두 가지 의미는 6장에서 다룬 활동이론의 두 가지 버전인 레온티프의 동기, 엥게스트롬의 산출물과 조응한다. 활동 객체를 결정할 때 주체는 자신의 필요에 상응하는 동기를 확정한다. 그러나 그 동기가 실현되기 위해서는 산출과정이 반드시 필요하다. 이러한 전문용어가 상호보완적으로 좀 더 통합적인 관점(표 6.1 참조)을 제공해줄 수 있을 것이다.

Ajaxe 생명공하 연구부서의 객체는 수익성 높은 의약품 개발을 위해 연간 1~2개의 효능 있는 유전자를 선별하는 것이었다. 이 객체는 회사의 자원을 감안할 때 신약 개발 가능성이 있는 유전자의 수를 고려하여 경영진에 의해 상정됐다. 여기서 객체는 유전자 선택이었고, 경영진의 입장에서 동기는 회사의 이익을 증대시키는 것이었다. 객체를 실행하는 작업은 실험을 수행하고, 데이터베이스를 찾고, 참고문헌을 읽고, 여러 사람과 이야기를 나누고, 고뇌하여 결정을 내리는 길고 어려운 작업이었다. 이 환경에서의 실행 작업에 대해 한 내부자는 연구 프로세스가 어렵고 더디며 정밀하지 않다고 말했다.

객체의 실행 개념은 활동의 대부분을 차지하는 객체를 실현하여 결과를 획득하는 것에 주목한다. 동시에 객체는 사회적 프로세스를 통해서 상정된다는 점,

그리고 연구자들을 이끄는 특정한 객체가 결정적으로 중요한 의미를 갖는다는 점에 주목한다.

7.2.2 객체와 동기의 구분

기존 활동이론에서 객체의 개념은 동기와 불가분하게 묶여있는 것으로 취급된다. 하나의 객체에 하나의 동기인 이 단순한 조합은 6장에서 논의된 바와 같이 문제가 되지 않았다(Hyysalo 2005). 그러나 협력 작업을 분석할 때 하나의 객체에 하나의 동기 조합은 당장 문제가 된다. 셔터(Sutter 2002c)는 협력 활동에는 여러 목소리가 존재하며, 여러 참여자들의 관심사가 관여되어 있음을 지적한 바 있다. 활동이론에서는 이러한 여러 행위자들과 그들의 관심사를 어떻게 다루며, 이 다양한 행위자들이 어떻게 객체를 지향한다고 보고 있을까? 만약 레온티프의 주장대로 동기가 정말 중요하다면, 활동의 동기가 무엇인지 정확하게 분석해야 할 것이다.

Ajaxe 연구 결과, 협력 활동 참여자들이 동일한 객체에 대해 근본적으로 서로 다른 동기를 가질 수 있음을 확인했다. 이런 특징은 협력 활동에서 일반적으로 나타난다. 만약 각 개인들의 서로 다른 동기가 하나의 활동 내에서 연관될 가능성을 인정하지 않는다면, 협력 작업을 상호 조율된 개별 활동의 집합으로 정의해야 할 것이다. Ajaxe의 경우, 연구부서 구성원 사이에 하나의 객체가 공유되었으며 연구자들은 서로 다른 각자의 동기를 가지고 객체에 접근했다. 또 한 가지 주목할 점은 동기는 고립되지 않고 서로 연결되어 있다는 것이다. 각각의 동기는 갈등, 권력, 저항, 묵인 등의 관계를 통해 연결되어 있었다. 개별적으로 조율된 활동의 집합이 아닌 단일한 활동이 가능한 것은 업무 조율이 아닌 관계적 절차를 통해 동기를 조율해가는 노력 때문이었다. Ajaxe에서의 동기 분석은 여러 사람의 서로 다른 필요와 동기를 다루지만 6장에서 제시된 모델 C에 부합한다(그림 7.1).

그림 7.1 모델 C. 다:1:1

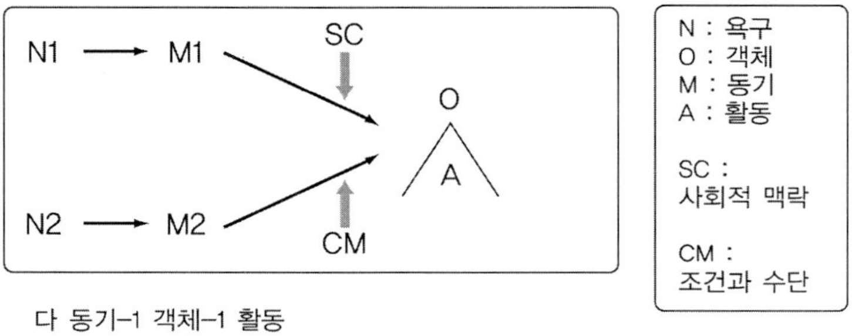

다 동기-1 객체-1 활동

Mn과 Nn은 여러 사람의 동기와 욕구에 해당될 수 있다.

SECTION 7.3 욕망의 객체 속 권력과 열정

활동이론에서 객체라는 용어는 다소 규범적으로 사용되는 경향이 있다. 일부 연구자들(Engeström and Escalante 1996; Holland and Reeves 1996; Sutter 2002c; Roth)은 권력 관계와 갈등이 객체 지향적 활동의 중심에 있다고 주장해온 반면, 일반적인 연구에서는 객체의 상정과 실행의 복잡성에 무관심했다.[16] 협력 활동에서 객체는 협상, 담화, 집단 성찰을 통해 상정된다고 본다(Kuutti 1998; Foot 2001; Saari and Miettinen 2001). 그러나 이러한 주지주의적 용어들은 정서의 차원을 다루지 못한다. 7.3.1절에서는 동기와 객체 형성 방식 사이의 상호작용에 주목하여 Ajaxe의 유전자 선별 활동을 고양시키는 정서적 측면에 대해 살펴볼 것이다. 이 분석은 동기 간의 갈등으로 야기되는 제도적, 정서적 모순에 주목한다. 여기서의 목표는 엥게스트롬이 이야기한 제도적 모순, 즉 (과제와 수행 가능한 문제로) 협력 작업의 how에 대해 설명하는 방식으로는 해명되지 않는 모순을 드러내는 것이다.

---

16 크노르 체티나(Knorr Cetina 1997)는 전문가의 일에서 객체가 참여와 정체성을 이끌어 낸다는 점을 발견했다. 여기서 사용된 '객체'는 활동이론과 일치하지 않지만, 체티나는 객체에 포함된 정서적 여운에 주목하였다. 이는 객체의 열정적 측면에 주목하는 활동이론과 동일하다.

이제 Ajaxe에서 유전자를 큐레이션하는 과정과 서로 다른 동기가 어떻게 큐레이션에 작용했는지 살펴보고자 한다.

7.3.1 무엇을 보게 할 것인가?: 큐레이션에서의 협력 과정

많은 제약회사와 마찬가지로 Ajaxe는 질병퇴치용 의약품 개발을 위한 치료 유전자를 찾는 생명공학 연구에 투자했다. 이런 사업의 난점은 유전자의 수가 수천, 수만 개에 이른다는 점이다. Ajaxe 연구진은 유전자 선별에 관해 논의할 때 수많은 유전자 중 소수의 유전자만 선별된다는 의미로 파이프라인이라는 은유를 사용했다. 인터뷰 초기에 우리는 연구진으로부터 큐레이션이라는 매력적인 용어를 들었다. 연구진은 다른 이들에게 선보일 유전자를 공들여 선택하는 과정을 전시회에 전시될 작품을 선택하는 박물관의 큐레이션으로 표현했다.

큐레이션은 실험 결과와 학술 논문에도 확대 적용되었다. 이 분석에서 우리는 연구부서의 주요 목표와 가장 밀접한 관련이 있는 유전자 큐레이션에 주목했다. 그러나 큐레이션은 Ajaxe의 과학 사업 전체에 퍼져있는 일반적인 프로세스였다. 생물학 분야에서도 SwissProt 등 특정 데이터베이스에 주석을 달아서 설명할 때 큐레이션이라는 용어를 사용했다. 이 데이터베이스는 과학자들이 각각의 유전자나 단백질을 양질의 정보로 이루어진 주석을 달아 철저히 선별해놓은 우수한 큐레이션으로 평가받고 있다.

큐레이션은 어떤 대상을 드러내거나 숨기는 전략적 기제를 통해 매우 사회적으로 진행된다. 우수한 성과를 낸 과학자인 Ajaxe의 한 고위 관리자는 과학 큐레이션을 '무엇을 보게 할 것인가?'로 표현할 수 있는 능력이라고 설명했다. 이는 과학의 연구 방법에 관한 규범적 해석과는 전혀 다른 설명이다. 과학 연구들은 오랫동안 규범적 해석(초판이 1935년에 출판된 Fleck(1979)에 따른 해석)에 따라 과학 실천을 다양한 방식으로 문서화해 왔다. 그러나 무엇을 보게 할 것인가라는 생명공학의 과정에 대한 묘사는 그 안에서 권력 관계가 얼마나 중요하게 작동하고 있는지를 적나라하게 드러내준다. 큐레이션은 사실을 드러내는 반복적 실험보다 과학자들 간의 관계를 관리하는 것이 과학 발전의 열쇠임을 보여준다. 큐레이션은 다른 이들에게 공개하거나 숨길 자료를 선별하는 능력을 특히 강조한다. 연구진은 공개하거나 숨길 자료를 그들의 동기에 따라 결정했다. 큐레이션 과정은 연구부서의 업무에서 서로 다른 동기들이 어떻게 작동하는지 잘 보여주는 사례다.

큐레이션의 대표적인 사례로 한 중견 연구자는 임원들이 회사 내에 특정 유전자의 잠재적 수익성에 대한 기대를 어떻게 만들어 내는지 설명했다. "우리 부사장 중 한 명은 X형 유전자를 좋아합니다. 이러한 사실은 당신이 볼 수 있는 것을 제한하기 시작하고 필터링하듯 전체를 볼 수 없도록 제한합니다." 당신이 볼 수 있는 것은 무엇을 보게 할 것인가라는 관리자의 큐레이션 프레임을 완벽하게 반영한다. 이는 큐레이션을 통해 회사 내 지위가 낮은 연구진의 관심 영역은 철저히 제한될 수 있음을 보여준다.

큐레이션 권력은 Ajaxe의 조직 내 위계 전반에 걸쳐 상이하게 분산되어 있다. 우리는 유전자 선별이라는 객체를 상정하기 위해 회사에서 일어나는 상향식, 하향식, 양방향 큐레이션 프로세스에 대해 살펴보고자 한다. 큐레이션의 하향식 기준은 연구부서 및 회사 전체의 고위 임원이 결정했다. 상향식 기준은 중간 관리자, 수석 연구원 및 박사후 연구원이 결정했다. 양방향 기준은 모든 지위의 직원들이 설정했다. 고위 권력자일수록 무엇을 보게 할 것인가로 표현되는 능력을 더 많이 가질 수 있었다. 그러나 일부는 큐레이션 선별에 저항했고, 비주류 세력을 형성하기도 했다.

이윤 동기, 학문적 관심, 신약 개발에 기여함으로써 다른 사람들을 돕고자 하는 인도주의적 열망, 이 세 가지 동기가 Ajaxe에서의 객체 상정 및 실행 과정을 활성화시킨다. 별다를 것 없는 이 동기와 그 사이의 역동적인 관계를 고려해야 Ajaxe에서의 협력 과정을 이해할 수 있다. 이 과정에는 연구진이 경영진의 지시에 저항하는 행위, 하위 직급 연구진의 자기검열 행위, 객체 실행 과정에서 발생한 정서적 혼란 등이 포함되어 있다.

이하에서는 유전자를 선별하는 구체적인 기준이 무엇인지, 이런 기준이 연구진과 경영진의 서로 다른 동기를 어떻게 연결하는지에 주목하여 살펴볼 것이다. 아래의 기준들은 Ajaxe의 조직구조에서 동기가 어떻게 권력 관계를 따르게 되는지 보여주기 위해 설정하였다.

7.3.2 큐레이션의 하향식 기준: 큐레이션의 이윤 동기 실현

시장 동향

제약회사에서 치료 유전자는 잠재적 수익성을 갖는 유전자다. Ajaxe에서 유전자 큐레이션의 일차적 기준은 특정 질병 분야에 대한 시장 동향과 예상되는 약품의 시장 규모다. 한 경영진은 다음과 같이 말했다. "한 가지 (생리학적) 프로세스에 작용하는 약물을 찾는다는 건 그 생리학적 프로세스 전반에 걸쳐 중요한 하류효과를 내는 특정 분자(유전자)를 목표로 하는 것이다. ... 질병의 맥락을 이해하고 약물을 찾는 목적을 이해해야 한다." 유전자를 큐레이팅할 때 시장 동향을 고려하는 것은 이윤 동기와 관련이 있다. 일반적으로 Ajaxe의 모든 직원들이 수익성을 선호하기는 하지만, 일부 경영진에게는 수익성이 유일한 관심사거나 주된 동기였다(일반적으로 회사 내 지위가 높을수록 이윤 동기가 두드러진다).

지적 재산권

큐레이션의 또 다른 하향식 기준은 Ajaxe의 "IP 지위", 즉 Ajaxe와 경쟁 업체가 보유한 지적 재산권이었다. Ajaxe가 보유하는 유전자 특허에는 상당한 잠재적 가치가 있다. 한 간부는 다음과 같이 말했다. "이것들은 확인된 유전자로, 우리가 지적 재산의 지위를 가지고 있다고 믿거나, 실제로 지적 재산권 획득 방법을 모색할 수 있는 유전자들이다." 지적 재산권 획득 방법을 모색한다는 것은 회사가 궁극적으로 특허 받을 수 있는 유전자를 선택한다는 뜻이다.

확실한 치료효과를 갖는 유전자라 해도 경쟁사가 특허를 보유하고 있다면 Ajaxe는 별다른 관심을 갖지 않을 것이다. 경쟁사가 어떤 특허를 보유했는지, 어떤 특허가 곧 나올 것인지를 파악하는 것은 끊임없는 전쟁이다. 간부들은 경쟁사의 지적 재산 확보 동향을 파악하기 위해 특허 데이터베이스와 인터넷 뉴스를 정기적으로 검색한다.

임상적 고려 사항: 약물 전달 메커니즘 및 부작용

잠재적 치료 가치를 지닌 유전자를 탐색하는 초기 단계에서는 유전자 정보를 코딩한 단백질이 약물을 통해 전달될 수 있는 방법이나 약물이 초래할 수 있는 부작용을 파악하기가 쉽지 않다. 그래서 유전자를 선택할 때 기존에 밝혀진 잠재적 전달 메커니즘이나 부작용을 고려했다. 잠재적으로 관심을 가질 만한 유전자일지라도 그 단백질이 경구 형태 등으로 쉽게 투약, 흡수되기 어렵거나 심각한 부작용을 일으킬 가능성이 있는 경우에는 제외된다.

시장 동향, 지적 재산권 및 임상 문제는 모두 연구의 사업적 측면과 관련된 것으로, 유전자 큐레이션에 적용된 경영진의 기본적인 동기였다. 다음 장에서는 이런 동기가 다른 동기와 분리되지 않은 채 상호작용하는 구체적인 방식을 살펴본다. 동기들은 충돌할 경우에도 관리자들과 과학자들의 상호작용을 통해 서로 결속되었다. 동기를 중심에 둔 이러한 상호작용은 서로 조율된 여러 개의 활동이 아니라, 활동에 참여한 사람들이 서로 다른 동기를 통해 하나의 객체에 접근하는 단일한 활동임을 시사한다.

7.3.3 큐레이션의 상향식 기준

과학적 관심

Ajaxe에서 큐레이션의 가장 중요한 상향식 기준은 특정 유전자(또는 관련 유전자들)에 대한 연구자들의 관심이었다. 한 연구자는 "우리의 (유전자 선택) 필터는 그것이 흥미로운지 아닌지 여부"라고 말했다. 그들은 유전자에 대해 흥미롭거나 지루하다고 이야기한다. 한 연구자는 농담조로 회사 임원이 지지한 유전자를 Ajaxe에서 가장 지루한 분자라고 말했다.

흥미로운 과학 연구에 참여한다는 동기는 Ajaxe의 큐레이션 프로세스를 활기차게 했다. 과학자들은 열정적으로 연구했다. 연구실에서 오랜 시간을 보내기도 했으며, 인터뷰에서 연구에 대해 강한 정서적 책무감을 드러내기도 했다. 연구 초반에 일부 과학자들은 우리와 대화하는 것에 회의적이었지만, 우리의 진정성을 알게 된 뒤 자신의 일에 대해 오랜 시간에 걸쳐 솔직한 감정을 담아 이야기해주었다.

연구에 지적이고 정서적인 에너지가 퍼져나갔다. 파이프라인 은유가 합리적 통제와 선형성을 암시한다면, 인터뷰에서 제시된 다른 은유는 보다 정서적이면서 합리적이지 않은 경험의 영역들을 시사했다. 한 과학자는 유전자의 선택을 '선(禪)과 같은 것'이라고 묘사했다. 다른 이들은 그것을 동물원, 뜨겁게 끓어오르는 가마라고 불렀다. 그 말에는 선(禅) 과정의 조용한 에너지, 동물원의 활기찬 에너지, 뜨겁게 끓어오르는 가마의 열과 활기 등 활력을 주는 능력이 함축되어 있다. 이런 은유는 엥게스트롬의 질문 '사람들은 왜 즉각적이고 분명한 목표 또는 상황 그 너머에 있는 것을 얻으려고 애쓰는가'에 대한 답으로, 일상적인 행위의 동기를 작동시키는 정서적 에너지를 의미한다. 이는 객체 뒤에는 언제나 (활동에) 부응하는 필요나 욕망이 존재한다는 객체 지향적 활동에 대한 레온티프의 정의에 부합한다. 이제 이러한 은유와 정서를 자료 삼아 행위에 대한 인지주의, 상황주의, 과학의 연구 영역을 벗어나 객체 지향적 활동의 영역으로 우리 관점을 옮겨볼 수 있을 것이다.

Ajaxe의 경영진은 자신들의 관심사 및 큐레이션 기준과 가시화 가능성을 선택할 상당한 권력을 갖고 있음에도 불구하고, 연구자들이 관심을 갖지 않으면 좋은 연구가 이뤄지지 않을 것임을 알고 있었다. 한 임원은 "조직 내에 아무리 많은 기구를 둔다 한들 연구원들은 오로지 뭔가에 흥분했을 때만 일을 한다"고 말했다. 치료 유전자 발견 객체를 실행하는 과정에서 경영진이 직면한 주요 과제는 자신의 큐레이션 기준(시장 동향, 지적 재산권, 임상적인 고려 사항)을 수석 연구원 및 박사후 연구원들의 과학적 관심사에 맞게 조율하는 것이었다. 새로운 연구자들이 들어오거나, 관심 분야가 변하거나, 시장 여건이 바뀌면 당연히 목표도 조정됐다. 'Ajaxe에서 가장 지루한 분자'라는 말에서 알 수 있듯이 경영진이 항상 조율에 성공하는 것은 아니었다. 하지만 그들은 최선을 다해 조율하고자 했다. 한 간부는 "그래서 [몇몇 유전자 또는 유전자 조합]은 새로운 생물학에 대한 열망이 있기 때문에 타당하고, 특허권이 달려 있기 때문에 타당하며, 결국 경제적인 수익 때문에 타당하다"고 말했다. 이 간부는 흥미로운 생물학을 하고자 하는 연구자의 동기뿐만 아니라 지적 재산권을 획득해서 이윤을 창출하려는 회사의 동기도 인정했다. 이러한 이질적인 동기들을 납득시키기 위해 그는 여러 동기를 충족시킬 수 있는 유전자를 선택하고자 했다.

하지만 이 상황은 경영진이 단순히 연구자들이 원하는 것을 따르는 것과는 거리가 멀다. 경영진은 자원 배분 권한을 이용해서 큐레이션을 유도할 수 있었다. 그들은 박사후 연구원을 후원하고, 학자들의 자문을 구하며, 회사에 중요한 유전자 관련 시약을 구입할 수 있다. 한 연구자의 말에 따르면, 연구자들은 종종 회사의 지원을 받을 수 있는 유전자를 선별해야 한다는 자기 검열을 했다고 한다. 연구자들은 공식 회의에서 자신들의 연구가 공개적으로 검토될 것임을 알고 있다. 그들은 회사가 지지하지 않을 유전자를 연구하는 것으로 보이기를 원치 않았다. 따라서 자기 검열을 거친 연구에서는 갈등이 드러나지 않았다. 연구자들은 윗선의 큐레이션에 따라 회사 이익에 부합하는 연구를 선택했다.

그러나 때로는 연구자와 경영진의 동기가 명백히 대립했고, 연구자들은 경영진의 지시에 일부러 저항하기도 했다. 한 연구자는 경영진이 부작용을 우려했음에도 불구하고 연구자들이 관심을 갖는 유전자를 추적한 일에 대해 설명했다. 그는 "(최고위층에서) 결정된 연구를 거부할 수는 없다. 하지만 팀장들에게는 자원의 사용 방향을 조정할 수 있는 권한이 분명히 있다"고 말했다. 팀에서 사용할 수 있는 자원은 거의 없었다. 그러나 그들은 여전히 이 프로젝트에 대해 확신했기 때문에 객원연구원 등의 가능한 자원들을 끌어 모아 프로젝트를 진행했다. 한 연구자는 "우리 팀은 점점 클럽을 닮아 갔다"고 말했다. 연구자들은 과학적 관심 때문에 싸우며 연구를 이어갔다. 연구자들은 수행 가능한 문제를 선택하지 않고 명시적으로 수행이 금지된 문제를 선택했다.

누구나 이윤의 중요성을 인식하고 있다. 하지만 학문을 하도록 훈련받은 생물학자의 입장에서는 때로 생물학을 하는 것과 시장 상황에 대응해야 할 필요성이 충돌하기도 했다. 연구자들은 대체로 자신의 학문적 경험에 따라 연구 분야를 선택하고 일정한 성과를 거둘 때까지 연구를 계속한다. 연구자는 수년 동안 한 분야에 종사한다. 한 연구자는 Ajaxe의 기업 상황에 따라 자신이 배운 적이 없어도 회사가 시장의 기회라고 인정한 새로운 영역에 뛰어드는 방법을 배워야 한다고 말했다. "음, 나는 [그 새로운 영역에 대해서] 지엽적인 것들을 알고 있을 뿐이에요. 하지만 그게 여기서 일하는 방법이고 생물학 본연의 모습이 아닌 건 확실하죠." 그는 잠재적 수익성이 높은 분야를 위해 본인의 관심 분야를 포기해야 한다는 사실 때문에 갈등했다. 기업의 이윤 동기와 연구자의 과학적 동기는 상충했다. 그는 회사의 동기에 따라 권력을 가진 경영진의 큐레이팅을 수락했지만, 스스로 분열이라 칭하는 경험을 했다.

중간 관리자는 과학적 관심과 경영진의 큐레이션 사이의 중재를 시도하는 흥미로운 위치에 있었다. 관리팀은 고위 경영진보다 수석 연구원이나 박사후 연구원(종종 새로 지명된)들과 더 가깝지만 둘 사이에서 줄타기를 해야 했다. 이 팀에서 가장 영향력이 있던 관리자는 그 일이 중요하다고 확신했을 때 경영진에 맞서 연구자들의 관심사를 방어한 것으로 나타났다. 이에 따라 조직의 최하위에 있지만 경영진이 사업적 측면과 조율해 가면서 고려해야 하는 연구자의 관심에 맞춘 큐레이션 프로세스가 형성됐다.

과학적 관심이라는 상향식 동기는 활동의 유인이 단순하게 생성되지 않는다는 것을 보여준다. 전통적인 활동이론에서는 동기를 다소 제한적으로 해석한다. 레온티프는 다음과 같이 말했다. "오직 활동시스템 내에서만 객체는 유인, 목표, 도구로 존재할 수 있다; 시스템을 떠나면 유인, 목표, 도구로서의 존재를 잃는다. ... 해당 사회적 조건이 활동 도구 및 방법을 통해 활동의 동기와 목표를 실행시킨다(Christiansen 1996)." 레온티프의 진술은 어떤 의미에서는 사실인 반면, 어떤 의미에서는 동기와 목표의 폐쇄적인 시스템을 제안한다. Ajaxe사 데이터는 하나의 객체가 여러 개의 동기와 긴장 관계 속에 존재할 수 있음을 보여준다. 이런 동기는 다른 활동을 통해 해당 활동시스템에 유입될 수 있다. 자신들이 연구하는 유전자가 Ajaxe 실험실 활동의 일부라고 주장하는 과학 클럽이 여기에 해당된다. 사회가 동기를 제공한다고 단순하게 말하는 것으로는 상충하는 동기들을 풀어낼 수 없을 뿐만 아니라, 새로운 동기가 창출되어 활동에 유입되고 실제로 작용하는 것을 설명하지 못한다. 사회는 동기 간의 관계에 대한 경험 연구의 분석 단위로는 적절하지 않은 듯하다. 협력 연구의 핵심 과제는 활동이 서로 영향을 미치는 가운데 활동 간에 상호작용이 일어나는 방식 및 시간이 흐르면서 활동이 변화하는 방식을 이해하는 것이다.

7.3.4 큐레이션의 양방향 기준

과학의 실용주의

과학적 과정이 과학에 사용되는 사물과 기구의 저항에 따라 형성된다는 사실을 보여주는 다수의 과학 연구 논문들이 있다(Fleck 1979; Pickering 1995; Miettinen 1998; Saari and Miettinen 2001). 과학은 인간의 순수한 호기심과 지적인 노력의 결과물이 아니라, 자연을 탐구하기 위해 사용하는 것들의 물리적 속성에 따라 밀고 당기는 과정에서 비롯된 것이다. Ajaxe의 경우, 각종 기구와 도구, 실험동물, 유전물질, 희귀한 화학물질 등이 여기에 해당한다. 연구자들은 실험에 적합한 실험쥐[17]를 얻기 위해 수개월을 기다려야 하는 일도 있었다.

경영진과 과학자들은 이러한 현실적 제약이 큐레이션에 어떤 영향을 미쳤으며 자신들의 동기를 충족시키기 위해 이런 제약을 어떻게 처리했는지 설명했다. 가장 기본적인 제약은 인적 자원의 가용성 문제였다. 유전자에 관심을 갖는 수석 연구원, 박사후 연구원, 연구 자문진 등이 없다면 유전자 탐색은 불가능하다. 경영진에서는 그들이 원하는 유전자에 대해 전문 지식과 관심을 가진 사람들을 찾기 위한 채용 전략을 구사했다.

연구 과정에 대한 모니터링을 통해 상당한 시간이 흘렀음에도 진전이 없으면 유전자를 파이프라인에서 제외시킬 수 있었다. 한 수석 연구원은 그 작업이 3~5년 이상 걸리면 시간을 들일 가치가 있는지 스스로에게 물어야 한다고 말했다. 경영진은 전망이 없어 보이는 프로젝트에 사용되는 자원에 민감했다. 시약의 가용 범위나 그에 관한 지식 또한 큐레이션 과정에 영향을 미쳤다. 시약으로 인한 한계는 과학적 *how*의 일부인, 지극히 실용적인 문제처럼 보인다. 사실 많은 과학자들은 시약의 필요성을 예측했고, 시약이 필요할 때 요청할 수 있도록 다른 연구자들과 거래 네트워크를 만들었다. 시약을 구하기 어려워 연구에 방해를 받기도 했지만 과학자들은 이 과정을 운에 맡겨두지 않았다. 시약의 필요성을 알았

17 여기서의 실험쥐는 특정한 유전자를 '제거'한 채 사육된 쥐다.

고 적절한 계획을 세워서 최고의 능력을 발휘할 수 있도록 관리했다. 이런 행위를 통해 흥미로운 과학 연구를 수행하려는 과학자의 동기가 충족됐다.

미에티넨(1998)에 따르면, 저항은 활동의 구조를 통해 해석되어야 한다. 저항은 역사적으로 형성된 인공물(실험쥐 등)과 과학적 객체 사이의 관계다. 시약 관리는 일련의 행위를 분석의 마지막 지점이 아닌 동기의 충족으로 볼 때 더 깊이 이해할 수 있는 좋은 사례다. 활동이론에서 시약 관리 등의 행위와 그것이 연구 수행에 미치는 영향은 객체를 통해 확립된 가능한 행위 지평(Engeström 1995; Kuutti 1998) 내의 합리적 행위로 간주된다.

인도주의적 열망

Ajaxe 조직 전반의 많은 경영진과 과학자들은 자신이 한 일이 언젠가 질병 극복에 기여할 것이라는 인도주의적 열망의 동기에 이끌렸다. 한 중견 과학자는 다음과 같이 말했다. "우리 중 많은 이들이 사람들을 이롭게 했다는 사실을 알고 은퇴하고 싶어해요. 이건 한낱 논문 쓰기 정도가 아닙니다. 우리가 선별한 유전자가 신약의 일부가 된다는 건 정말 멋진 일입니다. 그저 그뿐일 수 있지만 우리가 그 (유전자) 서열을 확인한 거죠. 누군가는 그 일의 가치에 대해 평가해줄 거예요. 우리 부서의 모두가 그렇게 생각해주면 좋겠어요."

이 과학자는 개인적으로 인도주의적 동기가 중요하다고 생각했을 뿐만 아니라 사회적 이익을 위해 자신의 부서에 영향력을 행사하고자 했다. 그에게는 자신이 중요하게 여기는 유전자를 다른 사람들이 볼 수 있게 하려는 적극적인 계획이 있었다. 인류에 봉사하려는 이 과학자의 열망과 그 열망을 실행한 행위는 가능한 행위 지평 뒤에 숨은 열정을 보여준다. 활동에 의미와 정서를 불어넣는 장기적인 지향성을 고려하지 않는다면 그런 행위는 이해하기 어렵다. 연구 작업의 장기적 지향성을 고려하지 않는 땜질식 작업과 수행 가능한 문제 선택이라는 개념으로는, 한낱 논문 쓰기 정도가 아니라는 선언과 사람들을 이롭게 할 것을 개발해서 도움이 됐는지 알고 싶다는 공언으로 구성된 과학적이며 인도주의적인 헌신을 제대로 설명할 수 있을 리 없다.

이 과학자의 작업에 나타난 인도주의에 대한 깊은 갈망은 활동에 대한 레온티프의 정의에 언급된 필요와 욕망의 사회적 속성을 잘 보여준다. 활동이론에서 보면, 열정은 개인의 심리 상태가 아닌 활동이 지향하는 객체와 정서 사이의 관계 양상이다. 다른 연구자들에게 자신의 연구에 동참하도록 독려한 연구자들은 분명히 모종의 정서 경험을 통해서 그렇게 한 것이며 이를 개인적인 의미 차원의 문제로 치부할 수 있다. 하지만 정서는 두 가지 방식으로 연구자들의 연구 활동에 관여하고 있었다. 첫째, 다른 이들을 자신의 연구에 끌어들일 때 정서를 활동으로 표출했으며 이를 자신의 연구 활동에 변화를 꾀하는 수단으로 활용했다는 점이다. 정서의 표출을 통해 다른 이들을 설득시킬 수 있었다. 둘째, 연구 활동에서 직접적으로 파생된 용어를 사용해서 객체를 표현하고 개념화한다는 점이다. 한 연구자는 사람들을 돕는 일과 보고서를 작성하는 일을 비교했다. 그는 자신의 부서에서 행하고 있는 인류에 대한 기여야말로 현재 수행하고 있는 연구, 즉 유전자 서열 확인 작업의 정확한 성격이라고 설명했다.

인도주의적인 성과를 향한 연구자들의 열정은 Ajaxe사의 조직 문화로 녹아들어갔다. 또한 그러한 열정은 국제적인 과학 전문가 집단의 휴머니즘 동기와도 연결되어 있었다. 미에티넨은 연구 동기를 통해 신기술 지식을 기반으로 제시되는 미래 전망에 생태적, 경제적, 사회적 가치를 통합함으로써 연구 활동을 사회와 연결할 수 있다고 밝혔다. Ajaxe사와 같이 성공한 기업에서 추구하는 인도주의의 가치는 사회적 가치가 어떻게 연구 현장에 깊숙이 침투하는지 잘 보여준다. 사회적 가치와 실천의 현장이 서로 어떻게 영향을 주고받는지 살펴보기 위해 행위뿐만 아니라 동기 차원을 주목해야 하는 이유를 잘 보여주는 예라 할 수 있다. 욕망의 객체 분석을 통해 연구자들의 일상의 실천뿐만 아니라 과학이 사회에 미치는 영향이 그려나갈 향후 궤적에 대해 가늠해볼 수 있을 것이다.

SECTION 7.4 논의

Ajaxe에서의 큐레이션은 연구진의 동기가 경영진의 동기와 일치하거나 충돌하는 과정으로 나타난다. 수천 개의 유전자 중 1~2개의 특정 유전자가 선별되는 과정을 설명하기 위해서는 그러한 동기들이 어떻게 서로 조율되고 경합하는지 이해해야 한다. 이러한 이해는 영리목적의 혁신을 추구하는 과학 연구 현상을 설명하고자 할 때 역시 중요하다. 그러한 과정은 how 질문에 매달려 과학을 기껏해야 솜씨 좋은 실천의 소산으로 보는 화용론적인 연구로는 해명할 수 없다. 과학에서 성취 결과는 연구 활동에 참여한 연구자들의 열정적인 동기를 기반으로 한다. 행위 분석 연구에는 결국 두 가지 선택지밖에 없다. why 질문에 천착하여 현장의 디테일에 대한 이해 범위를 넘어서서 보다 큰 맥락을 설명해낼 수 있을 것인가 아닌가 하는 두 선택지만 우리 앞에 놓여있다. 이 장에서는 동기 문제에 주목하면서 Ajaxe의 연구부서에서 연구진들의 동기가 유전자 선별과정의 매 단계에서 어떻게 작용했는지 그 핵심 기능에 관해서 살펴보았다.

이상에서 언급한 동기들은 유전자 큐레이션이라는 조직의 객체와도 일치하였다. 이러한 객체 지향적인 활동 속에서 연구진과 경영진은 일상의 의미를 성취할 수 있었다. 구성원들 간에 표출된 갈등들은 대개 서로 다른 동기들이 부딪치면서 발생된 것일 뿐, 그들이 지향하는 객체는 서로 다르지 않았다. 달리 말하면, 연구진 개인들에게 동기는 조직의 객체와 대체로 부합하지만 때때로 동기들 사이에 혼란이 야기되기도 했다. 객체 자체에 대해서는 어떠한 이견도 없었다. 일단 객체가 가동되기 시작하면 서로 접점을 찾을 수 없을 정도로 다양하게 펼쳐지는 구성원들 개개인의 동기로 표출되었으며, 이는 다시 팽팽한 긴장의 상황들로 이어졌다. 물론 어떤 경우에는 객체 자체가 연구진들 사이에 논란거리로 오르내리기도 하였다. 그러나 구성원들이 객체를 두고 계속해서 씨름하기 때문에 그러한 객체는 상대적으로 오래 안정적으로 지속되는 경향을 띠게 된다. 이 분석에서는 조직의 객체가 구성원들의 다양한 동기와 마주치게 될 때 온갖 수준의 잡음과 장애가 어떻게 발생할 수 있는지를 보여준다. 따라서 위 사례는 협력의 과정에서 객체와 동기가 어떻게 서로 다른 결을 갖는지 잘 보여준다.

이 연구에서는 서로 다른 동기들이 어떻게 경합하고 교차하며 접점을 이루어 나가는지 살펴보았다. 그러한 동기들 간 경합 속에서 조직 내 활동은 개개인들의 활동과는 다른 차원으로 제 모습을 갖출 수 있었다. 그러한 상호작용은 연구자의 작업에서 기피하거나 즐기고 갈망하는 등 정서의 양태로 표출되었다.

여기서 정서적인 국면에 대해 주목해 본 이유는 관념주의에서 말하는 내면의 상태로 돌아가기 위해서가 아니라, 구성원들이 겪는 다양한 정서적인 경험들에 함축되어 있는 사회적 속성에 관해 짚어볼 필요가 있어서다. 선(禪) 또는 뜨겁게 끓어오르는 가마 같은 생생한 은유는 사회적 맥락에서 벌어지는 정서적 활동을 묘사한 것이다. 그리고 활동 동기의 협상과 전환에 대한 논의는 해당 상황에 적절하고 특유한 방식으로 정서를 드러내준다. 분열된 정서로 인해 고민하면서 "이것은 생물학 본연의 모습이 아니다"라고 말한 과학자는 자신을 훈련시켰던 사회적 그룹과 지금은 자신의 한 부분인 새로운 요구에 따른 활동의 교차점에 자신의 감정을 노정하였다.

6장에서 다룬 성공적인 객체 설정의 기준에는 구성원들의 다양한 동기를 어떻게 조율할 것인가 하는 Ajaxe 경영진의 철학이 반영되어 있다. “그래서 [몇몇 유전자 또는 유전자 조합]은 새로운 생물학에 대한 열망이 있기 때문에 타당하고, 특허권이 달려 있기 때문에 타당하며, 결국 경제적인 수익 때문에 타당하다.” 경영진은 과학 연구와 수익성 사이의 균형, 상당히 오랜 시간의 투자와 더불어 경쟁 업체에 대응해야만 하는 특허권으로 당착되는 안정성과 유연성, 과학에 대한 열망이 뿜어내는 영감과 에너지 등에 관해 언급했다.

Ajaxe에서의 유전자 큐레이션은 수행 가능한 문제 설정, 냉철한 성찰과 담론 등의 과정이라기보다는 그야말로 동기와 열정이 뒤섞여 뜨겁게 끓어오르는 가마와 같은 것이었다. 여기서 과학적 관심, 적나라한 이윤 추구, 드러나거나 드러나지 않은 갈등, 정서적 만족감과 혼란을 깊이 느낄 수 있었다. 큐레이션 과정에서 상향식 동기와 하향식 동기들이 서로 밀고 밀리면서 연구부서의 객체가 구체화되는 것을 볼 수 있었다. 수익, 과학적 관심, 인도주의적 욕구 등 역동적인 동기를 고려하지 않고서는 유전자 큐레이션 작업에 활력을 불어넣는 가장 근원적인 일의 정서적 측면을 이해하기란 쉽지 않다. 경영진과 연구진은 서로 이견을 보이기도 하지만 함께 업무를 추진하는 동안 회사를 위해 유전자 큐레이션이라는 목표를 달성할 수 있었다.

SECTION 7.5 결론

‘무엇을 보게 할 것인가?’라는 연구진의 말처럼 모든 실천에는 그러한 속성이 있다. 우리는 인간의 활동 속 객체에 가려진 동기를 유발하는 갈등과 욕망, 그리고 이러한 갈등과 욕망을 특정한 방식으로 움직이는 권력 관계를 ‘큐레이트’하고자 했다. 기업은 연구진의 관심사를 반영한 신제품 혁신을 통해 수익을 증대할 수 있다. 여기서 경영진과 연구진 사이의 조율과 협상이 개입되기 마련이다. 그리고 이 조율과 협상은 끊임없이 계속된다. 그들은 실천의 지평 안에서 타인의 동기에 동의하기도 하고 반대하기도 하는 식으로 반응한다. 활동 속 협력에 대한 관심이 깊어지면 활동을 촉구하는 욕망의 객체에 직면하게 된다. 이러한 객체들이 사람들 각자의 동기를 실현시켜 역동적인 관계를 맺을 수 있도록 한다.

이 장에서는 기존 연구에서 간과된 객체 지향적 활동, 권력 및 정서 측면을 드러내고자 했다. 분석 대상은 생명공학 연구실에서의 작업이었으며, 그들의 작업에서 권력과 정서가 어떻게 작동하는지를 살펴보았다. 이러한 주제들은 활동이론이 발전하기 위해 필요한 분야인 정서적 측면과 협력 활동을 협상하는 주체로서의 개인과의 관계를 동기 측면에서 심도 있게 탐구한 것들이다. 이러한 협상에는 복잡한 권력 관계뿐만 아니라 사회적 상황에서 자신들의 요구를 충족시키기 위해 노력하는 개인이 포함되어 있다. 한편, 이 장에서의 분석은 활동이론의 객체/동기에 대한 개념으로 구성되어 있으면서 동시에 경험적 연구의 데이터를 설명하기 위해 그러한 개념을 확장하고자 하였다. 여기서는 레온티프가 제시한 요구-객체-동기-활동(need-object-motive-activity) 모델이 아닌, 6장(Kaptelinin 2005도 참조)에 제시한 새로운 모델 C가 현상을 좀 더 잘 설명하고 있다. 목표 상정과 실행, 이 두 차원은 서로 다르지만 서로 밀접하게 관련된 프로세스인 만큼 여기에는 따로 구분해볼 수 있는 개념이 요청된다. 이 분석은 개방형 질문을 앞세워 근거이론에 따라 진행되었지만 종국적으로는 활동이론에서 말하고자 하는 바와 상당히 일치하였다. 동시에 경험적 분석과 함께 이론적 논의를 발전시키고자 하였다.

CHAPTER

08 활동이론의 역사적 전개과정

이 장은 본론에서 잠시 벗어나 활동이론의 역사적 전개과정에 대해 다룬다. 3장에서 비고츠키의 초기 통찰에서 레온티프에 이르기까지 그 발달과정을 설명하면서 활동이론을 간략히 소개하였다. 현실은 보다 복잡하다. 활동이론의 역사, 특히 소비에트 시절의 기원에 관심이 있는 독자들을 위해 이 장에서는 레온티프에게 영향을 끼친 개념들을 폭넓게 이야기하고자 한다. 러시아/소비에트 심리학에서의 활동이론의 다양성, 활동이론과 경쟁이론들 사이의 논쟁, 개인과 사회의 변증법에 관한 현재의 논쟁 등에 관해 정리해 보았다. 이 장은 다른 장들에 비해 인터랙션 디자인과 관련이 적으므로 독자들은 9장으로 바로 넘어가도 좋다.

SECTION 8.1 비고츠키에서 레온티프로: 연속인가, 단절인가?

레온티프는 많은 부분에서 비고츠키의 영향을 받았다. 레온티프는 비고츠키의 학생이었고, 그의 첫 번째 연구는 비고츠키의 지도하에 수행되었다(Leontiev 1931). 3장에서 이야기했듯이, 비고츠키의 개념과 아이디어는 대부분 활동이론에 직접적으로 통합되었다. 하지만 레온티프의 활동이론은 비고츠키의 문화역사적 심리학을 직접적으로 계승한 것은 아니었다. 레온티프는 자신의 고유한 연구 주제를 개발했고 비고츠키와 현저히 다른 측면이 있다. 활동이론의 계보에는 비고츠키의 아이디어와 여타의 중요한 연구 성과들이 포함되어 있다.

러시아 심리학자 미하일 바쇼프(Mikhail Basov)가 활동이론의 발달에 미친 영향은 비고츠키만큼이나 중요했다. 바쇼프는 1920년대 중반과 후반에 걸쳐 인간을 환경의 능동적 에이전트로 이해하는 이론을 개척했다. 이 이론은 의식적 과정의 심리학 및 아동 심리학에 적용되었다. 바쇼프의 대표적 연구인 「일반 소아학 기초 1(Pedology of General Foundations 1)」은 환경 내 능동적 에이전트로서 인간의 발달(Basov 1930) 섹션을 핵심으로 한다. 이 섹션에는 이후 레온티프가 발전시킨 주요 아이디어들에 대한 예측이 담겨 있다.

특히, 바쇼프는 인간의 일과 발달에 대해 이해하려면 인간, 환경, 활동의 세 가지 변수를 다루는 방정식(Basov 1930)에 초점을 맞춰야 한다고 말했다. 그는 유기체와 환경의 상호작용으로 이해되는 인간의 활동과 유기체와 세계의 관계 형성 방식을 중요한 연구 대상으로 다룰 것을 제안했다. 바쇼프는 활동의 구조적 요소 및 환경 속 객체가 활동을 유도하는 방식에 대한 구체적이고 경험적인 연구를 수행했다. 마지막으로, 바쇼프는 인공물의 매개 역할을 강조했다(그가 정확히 이 용어를 사용하지는 않았지만). 예컨대, 바쇼프는 도구의 발달과 노동의 조직 형태에 대해 다음과 같이 진술했다. "도구의 발달은 사회 조직 형태의 변화를 초래함은 물론이고 인간의 개별적 기관도 변화시킨다; 개인의 변화는 (환경 내 행위자인 인간의) 심리적 측면에서 발생하며, 동시에 일정 정도 유기체적 측면에서도 발생한다."(Basov 1930, 저자 역).

바쇼프 이론은 당대에 높은 평가를 받았다. 비고츠키는 분석적 관점과 통합적 관점을 단일한 이론으로 결합한 점과 아이디어의 참신함을 높이 평가했다(Merlin 1975). 레온티프는 소비에트의 정기 간행물에 바쇼프의 일반 소아학 기초에 대한 평론을 발표했는데, 인간의 심리를 자연과학적 입장에서 접근했다는 점을 높이 평가했다(Leontiev 1929). 또한 생물학적 진화의 맥락에서 인간을 이해하려는 시도를 긍정적으로 평가했다.

야로셰프스키, 시로키나, 그리고 다닐리체바(Yaroshevsky, Sirotkina, and Danilicheva 1993)에 따르면, 레온티프의 활동의 구조 아이디어는 비고츠키보다는 바쇼프의 연구에서 영향을 받았다. 하지만 레온티프가 바쇼프를 직접적으로 계승했다고 보기는 힘들다. 두 이론에는 상당한 차이점이 있으며, 특히 바쇼프의 핵심 개념들이 레온티프의 연구에서는 중요한 역할을 하지 못했다.

바쇼프의 연구에서 반복되는 아이디어는 환경을 단순한 자극의 집합체가 아닌 통합된 전체로 이해하는 것이며, 이는 물리적 환경과 사회적 환경 모두에 해당한다. 바쇼프에 따르면, 물리적 세계의 객체들은 상호의존적이고 상호 연관되어 있으므로 유기체의 궁극적인 물리적 환경은 우주다(Merlin 1975 참조). 환경의 통합적 속성은 사회적 환경에서 더욱 명백하게 드러난다. 예를 들어, 어떤 사람의 직업을 알면 그가 속한 사회적 환경의 다른 측면에 대해서도 추론이 가능해진다. 인간과 환경은 양방향의 상호작용을 통해 행위 과정에서 서로를 변화시키기 때문에 행위자와 환경의 상호 조절은 불안정하고 역동적인 평형상태를 초래한다. 그러므로 인간과 환경, 활동 간에는 본질적으로 동형관계가 성립한다. 동형관계가 갖는 한 가지 함의는 환경이 행위자로부터 독립적이지 않다는 것이다. 환경은 역동적 실체다: 동일한 환경에서 살아가는 사람에게도 그의 발달 단계에 따라 환경은 달라질 수 있는 것이다. 바쇼프에 따르면, 환경의 '반경'은 일반적으로 사람이 새로운 발달 단계로 진입할 때 확장된다.

바쇼프의 또 다른 주요 관심사는 활동의 조직 형태 또는 활동의 구조를 해명하는 것이었다. 그는 행동의 자극-반응 구조에서 벗어나기 위해 인공두뇌학의 피드백 루프 개념과 유사한 순환 반응 개념을 도입했다. 바쇼프는 행동이 실행될 때 나타나는 구성요소들 사이의 종속성을 세 가지로 구분했다. (a) 비의존성 (구성요소마다 별도로 실행될 수 있음), (b) 연쇄적 행동 (하나의 구성요소를 실행하면 다음 구성요소가 촉발됨), (c) 유연한 탐색 전략. 마지막 유형에 해당하는 조직된 행동은 문제에 대한 잘못된 이해로 시작해서 다양한 시행착오를 거치며 점차 올바른 이해와 해결로 나아가는 수학의 문제 해결 사례와 같은 것이다.

마지막으로 바쇼프는 일상적인 환경에서 사람들을 연구하는 데 적합한 방법을 개발하기 위해 흥미로운 시도를 했다. 그는 당시 심리학 연구가 실제 환경에서 일어나는 심리과정에 무관심한 것에 대해 만족하지 못했다. 그는 심리학자들이 실험실뿐만 아니라 사람들이 생활하는 공장이나 설비, 여타 장소 등 실제 환경 안에서 사람들을 연구해야 한다고 생각했다(Basov 1929; Yaroshevsky, Sirotkina, Danilicheva 1993에서 재인용, 저자 역). 이에 따라 바쇼프는 일상 환경에서 관찰을 통한 심리 연구를 수행하기 위해 다음과 같은 지침을 기반으로 한 연구방법을 개발했다.

- 관찰 중에 수집된 객관적인 데이터와 피관찰자들의 주관적인 양상에 대한 관찰자의 추론을 분리한다.

- 관찰된 행동에 대한 객관적인 데이터를 가능한 한 많이 기록한다(필요하다면 인터뷰와 질문으로 관찰을 늘린다).
- 연관성 없는 사건들을 따라가지 말고 문제의 과정이 전개되는 방식을 추적하는 데 필요한 순간을 지속적으로 관찰한다.
- 관찰 목적을 명심하고 그 목적에 맞는 데이터에 집중한다.

지금의 인터랙션 디자인 연구자나 실무자에게 이러한 지침은 전혀 놀라운 내용이 아니다. 유사한 지침들이 사용자 연구 방법론을 제시하는 핸드북에 공식화되어 있다. 특히 이 지침들은 맥락 연구의 기본 원칙과 거의 동일하다(Holtzblatt and Beyer 1993; Hackos and Redish 1998; Beyer and Holtzblatt 1999 참조). 하지만 이 방법이 1920년대에 개발되었다는 점을 감안한다면 그 당시로서는 실로 중요한 성취였음을 알 수 있다. 같은 시기 미국과 유럽의 인류학자들은 그와 유사한 방법들을 체계화하고 있던 중이었다(Malinowski 1922 참조).

이와 같이 비고츠키와 레온티프를 동일한 프레임 안의 2세대 이론으로 다루는 것은 바쇼프의 중요성을 고려하지 않은 것이다(바쇼프의 다른 공헌에 대해서는 야로셰프스키 1996 참조). 또한 2세대 관점은 비고츠키와 레온티프의 차이들을 과소평가한다. 이러한 차이는 유사점만큼이나 명백하다.

비고츠키에게 활동은 핵심적인 개념이 아니었다. 그는 유목적적이고 목표지향적인 행위의 총체적 구조 분석이 행위에 내재된 심리 과정을 이해하는 데 필요한 전제 조건이라고 생각하지 않았다. 또한 그는 문화적 도구가 사용된 기호적 매개 현상의 맥락을 구성하지 않는 실제 활동에는 관심을 갖지 않았다. 그의 주요한 관심은 기호, 의미, 예술, 상호 주관성, 문화 전유에 있었다. 예를 들어, 수많은 시적 암시로 가득한 비고츠키의 저술 스타일은 그가 자연과학으로부터 별다른 영감을 얻지 않았음을 보여준다. 비고츠키는 뛰어난 논리적 분석을 수행하는 재능 있는 연구자였지만 정확성, 논리적 정합성, 공정성보다 직관과 깊은 통찰력을 중요하게 여긴 것으로 보이며, 레온티프는 비고츠키의 반대편에 있는 듯하다. 레온티프는 심리학에 자연과학의 엄격성과 정합성 기준을 도입하고자 했다. 그는 진정한 과학으로서의 심리학의 토대로 사용될 수 있는 포괄적이고 일관성 있는 개념 체계 구축에 도전했다. 레온티프가 선호한 연구 대상은 자연과학적인 실험조사에 보다 적합한 지각 현상 같은 것이었다.

두 연구자의 연구 관점과 개인적 성향의 차이점을 감안할 때, 레온티프가 비고츠키의 발자취를 따르는 데 그치지 않고 자신만의 의제를 추구했다는 것은 놀라운 일이 아니다. 그는 개인과 사회의 변증법에 비고츠키의 통찰력을 통합하면서 유의미하고 유목적적인 행위의 본질에 대해 이해하고자 했다.

요약하면, 논리적 증거와 역사적 증거 모두 비고츠키 이론과 레온티프 이론이 단일한 이론 안의 세대들이 아닌 각각 별개의 이론임을 가리키고 있다(Zinchenko 1993). 두 이론은 밀접하게 연관되어 있고 다수의 핵심 아이디어를 공유하지만 실제로는 차이가 있다. 활동이론은 비고츠키가 공식화시킨 몇몇 아이디어에 기반하고 있으며 넓은 의미에서 문화-역사적 전통의 일부로 분류될 수 있지만 다른 이론에도 그 뿌리를 두고 있다. 레온티프의 이론에서 가장 근본적인 개념 중 일부는 분명히 비고츠키로 거슬러 올라갈 수 있지만, 환경을 적극적으로 변형시키는 인간이라는 레온티프의 아이디어는 여러 연구자에게 영향을 받았으며, 특히 바쇼프에게서 영감을 얻은 것으로 보인다.

SECTION 8.2 러시아 심리학에서의 활동-이론의 다양성

러시아 심리학에서 레온티프의 이론이 유일한 활동-이론은 아니었다. 저명한 대안적 활동-이론은 구소련의 심리학자이자 작가인 세르게이 루빈스타인(Sergey Rubinshtein)의 이론이었다. 그는 특히 러시아 시절에 저술한 가장 포괄적인 심리학 교과서인 〈일반 심리학의 기초〉(Rubinshtein 1946)로 잘 알려져 있다. 루빈스타인은 객체-지향적 활동이 심리학 연구의 기본 개념이 되어야 할 필요성을 분명히 밝힌 최초의 러시아 심리학자 가운데 하나였다. 레온티프의 몇몇 동료와 학생들은 심리학에 최초로 활동 개념을 도입한 사람으로 루빈스타인을 지목하였다. 루빈스타인이 객체-지향적 활동이 심리 과학의 주제임을 최초로 확인했으며, 이를 레온티프가 발전시켰다(Davydov, Zinchenko, and Talyzina 1982).

심리학에서 레온티프와 루빈스타인의 활동-이론적 관점의 차이에 대해서는 거의 논의되지 않으며, 러시아 외의 지역에서 수행된 연구에서는 특히 그렇다(Brushlinsky 1990, 1994). 몇 가지 차이는 다음과 같다.

레온티프와 루빈스타인은 심리학의 주제인 활동의 정확한 의미 개념에서 결정적인 이견을 드러냈다. 루빈스타인은 활동 전체가 심리학의 주제인 것은 아니라고 주장했다. 심리학은 주관적 경험을 다루기 때문에 심리학의 연구 대상인 활동의 심리적 측면이 존재한다. 레온티프는 이 입장에 반대했다. 그는 활동의 상호 의존적인 구성요소를 이해하기 위해서는 활동 전체를 심리학의 연구 대상으로 해야 한다고 강조했다. 활동의 맥락에서 활동의 비심리적 측면과 같은 일부 구성요소를 취할 경우 전체 구성요소 간의 상호 의존적 시스템을 재구성하는 것이 불가능해지고, 활동이론의 기본 논리까지 무너질 수 있다. 레온티프는 활동을 심리적 측면과 비심리적 측면으로 분리하는 것에 대해 경고했다. 루빈스타인의 주장에 대한 암묵적 응답으로 널리 알려진 언명에서 레온티프는 심리적 측면은 활동에서 심리학과 관련된 특별한 부분이 아니라 객체적 세계에서 주체를 구성하는 특수한 기능(Leontiev 1975)이라고 지적했다.

러시아 심리학에서 레온티프 이론이 인간이 사회적 맥락 안에서 일하고 배우면서 발달해가는 방식을 다루기 위해 활동 개념을 사용하는 유일한 이론은 아니었다. 또한 레온티프의 모스크바 심리학파 동료들은 레온티프의 활동이론과 연관성은 있지만 중요한 부분에서 차이를 보이는 고유한 이론들을 개발했다. 여기에는 갈페린(Galperin)의 심리기능의 단계별 형성 이론(Galperin 1976, 1992; Arievitch 2003), 다비도프(Davydov)의 본질적 일반화 이론(Davydov 1990b), 진첸코(Zinchenko)의 미시구조분석(Zinchenko and Gordon 1976)이 포함되었다.

갈페린의 심리기능의 단계별 형성 이론은 내면화의 메커니즘과 조건을 다루었다. 이론의 출발점은 새로운 정신 기능과 능력의 형성을 내면화의 결과로 이해하는 것이었다. 학습 과정에서 개인은 외부 환경에서 다른 사람들과 협력하여 수행할 수 있는 행동을 내면화함으로써 정신 행동을 발전시킨다. 갈페린은 이 개념의 교육적 함의에 주목했다. 그의 목표는 내면화의 기본 메커니즘을 밝히고, 내면화에 대한 이해에 기초한 교육 방법을 개발하는 것이었다. 즉, 내면화를 지원해 줌으로써 학습이 용이해진다는 것이다.

갈페린의 이론은 크게 두 부분으로 나눌 수 있다. 첫 번째는 활동의 지향성이라는 개념에 기반을 둔 것이다. 이 개념은 갈페린에게 특히 중요한 의미를 갖는다. 인간 정신에 대한 그의 견해는 지향성 개념에 기초하고 있기 때문이다. 갈페린은 문화-역사적 전통의 근본 아이디어인 주체-객체 상호작용으로 드러나고 존재하는 인간 정신이라는 아이디어에서 출발했다. 그 다음 단계는 정신의 기능을 명확히 하는 것이었다. 갈페린에 따르면, 이 기능은 실제에서 통용될 수 있는 표현을 제공함으로써 주체를 세계 내에 정향한다. 이 견해는 지각과 정신적 표현의 역할을 과도하게 강조하며 일정정도는 인지주의적 접근처럼 보이기도 한다. 그러나 인지 심리학과 유사하다는 것은 겉보기에 불과하다. 갈페린의 핵심 개념인 활동의 지향성으로서의 표현은 객관적이고 정확한 세계를 나타내는 모델이 아니다. 오히려 그것은 실제에서 당면한 활동과 관련된 측면만을 고려하며, 매우 주관적이고 주체의 목적에 따라 달라진다고 간주됐다. 따라서 갈페린의 활동의 지향성 개념은 정신 모델과 정신적 표현에 대한 전통적 인지주의의 개념이 아닌 깁슨의 생태 심리학(Gibson 1979)과 더 유사하다.

활동의 지향성은 행동이 능숙하게 수행될 것으로 예상되는 특정 범위에서의 인지적 표현이며 구체적인 행동에 맞춰 특화된다. 표현은 두 가지 기준을 충족해야 한다. 첫째, 완벽해야 한다. 즉, 행동을 수행하는 데 필요한 모든 정보를 포함해야 한다. 둘째, 선택적이어야 한다. 즉, 관련성이 없는 정보를 걸러내야 한다. 예를 들어, 도시에서 자동차를 운전할 때의 지향성에는 거리의 배치, 명소, 도로 표지판 등은 포함되지만 건물의 건축 스타일은 제외된다. 갈페린에 따르면, 능숙하게 행동할 수 있으려면 다른 사람의 지향성을 전유하거나 자신의 지향성을 구축하는 방식으로 활동의 적절한 지향성을 개발하는 것이 매우 중요하다.

갈페린 이론의 두 번째 부분은 실행 수준을 높이기 위해 학습자가 내면적으로 수행해야 하는 행동의 내면화를 용이하게 하는 방법이다. 갈페린의 독특한 접근 방식은 외부적이고 물리적인 형태가 순차적으로 줄어드는 과제를 수행하도록 학습과정을 구성하는 것이었다. 처음에는 물리적인 대상을 가지고 작업한다. 다음에는 그 대상을 기호로 나타낸다. 그 다음에는 문제해결과정을 말로 설명한다. 그 다음에는 과제를 해결하면서 속으로 말한다—실제로는 의도적으로 말하지 않는다. 예를 들어, 응급구조팀의 팀원이 어떤 지역으로 가는 최단 경로를 찾는 방법을 배울 때, 처음에는 실제로 자동차를 운전해보고, 그 다음에는 지도를 사용하여 경로를 설정하고, 이후 큰 소리로 경로를 설명한 다음, 마지막엔 속말로 할 수 있다. 새로운 정신 행동의 단계별 형성에서의 기본 아이디어는 내면 작업의 확장 절차를 통해 내면화 과정을 관리 가능한 단계로 쪼갤 수 있다는 것으로, 학습자가 외적 수준에서 내적 수준으로 이행할 수 있게 된다는 것이다.

갈페린의 이론은 심리학 전반에 광범위한 영향을 미쳤지만(Arievitch 2003), 구체적인 연구의 범위는 주로 학교학습 및 조직학습과 같은 형식적 학습 환경으로 제한되어 왔다. 이 점이 이 접근 방식의 강점이자 한계다. 갈페린 이론은 창의적인 문제 해결과 같은 다양한 현상 분석에 적절하지 않다. 하지만 제한된 범위의 구체적인 교육방법 개발에는 유용하고 효과적인 도구로 판명되었다. 특히 이 접근법은 터치 타이핑 같은 운동 기능부터 오류 탐지 같은 복잡한 인지 기능까지 다양한 범위의 기능 형성에 성공적으로 사용되었다(Galperin and Kabylnitskaya 1974).

바실리 다비도프(Vassily Davydov) 이론도 주로 교육에 중점을 두었다. 이 이론은 현재까지 구소련/러시아 교육 심리학에 영향을 미치고 있으며, 교육과정, 교과서, 기타 교육자료 개발에 널리 적용되어 왔다. 러시아 학교의 대규모 종단 평가 연구에 이 자료와 개념을 사용했고 매우 긍정적인 결과를 보였다. 다비도프 이론은 비고츠키의 일상과 과학의 개념적 구분(Vygotsky 1982b), 일렌코프(Ilyenkov)의 변증법 논리(Ilyenkov 1977), 레온티프의 활동이론에 그 뿌리를 두고 있다. 다비도프 이론의 주요 아이디어는 *본질적 일반화*라는 특별한 종류의 개념적 전환을 위한 최적의 조건을 만드는 것을 교육의 목표로 삼아야 한다는 것이다.

본질적 일반화는 개념의 기본 원리를 밝히고 이 원리를 구체적인 사례에 적용할 수 있는 능력으로 이해되었다. 다비도프에 따르면, 본질적 일반화는 경험적 일반화의 반대, 즉 일련의 사례에서 불변하는 속성을 확인하고 그것에 기반을 두는 일반화다. 이 두 유형의 일반화를 구별하는 것은 교육의 개념 형성 전략에 직접적인 영향을 미친다. 경험적 일반화를 지원하는 효과적인 전략은 학습자에게 개념에 해당하는 사례를 최대한 많이 제공하는 것으로, 학습자는 각 사례의 영속적 속성을 추출할 수 있으며 이를 통해 개념 이해에 도달하게 될 것이라고 가정한다. 그러나 이 전략이 항상 성공적인 것은 아니며 구현에 어려움이 있다. 예를 들어, 가벼운 물체는 물에 뜨고 무거운 물체는 가라앉는 사례를 보여줌으로써 무거운 물체는 가라앉는다는 점을 학생들에게 알려줄 수 있다. 하지만 본질적 일반화에 도달하기 위해 학생들은 물체의 무게와 부피의 관계—밀도—가 물체의 뜨는 성질을 결정한다는 것을 이해해야 한다.

본질적 일반화의 또 다른 측면은 즉각적으로 관찰 가능한 경험적 데이터는 물론 문제의 개념과 연관된 다른 개념들의 관계 이해에 기반하고 있다는 점이다. 예를 들어, 물체의 뜨는 성질을 결정하는 것이 무게가 아닌 밀도라는 사실을 찾아내는 것은 대단한 통찰력이다. 그러나 경험적 데이터만을 기반으로 한다면 물체의 뜨는 성질에 대한 이해는 상당히 제한적이다. 특히 담수와 염수의 차이, 보트에 실을 수 있는 최대 용량 등 구체적인 질문에 답하는 데는 거의 도움이 되지 않는다. 물체의 뜨는 성질을 개념적으로 완전히 이해하려면 아르키메데스의 법칙을 이해해야 한다.

다비도프의 연구는 주로 학습자가 본질적 일반화에 도달할 수 있는 교육 활동을 지원하는 형태, 방법, 자료 개발을 대상으로 했다. 학생들에게 기본 원리를 알려주는 것은, 경우에 따라 유일한 방법일 수도 있지만 최적의 학습 경험으로 간주되지는 않는다. 다비도프 이론에서는 학습자의 능동적 탐구와 통찰력의 중요성이 반복적으로 강조되었으며, 교육의 궁극적인 목표는 (완전히 현실적이지는 않지만)—최소한 과학 교육만이라도—인류가 발전시킨 주요 아이디어를 재발견할 수 있도록 교육 환경을 조성하는 것이라고 설명하고 있다.

러시아에서 심리학 연구의 전 시기를 통틀어 활동이론 기반 심리학 연구를 통해 가장 집중적으로 다양하고 풍성한 열매를 맺고 있던 1970년대에 서구 심리학 이론의 주류는 인지 심리학이었다. 구소련의 심리학이 상대적으로 고립되어 있었음에도 불구하고 국제사회의 인지주의 경향은 활동이론 연구에 영향을 미쳤다.

1960년대 후반과 1970년대 초반, 인지과정 분야의 연구 프로그램들이 모스크바 국립대 심리학과에서 시작되었다. 지각은 활동이론에서 가장 인기 있는 연구 주제 중 하나였다. 뒤에 학과장이 된 레온티프는 그 프로그램에 적극적으로 참여했다. 그의 학생들은 인간의 인지에 대한 경험 및 이론적 탐구를 위해 광범위한 연구를 수행했다(Logvinenko and Stolin 1982; Velichkovsky 1982 등). 이론적인 관점에서 핵심 연구 대상 중 하나는 인지주의 패러다임의 가능성과 한계 및 인지주의와 활동-이론의 통합 가능성을 분석하는 것이었다.

인지 심리학에 대한 관심은 구체적인 조작의 구조와 발달 연구에 도움이 되는 방법과 개념을 일부라도 찾을 수 있을 것이라는 희망에서 비롯됐다. 자동 조작은 의식의 통제 없이 즉각적으로 실행되지만 복잡한 구조와 발달적 전환을 거친다는 점이 합리적 논증과 경험적 근거의 양 측면에서 모두 나타난다(Leontiev 1978). 그러나 활동이론에는 이러한 순간적이고 무의식적인 과정을 분석할 수 있는 강력한 연구 방법론이 없었다. 러시아 생리학자 니콜라이 번스타인(Nikolaj Bernstein 1967)의 연구를 통해 이러한 과정 분석의 이론적 가능성이 활동이론가들에게 알려졌다. 보행과 같은 능숙한 행동의 통제 구조에 대한 그의 모델은 여러 수준에서 동시다발적으로 일어나는 피드백-유형 제어를 기반으로 했는데, 일상적인 조작의 구조와 기능을 설명해주는 성공적인 사례가 되었다. 하지만 생명공학의 선구적 연구로 국제적 명망을 얻은 번스타인은 활동이론가도 심리학자도 아니었다. 그의 연구는 활동이론과의 연관성과 통찰력을 보여주기는 했지만 구체적인 활동이론 기반 심리학 연구에 직접적으로 사용되기는 어려웠다. 인지 심리학은 심리학의 홈그라운드인 순간적 과정 연구의 의미 있는 사례들을 제공했다. 인지주의적 방법과 개념은 특히 1970년대 소비에트 심리학의 수많은 연구에 영감을 주었다.

활동이론과 인지 심리학을 결합하려는 가장 정교한 시도가 1960년대 후반과 1970년대 초반에 블라디미르 진첸코(Vladimir Zinchenko)(Zinchenko 1971; Zinchenko and Gordon 1976)에 의해 이루어졌다. 진첸코는 인간 활동의 미시구조 분석 개념을 제안했다. 미시구조 분석의 주요 아이디어는 레온티프의 3단계 활동 모델을 4단계로 보완하는 것이었다. 네 번째 수준은 조작 수준의 하위 수준인 기능 블록이다. 진첸코의 설명에 따르면, 기능 블록은 앳킨슨과 쉬프린(Atkinson and Shiffrin 1968) 모델과 같은 1960년대 후반 정보처리 모델의 상자와 거의 동일하다. 이 모델은 수명 주기가 초 단위로 측정되는 조작을 수십 밀리초 단위의 소규모 프로세스로 분해하기 위한 방법으로 도입되었다. 순간적으로 일어나는 복잡한 정신 과정을 분석하기 위해 인지 심리학에서 개발된 실험적 방법이 조작의 숨겨진 구조를 찾아낼 방법론으로 제안됐다. 진첸코의 연구는 활동이론과 인지 심리학은 양립할 수 없으며, 원칙적으로 인지 모델이 활동-이론적 설명에 통합될 수 있음을 보여 주었다.

갈페린, 다비도프, 진첸코 이론은 레온티프의 활동이론과 밀접하게 연관된 주요 이론 중의 일부다. 그들은 1960년대와 1970년대에 전성기를 구가하던 모스크바 심리학파로 알려진 연구 공동체를 구성했다. 연구 프로그램과 개념 다양성에 기여한 모스크바 학파의 다른 연구자로는 알렉산더 루리아(Alexander Luria), 다닐 엘코닌(Daniil El'konin), 알렉산더 자포로제츠(Alexander Zaporozhets), 니나 탈리지나(Nina Talyzina)가 있다. 공동체의 주요 인물 대부분은 비고츠키의 제자들이었다. 이들이 공유한 비고츠키의 유산은 문화-역사적 심리학 외부의 수많은 개념의 영향에도 불구하고 공동체를 유지시키는 구심력 중 하나였다. 공동체를 형성시킨 또 다른 요인은 지리적 근접성이었다. 모스크바 심리학파 연구는 대부분 모스크바대학 심리학과와 러시아 교육 아카데미 심리학 연구소에서 진행되었으며, 두 기관은 서로 수백 미터 떨어진 곳에 위치하고 있었다. 지리적 근접성은 연구원들 간의 전문적이고 개인적인 관계의 조밀한 네트워크를 개발하는 데 필수적인 역할을 했다. 마지막으로, 공동체의 형성은 보다 거시적인 당시 소비에트 심리학의 사회적 맥락인 모스크바 심리학파와 여타 이론 연구 기관 간의 경쟁에 의해 결정된 측면이 있다.

SECTION 8.3 활동과 의사소통

활동이론은 수십 년 동안 러시아/소비에트 심리학에서 가장 저명한 이론이었지만 유일한 이론은 아니었다. 구소련의 주요 연구센터 가운데, 소비에트 연방(USSR) 과학아카데미 심리학회와 레닌그라드(현 상트페테르부르크) 대학 심리학부는 특히 활동이론에 우호적이지 않았다. 이는 경쟁자를 대하는 활동이론 공동체의 태도 때문이었다.[18]

보리스 로마브(Boris Lomov)는 〈심리학에서 활동의 문제〉(1981)에서 레온티프 이론에 관한 주요 비판들을 체계적이고 명확하게 제시했다. 1979년 레온티프 사망 직후 출간된 이 논문으로 인해 모스크바대학 심리학부의 전통적 거점이었던 여러 연구센터의 핵심 요직에 있던 활동이론 지지자들을 축출하는 권력 투쟁이 촉발됐다. 당대 소비에트 심리학의 명망가였던 로마브는 이 논문을 통해 심리학 연구에 활동 개념을 적용하는 것에 대해 우려를 표했다. 로마브는 레온티프에 대해 직접 언급하지는 않았지만, 그가 비판의 표적임을 숨기지 않았다.

로마브는 활동을 주체-객체 관계로 이해하는 것은 활동을 사회, 역사적 과정으로 간주하는 마르크스의 관점과 모순된다고 주장했다. 로마브에 따르면, 개인의 활동은 그 활동이 수행되는 거시적 사회 맥락 안에서 발생하는 활동의 기능을 토대로 분석해야 한다.

> 활동을 분석하기 위해서는 생산, 교환, 소비, 생산 수단의 소유, 민주정치 제도, 문화 발달, 이데올로기, 과학 등과 관련된 사회적 관계 시스템, 즉 사회적 삶의 총체적 맥락 안에서 봐야 한다(Lomov 1981).

18 1990년대까지 활동이론과 그 라이벌 간의 이론 논의는 모두 페레스트로이카 이전의 소비에트 연방이라는 독특한 사회적 맥락 속에서 개념 논쟁, 권력 투쟁, 이데올로기, 개인적 갈등이 결합된 상태로 나타났다. 결과적으로, 대부분의 논쟁이 적어도 인쇄 매체에서는 논쟁처럼 보이지 않았다. 양측 모두 직접적인 코멘트를 피하려 했고, 직접 대면하는 경우도 거의 없었다. 코멘트가 있더라도 무시하거나 반론을 생략하여 답변하곤 했다. 1970년대 후반의 한 저자인 캡텔리닌(Kaptelinin)은 모스크바대학 심리학부 학부 과정에 있었다. 그 당시 모든 교육 및 연구 활동에서 항상 "우리"와 "그들"은 구분되었다. 이러한 모스크바대학 심리학부와 그 반대 세력들 간의 대립은 1970, 1980년대와 1990년대에 끝이 났다. 특히 소비에트 연방의 경제 붕괴와 이데올로기 문제에 가려져 대립의 핵심 인물들은 더 이상 활동하지도 대립하지도 않게 되었다.

이러한 철학적 논쟁을 통해 로마브는 심리학 연구의 새로운 의제를 제안하기에 이르렀으며, 마르크스 이론에 따라 활동을 사회, 역사적 현상으로 이해하는 것이 보다 적절하다고 보았다. 그는 (개인) 주체-객체 상호작용에 초점을 맞춘 레온티프와 달리 *집단* (*또는 공동*) 활동을 심리학 연구의 기본 대상으로 할 것을 제안하였다.

이러한 연구 방식에는 두 가지 장점이 있다. 첫째, 그룹 안에서 수행되는 개인의 역할을 분석하는 것은 개인의 활동 동기와 목표 설정, 활동 구조를 드러내는 연구 전략이다. 둘째, 사회적 행위 연구는 개인 활동의 분석만으로는 알기 힘든 의사소통을 연구할 수 있는 방법이다. 주체-객체 관계(즉, 개별 활동) 분석은 주체-주체 관계(즉, 의사소통) 분석으로 보완되어야 한다는 점을 시사한다.

레온티프에 대한 로마브의 비판은 그다지 구체적이지 않아서 실현가능한 대안을 개발하는 데까지 이르지 못하였다. 특히 그의 비판에서는 사회적 활동 연구에서 활동-이론적 관점으로 수행한 의사소통 및 협력에 관한 구체적인 연구들을 사실상 도외시했다(Andreeva 1997). 레온티프는 의사소통 및 사회적 상호작용을 분석하기 위한 몇 가지 개념을 구체적으로 제안했다. 먼저, 레온티프의 연구에서 거듭 강조되는 주제는 개인 및 사회적 활동을 망라한 모든 활동에 내재된 사회적 성격에 대한 것이다(Leontiev 1978). 또한 엘코닌(El'konin 1977)에 이어 레온티프가 객체를 '사회적 사물'과 '사회적 인간'의 두 가지 유형으로 구분함으로써 의사소통을 특수한 유형의 주체-객체 상호작용으로 정의할 수 있게 되었다. 이 해석을 뒷받침하는 간단한 논증은 다음과 같다. (항상 그렇진 않지만) 일반적으로 사람들이 사람과의 상호작용 방식과 사물과의 상호작용 방식이 다름에도 불구하고, 사람들은 타인 역시 자신과는 다른 존재로 인식한다. 이와 같이 상호작용하는 주체들은 모두 동일한 지위를 갖기 때문에 의사소통은 외부의 객관적인 관찰자에 의해서만 주체-주체 상호작용으로 기술될 수 있다.

마지막으로, 집단 주체 개념은 활동이론으로 인간-인간 상호작용을 분석하기 위해 채택되었다. 이 개념은 레온티프 자신이 정교화하지는 않았지만 그의 동료들, 특히 아서 페트로브스키(Arthur Petrovsky)(Petrovsky and Petrovsky 1983)와 갈리나 안드리바(Galina Andreeva 1997)가 사회심리학 분야의 구체적인 연구에 널리 사용했다. 활동 주체가 개인이 아닌 집단 또는 조직인 경우, 의사소통은 복합 주체를 구성하는 요소들 사이의 관계로 볼 수 있다. 이런 관점에서 의사소통은 활동에 의해 결정되고 활동에 종속되므로, 의사소통이 활동과 동일한 이론적 지위를 갖는다는 주장(Lomov 1981)은 인정될 수 없다. 이 관점에서 활동은 의사소통을 분석하는 데 사용할 수 있는 보다 근본적인 범주다.

정리하자면, 레온티프의 활동이론에서 다음과 같은 아이디어는 주체-주체 상호작용 또는 의사소통과 관련된 이슈를 다룬 것이다. (a) 객체를 사람과 사물로 구분하는 것 (b) 의사소통을 활동의 특정한 유형으로 간주하는 것 (c) 의사소통을 집단적 활동 주체의 각 구성요소들을 연결하는 프로세스로 정의하는 것. 그러나 활동이론 외부의 비판적 관점에 비춰봤을 때(Lomov 1981), 이러한 개념적 도구들은 개인 활동에 대한 사회적 결정성을 구체적으로 분석하기에는 부적절한 것으로 보였다. 사람과 사물의 활동 객체로서의 지위가 다르다는 점을 지적하는 것만으로는 근본적인 메커니즘과 둘의 차이가 갖는 함의를 이해하는 데 그다지 도움이 되지 않는다. 집단 주체 개념은 연구의 구체적인 지침이 될 수 있는 세부사항들이 충분히 개발되지 않았으며, 집단 활동에 참여한 집단적 주체의 상호작용 외부에서 이뤄지는 의사소통에는 적용할 수 없었다.

모스크바대학 심리학부에서는 의사소통 문제를 다루는 레온티프의 방식에 대한 로마브(1981) 등 외부의 비판을 대체로 이론적 갈등이 아닌 정치적 목표에 따른 권력 투쟁의 일부로 해석했다. 이런 이유로 이들의 주장은 대부분 받아들여지지 않았다. 이 논쟁은 활동이론 공동체에서 즉각적인 반응과 폭넓은 토론을 이끌지 못했다. 하지만 비판적 이슈들은 결과적으로 개인 활동과 집단 활동 및 활동과 의사소통의 관계를 재고하도록 촉진함으로써 활동이론의 새로운 발전에 간접적으로 기여했다.

1980년대에 레온티프의 이론적 유산이 재평가되면서 인간 활동의 사회적 성격이 활동의 구조와 기능을 결정하는 방식 및 사람들이 사람과의 상호작용 방식과 사물과의 상호작용 방식을 달리하는 이유에 대해 제대로 설명하려면 이론이 보다 더 발전해야 한다는 인식이 점차 증가했다. 라지크호프스키(Radzikhovsky 1983)의 지적대로 레온티프의 3단계 모델은 실제 또는 가상으로 존재하는 타인으로 인해 활동이 변화하는 이유 또는 심리학적 관점에서 '타인'과 물리적 객체의 질적 차별성에 대해 설명하지 못한다.

레온티프 이론의 한계를 이해함으로써 개인과 사회의 간극 해소라는 지속적인 도전에 대처할 수 있는 새로운 개념을 모색하게 되었다. 다음 절에서 볼 수 있듯이 이 연구는 여전히 진행 중이다.

SECTION 8.4 개인과 사회: 분석 관점들의 "중도에 있기"

워치(Wertsch)는 다음과 같이 말했다.

> [인문사회과학에서] 분석의 관점은 다음 둘 중 하나다. 첫째는 사회적 현상에 대한 설명으로 시작해서 개인의 정신 기능을 설명하는 방법이고, 둘째는 개인의 심리과정에서 시작해서 사회 현상을 다루는 것이다(Wertsch 1998).

워치(1998)에 따르면, 심리학 및 기타 사회과학에 관한 현대 연구들은 에이전트로서의 개인을 일차적 분석의 대상으로 보는 방법론적 개인주의를 취하고 있다. 비고츠키의 문화–역사적 심리학 기반 연구들을 비롯한 사회문화적 분석은 개인–사회의 모순을 극복하고 여러 분석적 관점 사이에서 중도적 관점을 취하고 있다.

개인과 사회의 변증법적 연구방법 탐색은 활동이론의 (문화–역사적 연구에서 보다 일반적인) 핵심 이론적 과제이다. 그러한 탐색은 지난 수십 년 동안 수많은 연구에서 수행되어 왔다. 그 기본 전략은 다음과 같이 요약할 수 있다.

- 개인 및 집단의 모든 활동은 이전의 집단적 행위가 변화된 결과로 나타난다.
- 개인의 행위를 집단적 행위로 이해한다.
- 개인 및 집단적 행위를 다층적으로 분석한다.

라지크호프스키(1983)는 집단적 행위를 분석의 기본 단위로 삼고, 모든 행위는 집단적 행위에 기인한다고 간주함으로써 레온티프의 활동 개념은 수정되어야 한다고 주장했다. 이는 분석의 초점을 개인의 행위에서 집단적 행위로 전환한 로마브(1981)의 주장과 일맥상통하는 듯 보이나, 실제로 두 견해는 상당한 차이를 보인다. 라지크호프스키는 레온티프의 주체–객체 관계를 발달적 맥락에서 재구성해야 한다고 주장했다.

라지크호프스키의 분석 전략은 아이가 다른 사람과 공동으로 수행하는 최초의 활동을 시작으로 개인 활동의 발달을 추적하는 것이었다. 일반적으로 아이에게서 나타나는 최초의 활동은 엄마와 함께 이루어진다. 이는 두 가지 기존 활동의 결합이 아니라, 오히려 아이의 활동이 나타난 최초의 맥락이다. 비고츠키 발달이론에 따르면 새로운 능력이나 새로운 심리적 기능은 사람들 사이의 상호작용에서 비롯되고(개인 간 층위), 그것이 개인에게 전유되어(개인 내 층위) 발달로 나타난다. 따라서 개인의 발달은 이전의 타인과의 상호작용이 전유된 결과라 볼 수 있다.

따라서 라지크호프스키는 모든 개인의 객체 지향적 활동의 초기 형태는 집단적 행위의 기본 구조 형태를 유지한다고 보았다. 아이의 집단적 행위에는 반드시 기호와 의사소통이 포함되며, 어떤 활동이든 이러한 구성요소가 있기 때문에 이를 분석의 초점으로 맞출 필요가 있다.

라지크호프스키는 비고츠키의 아이디어뿐만 아니라 러시아의 기호학자이며 문학비평가인 바흐친(Bakhtin)(Bakhtin, 1981, 1990; Cheyne and Tarulli 1999)의 대화체의 잠재성(hidden dialogicality)이라는 개념을 발전시켜 집단적 행위를 분석의 기본 단위로 제시하였다. 바흐친은 독백을 포함하여 어떤 말이든 실제 또는 가상의 대화체로 이해해야 한다고 보았다. 모든 발언은 타자를 염두에 둔 것으로, 합의하기, 반대하기, 의문시하기, 정교화하기 등의 의미를 담고 있으며 그 의미는 직접적으로든 간접적으로든 대화체 차원에서 이해될 수 있다. 비슷한 맥락에서 라지키호프스키는 모든 개인 활동이 직접적으로 객체를 지향하는 것이 아니라, 다른 사람을 통해서 객체를 지향한다고 보았다. 따라서 활동은 다른 사람의 행위에 응답하려는 형태로 나타난다. 그러므로 각각의 활동은 기호학적 활동이다.[19] 매개 및 생산 기호는 개인의 객체 지향적 활동에 암묵적으로 포함되어 있으며, 다른 사람들과 상호작용할 때 명시적인 의사소통의 형태로 나타난다.

워치는 사회문화적 분석에서 개인과 사회로 구분된 분석의 단위를 연결하는 새로운 분석의 단위를 정의하였다. 그는 버크(Burke 1966)가 정의한 인간 행위의 5가지 관점인 '행위', '상황', '에이전트', '에이전시', '목적'에 영감을 받아, 매개된 행위 및 매개적 수단을 가지고 행위하는 행위자를 분석의 단위로 제안하였다. 워치는 다음과 같이 말한다.

---

19 드 수자(de Souza 2005)는 이와 비슷한 개념을 인간-컴퓨터 상호작용에 대한 기호 공학적 접근에서 다루었다. 이 접근법은 사용자와 디자이너가 상호작용할 때 일어나는 의사소통의 관점에서 디자인되고 해석될 수 있는 사용자와 시스템 간의 상호작용의 아이디어를 기반으로 한다.

매개 수단이나 문화적 도구가 인간 행위에 포섭되는 방식을 살펴보면 인간은 중간에 위치한다. 이는 인간 행위를 규정하는 힘이 개별 에이전트를 능가한다는 것을 의미한다(Wertsch 1998).

워치는 과거를 재현하는 문화적 도구인 내러티브 방식을 활용하여 '엄마와 아이의 공동 문제 해결'부터 '장대 높이뛰기'에 이르는 현상을 연구하였으며, 분석의 단위를 매개된 행위로 하였다.

라지크호프스키와 워치는 개인과 사회를 분리하지 않기 위해 개인의 사회성과 의사소통의 잠재적 성격을 드러냈다. 이는 개별 활동 속 고유한 사회성을 찾는 것이라 볼 수 있다. 어떤 의미에서 이는 4장의 활동시스템 개념을 고안할 때 활용한 엥게스트롬(1987, 1990)의 방식과 상반되는 부분이 있다. 엥게스트롬은 개별 주체-객체 관계를 거시적 사회 맥락에 두었으며, 개인 활동이 포함된 생산, 소비, 분배의 사회적 과정 전체 시스템으로 개인 활동의 분석 범위를 확장하였다. 매개된 개인 행위와 행위의 외부로 이해되는 공동체 간의 복잡한 관계를 둘러싼 현상을 통해 주체-객체 관계의 사회성을 이해하려는 것은 로마브(1981)가 레온티프 이론의 한계를 극복하고자 한 시도와 비슷해 보인다.

한편 라지크호프스키, 워치, 엥게스트롬의 서로 다른 전략—개별 활동의 사회성을 활동 자체의 특정 측면으로 보거나(Radzikhovsky, Wertsch), 더 넓은 맥락에서 객체와 프로세스를 이해(Engeström)—은 각각의 강점과 약점을 보완하는 접근법이 될 수 있다. 활동 그 자체와 사회적 맥락에서 인간 활동의 사회적 본질을 이해하는 중요한 요소를 찾을 수 있다. 개인과 사회의 관계를 이해하기 위한 가장 좋은 방법은 개인의 역동성에서 다양한 매개 수준을 통한 거시적 사회 맥락의 변화까지, 각기 다른 수준에서 이루어지는 연구들을 결합하는 것이다(Cole 1996; Kaptelinin and Cole 2002; Stetsenko 2005 참조).

SECTION 8.5 결론

활동이론은 모든 질문에 답할 수 있는 인간의 본성에 대한 궁극적인 진리의 집합체는 아니다. 이 장에서 알 수 있듯이 활동이론에 대해서는 지금까지도 개념적, 사회적, 개별적 논쟁이 계속되고 있다. 기존 개념의 문제점을 발견하여 해결 방법을 모색하고, 새로운 문제를 이해하여 기존 개념을 활용하거나 새로운 개념을 개발함으로써 해결을 시도하고 있다.

PART 03

인터랙션 디자인 이론

CHAPTER

09 탈인지주의 이론과 인터랙션 디자인

2장에서 인터랙션 디자인에 이론적 프레임이 필요하다는 점에 관해 다루었다. 이 분야에서 다양한 이론들이 서로 영향을 미치며 기여해왔다. 이 장에서는 인터랙션 디자인과 관련된 탈인지주의 이론인 활동이론, 분산인지, 행위자 네트워크 이론 및 현상학에 관해 살펴보겠다. 인터랙션 디자인 분야에서 이 이론들은 인지주의 이론의 한계와 문제점에 대해 대안을 제시해 왔다는 점에서 이들을 총칭해서 탈인지주의 이론이라 할 수 있다.

인지에 있어서 도구의 중요성을 강조해온 HCI(Hollan, Hutchins, and Kirsch 2000)와 CSCW(Rogers and Ellis 1994) 분야에서 분산인지는 잘 알려져 있는 이론이다. 행위자-네트워크 이론은 최근 들어 그 영향력이 커지기 시작했다(Berg 1997; Hanseth and Lundberg 2001; Holmström and Stalder 2001; Kling, McKim, King 2003; Mahring et al. 2004; Lamb and Davidson 2005). 일상의 경험을 연구 대상으로 하는 현상학은 인터랙션 디자인 이론을 선도해왔다(Winograd and Flores 1986; Suchman 1987; Dourish 2001a).[20] 분산인지, 행위자-네트워크 이론, 현상학은 활동이론과 많은 공통점이 있지만 방법론에 있어서 결정적 차이가 있다. 이 장에서는 이들 이론들 사이의 공통점과 차이점에 대해 살펴보기로 한다. 이를 위

---

20 이 장의 논의는 기술을 핵심 구성요소로 주요하게 다루며 인터랙션 디자인에 영향을 미친 이론에 국한된다. 레이브(Lave)의 연구는 나르디(Nardi 1996a)에서 논의되었다. 인터랙션 디자인에서 브르디외(Bourdieu 1998), 푸코(Foucault 1984), 세르토(de Certeau 2002) 등의 연구는 관심의 대상이긴 하지만, 논의의 중심은 아니다.

해 칼론(Callon 1986)과 라투르(Latour 1992)의 행위자-네트워크 이론, 허친스(Hutchins 1995), 클라크(Clark 1997), 애커먼과 할버슨(Ackerman and Halverson 1998)이 제시한 분산인지에 관해 소개하고, 특히 현상학에 관한 소개는 현상학 자체[21]보다는 인터랙션 디자인이라는 우리의 목적에 부합한다고 생각되어 두리쉬(Dourish)의 설명에 의존했다.

SECTION 9.1 탈인지주의 패러다임의 특징

탈인지주의 이론은 인간의 삶에서 테크놀로지가 핵심적인 역할을 한다는 점에 모두 동의한다. 각 이론에서는 각자 고유한 방식으로 테크놀로지에 관해 다룬다. 활동이론의 핵심 원리는 도구에 의한 매개다. 분산인지에서는 인지가 사람과 도구에 분산되어 있다고 보았다(Pea 1993; Salomon 1993; Hutchins 1995). 행위자-네트워크 이론에서는 사물 또는 기계 등이 행위자-네트워크 안에서 인간과 상호작용하며 스스로 에이전트가 되는 기술 에이전시에 주목하였다(Callour 1986; Latour 1994). 현상학, 특히 하이데거(Heidegger 1962)에서는 인지를 존재의 양상, 즉 도구 일반을 포괄하는 '세계-내-존재'에서 유래하는 것으로 보았다.

이론들 사이의 또 하나의 공통점으로는 피부를 경계로 개인의 존재를 규정할 수 없다는 관점을 들 수 있다. 활동이론에서 인지는 도구 및 타인들과의 실제 활동에 따른 결과물이므로 마음은 필연적으로 한 개인이라는 경계를 넘어선다. 기능 기관(functional organ)이라는 개념에는 인간과 도구 사이에 존재하는 긴밀한 결속이라는 의미가 함축되어 있다(Ukhtomsky 1978; Zinchenko 1996; Leontiev 1981에서 인용). 하이데거(1962)가 도구 사용을 장비로 개념화한 것은 도구를 객체 지향 활동에서의 매개체로 상정하는 활동이론의 도구 프레임과 유사하다고 볼

21 다른 사람들의 이론을 간단히 요약하는 것은 위험하다. 우리가 검토한 이론들에 늘 내적 일치성이 담보된 것은 아니어서 일반화하는 데 어려움이 있었다. 예컨대, 니콜리니 외(Nicolini, Gherardi, and Yanow 2003)는 행위자-네트워크 이론은 "이론적으로 완벽하게 체계화되지 않았지만" 그보다는 "해석적 감성이자 문학적 장르"라고 언급했다. 감성이나 장르와 같이 열려있는 것에 이르는 길은 한 가지가 아니다. 우리는 몇 가지 경로를 선택했으며 서로 다른 해석이 가능하다는 것을 알고 있다. 이 지점에서 로즈, 존스 및 트루엑스(Rose, Jones, and Truex 2005)도 참조 가능하다.

수 있다. 장비는 목적 지향적 활동을 위한 도구이자 과제 수행을 위한 연장이며, 인간의 사고는 그러한 연장의 사용과 밀접한 관련이 있다(Dourish 2001a 참조). 분산인지에서는 인지를 시스템 안에서 서로 대등한 위치에 있는 인간과 도구를 둘러싸고 분산되어 있는 것으로 본다(Hutchins 1995). 행위자 네트워크 이론에서는 인간과 도구를 거대한 네트워크 안에 배치시키며, 어떤 경계도 개인(체)을 단위로 성립할 수 없다고 보았다.

탈인지주의 이론에서는 심신 이원론을 거부한다. 비고츠키는 내면화와 내적 심리기능의 아이디어를 활용해서 인간 내면의 인지와 외부 세계 간의 역동적인 관계에 관해 설명하고자 했다. 외부 세계는 인공물 및 타인으로 구성된다. 레온티프는 행동을 자극과 반응 사이의 단순한 이중성으로 보는 비매개성의 가정에 대해 비판적인 입장을 취했다. 그는 행동에 대해 설명하기 위해서는 보다 복잡한 개념이 요구된다고 보았다. 그에 따르면 외부 세계의 영향에 따라 나타난 결과는 그 영향에 따른 직접적인 결과가 아니라 주체에 의해 굴절된 결과다(Leontiev, 1977).[22]

현상학에서는 인간과 도구의 필연적 관계를 통해 마음과 세계의 총체성에 관해 해명하고자 했다. 분산인지(Salomon 1993; Hutchins 1995; Salomon and Perkins 1998)에서는 마음을 고립된 실체로 상정하게 되면 인지의 특성을 제대로 파악하는 것이 불가능하게 될 것으로 보았다. 행위자-네트워크 이론에서는 다양한 유형의 노드들이 자유롭게 결합할 수 있는 네트워크 안에 모든 활동을 배치한다. 이 모든 개념은 이원론을 극복하고 마음과 세계의 근본적인 총체성을 설명하기 위해 도입되었다. 탈인지주의 이론에서는 세계와 단절된 데카르트적 개인에 대해선 더 이상 다루지 않는다. 그리고 전통적으로 인간의 마음과 분리되어 존재하며 실재 세계에 속하는 것으로 간수되던 에이전트와 인지 등 현상들이 어떻게 물리적, 사회적으로 분산되어 있는지에 주목해왔다.

탈인지주의 이론은 인지과학에서는 물론, 생물학, 신경과학 및 기술과 별다른 연관성이 없어 보이는 철학과 심리학 분야에서의 권위 있는 이론의 중요한 대안이 되고 있다. 인간의 보편적인 능력과 경험에 대해 기술하는 기존의 이론은 문화 변동 현상인 테크놀로지에 대해 언급하긴 하나 중요하게 다루지 않는다.

생물학이나 여타 분야의 이론들의 경우, 심도 있게 검토하지 않더라도, 테크

---

22 레온티프는 루빈스타인의 연구를 암묵적으로 언급하면서, 영향과 주체 사이의 관계에서 나타나는 특수성에 대해 상세하게 설명하려 했다.

놀로지에 대해서는 그리 중요하게 주목하지 않는다는 점을 금세 알아차릴 수 있다. 신경과학에서는 뇌와 뇌의 정보처리 과정 및 유전자를 인지가 이루어지는 장소로 간주한다(Edelman 1992; Crick 1993; Searle 1995). 크릭(Crick 1993)은 감정, 기억, 열망, 정체성, 자유 의지는 신경 세포 및 그와 관련된 분자들로 이루어진 거대한 집합체의 반응일 뿐이라고 하였다. 윌슨(Wilson 1975) 등 사회생물학자들은 유전자에 대해 초기 인류의 생존 투쟁에서 선택되어 사회 활동을 결정하는 요인이라고 설명하였다. 프로이드, 융, 매슬로우, 파블로프, 스키너의 심리학 이론에서는 모두 범인류적인 프로세스를 상정한다. 프로이드는 억압, 거부 및 반응형성 등의 보편성을 주장했으며, 매슬로우는 욕구의 보편적 위계를 제시했다.

이런 보편적인 규정 방식은 고도로 변화무쌍한 세계와 그 세계에서 일어나는 실제 활동의 각양각색을 단순화시켜 버린다. 하지만 테크놀로지의 설계와 배치는 보편적인 생물학적, 심리학적 모델로 설명하기 어려운 인류의 진화과정에서 방대한 문화적 자원이 총동원되어 비롯된 비약적 발전의 성과물이다. 침팬지 등 비인간 영장류의 간단한 도구 사용 사례는 초기 인류 공동체에 도구가 도입된 방식에 대해 시사하는 바가 많지만(Köhler 1925; Goodall 1964), 여타 영장류와 달리 인간의 진화에서는 테크놀로지의 사용에 앞서 언어의 사용이 있었다는 점에 주목해야 한다(Donald 1991). 초기 인류는 언어 발달에 힘입어 도구에 관해 소통할 수 있는 능력과 사회성이 증대되면서 독창적인 인공물들을 빠르게 발전시켜 나갔다(Wells 2000 참조).

인간의 경험과 관련해서는 도구 사용의 우선성에 관한 이론화가 필요한데, 탈인지주의 이론에서는 이 문제에 관해 다룬다. 유전자, 뉴런, 꿈, 신경증 등 보편주의 이론이 취하고 있는 환원주의적인 해명과 달리, 탈인지주의 이론은 인간 활동의 복잡성에 대해 상세히 기술한다는 점이 그 특징이라 할 수 있다. 보기에 일상의 평범한 활동조차도 섬세하게 기술한다. 더욱이 이들 이론에서는 그렇게 묘사한 뒤에도 여전히 할 말이 남아 있게 마련이다. 키르쉬(Kirsh 1995)는 샐러드를 만드는 요리사의 과정을 놀랍게 복잡한 활동으로 기술했다. 스크립너와 삭스(Scribner and Sachs 1990)는 공장 창고에서 진행된 훈련과정에 대해 디테일하게 묘사했다. 벨라미(Bellamy 1996)는 중학교 교실에서 작동하는 테크놀로지의 기능에 대해 상세히 분석했다. 탈인지주의 이론이 우리에게 가르쳐준 것이 있다면, 더 세밀하게 관찰할수록 일상의 경험과 행위의 복잡성이 더 잘 드러나고 그 결과 환원주의적 함정에서 헤어날 수 있게 된다는 점이다.

탈인지주의 프로젝트는 구조화된 활동이 생성하는 미시적인 과정과 거기에 담긴 미묘한 의미에 관해 분석하는 것이었다. 게라르디와 니콜리니(Gherardi and Nicolini 2000)에 따르면, 인간의 행위는 그것이 일어나는 특정한 조건과 연관지어 설명해야 하는 바, 탈인지주의 이론은 다양한 환경에서 일어나는 활동에 대해 디테일하게 이야기한다는 장점을 가지고 있다.[23] 탈인지주의 이론은 경험의 중심에 테크놀로지가 깊숙이 자리 잡고 있음을 깨닫게 하는 데 기여했다. 탈인지주의 이론들은 사람을 테크놀로지와 얽혀있는 존재로 묘사한다는 점에서 공통점을 보인다. 이 이론들은 인간의 삶에 자신의 독특한 특성을 불어넣어준, 인간이 설계한 기술적 인공물이라는 발명된 세계에 대해 탐색할 수 있는 토대를 마련해 주었다.

SECTION 9.2 탈인지주의 패러다임의 다양성

앞서 밝힌 상당한 공통점에도 불구하고, 탈인지주의 이론 사이에는 중요한 차이가 있다. 여기서는 의도와 일상의 균열인 창의성, 성찰성, 저항이라는 두 가지 쟁점을 통해 그 차이점에 관해 살펴보겠다. 이 쟁점은 개개인 주체에 대한 이론화가 가능한가를 둘러싼 문제이다. 활동이론은 테크놀로지를 통해 힘을 갖게 되고 사회적으로 맥락화되는 주체로서의 개인에 대한 개념을 발전시키는 데 집중하고 있다. 분산인지 및 행위자-네트워크 이론은 이 문제에 대해선 여전히 논쟁 중에 있다. 현상학에서는 활동이론 과제를 함께 한다. 하지만 현상학에서는 개인의 심리를 탐구하는 심리학적 관점에 대해 매우 큰 거부감을 표하기 때문에 활동이론만큼 주체에 대해 해명하는 데까지 나아가지 않는다.

시스템, 네트워크, 조직, 기관, 문화, 초개인적 존재의 층위에 대한 분석이 다양한 목적에 맞게 유용하게 쓰이기는 하지만, 인터랙션 디자인 및 테크놀로지의 사용과 관련해서 개인 주체 개념이 요구되는 쟁점들이 있다. 많은 연구에서 밝혀졌듯이 초개인적 존재가 개별 주체의 특정한 행위 방식을 대신하거나 대표

23 현상학의 초기 연구에서는 그다지 활발하지 않았지만, 초기 연구를 통해 활동을 미시적으로 설명하는 방법론을 취하는 민속방법론이 등장했다(Dourish 2001a 참조).

할 수는 없다. 여기서는 시스템 수준의 분석에서 다루지 않는 개인 주체의 속성인 의도성(intentionality)과 사회적 조건에 대한 개인 주체들의 반응과 관련하여 창의성, 성찰성, 저항 등 일상에서의 균열에 관해 이야기할 것이다. 일부 탈인지주의 이론에서는 개인을 중시하지 않지만, 우리는 인터랙션 디자인에서 개인의 활동을 드러내기 위해 개별 주체와 관련한 쟁점을 부각시키고자 한다. 또한 협력에 대해 상당히 다이내믹한 양상으로 본 레이틀(Raeithel 1996)의 연구를 참고하여 협력 활동을 어떻게 이해할 수 있는지 살펴보겠다.

9.2.1 인간의 특성: 의도성을 지닌 존재인가, 네트워크의 노드인가?

3장에서 보았듯, 활동이론은 목적지향적 주체에서 출발한다. 오직 생명체만이 욕구를 갖는다. 이러한 욕구는 주체의 욕구와 객체 사이에 오가는 교섭 행위를 통해 충족될 수 있다. 욕구가 객체와 조우할 때, 객체는 동기가 되어 주체의 활동을 지시한다. 인간에게 욕구는 상당 부분 문화적으로 결정된다. 활동이론에서 가장 핵심적인 개념은 문화에 따라 동기화되는 주체의 활동이다.

비고츠키는 활동의 목적지향성이 성숙한 성인의 고등정신기능을 정의하는 특성임을 누누이 강조해왔다. 그의 저서 〈생각과 말(Thought and Language)〉에서 그는 다음과 같이 언급한 적 있다.

> 어린아이는 먼저 그린 뒤에 그것이 무엇인지 결정한다. 좀 더 나이가 들면, 반쯤 그렸을 때 이름을 붙인다. 그리고 드디어 무엇을 그릴 것인지 사전에 결정하게 된다(Vygotsky 1986).

활동이론에서 인류의 진화과정에서 어떻게 지향성과 인지 능력이 생성되었는지 해명하고자 하였다(Miettinen 1999). 루리아(Luria), 레온티프, 비고츠키의 저작을 바탕으로 미에티넨은 이러한 문제의식을 다음과 같이 피력하였다.

> 객체들의 환경과의 직접적이고 즉각적인 충동적 관계는 점차 단절되어 왔다. 의사소통 및 도구의 제작과 사용을 특징으로 하는 문화가 발전함에 따라 다양한 유형의 인지 능력이 발생하였다. 인지 능력은 장차 일어날 일을 상상하고 계획할 수 있는 능력인 의도성 또한 포괄하고 있다(Miettinen 1999).

미에티넨(1999)은 오직 인간만이 인간과 사물의 새로운 조합을 축조하는 데 주도권을 행사할 수 있다는 점을 분명히 했다. 여기서는 의도성에 관하여 미에티넨의 설명을 따랐다. 인터랙션 디자인 관점에서 바라보는 의도성에 대한 보다 자세한 내용에 관해서는 버튼(Button), 쿨터(Coulter) 및 샤록(Sharrock 1995)이나 두리쉬(2001a)를 참조해도 좋다.

현상학에서도 의도성을 가진 주체 개념을 상정한다. 두리쉬는 현상학에서 의도성 개념이 어떻게 변화해 왔는지 그 궤적에 대해 추적하면서 목적지향적인 실제 과업을 통해 세계와 조우하는 하이데거의 주체에까지 거슬러 올라간다. 두리쉬에 따르면 주체에게 지향성은 근본적으로 '실제적'이다. 그것은 목표지향적이며 활동적이다. 활동이론과 현상학에서는 공히 활동의 주체로서의 인간은 도구를 매개로 하여 의미 있는 활동에 참여한다고 보았다. 주체와 도구 사이의 비대칭성을 반영하는 개념들인 '사용 중인 연장'과 '공현존의 연장'(Heidegger 1962), 기능 장비(Zinchenko 1996), 도구적 매개(Vygotsky 1986; Wertsch 1998), 프레임의 이동(Bødker 1996; Koschmann, Kuutti, and Hickmann 1998)과 같은 개념들이 출현하였다.

현상학과 활동이론에는 도구를 인간 경험의 매개체로 본다는 공통점이 있다. 현상학, 특히 하이데거에게 도구는 목표를 달성하기 위해 세계와 교섭하는 방식을 의미하기 위한 비유적 표현이다(Dourish 2001a). 하이데거는 도구가 목적지향적 과업인 '하기-위한-것'과 결부되어 있다는 점에 주목했다(Heidegger 1962). 하이데거는 사용 중인 연장과 공현존의 연장을 구분한다. 도구가 일에 투입되어 있을 때, 우리는 그 도구를 의식하지 않는다. 도구를 사용해서 과업을 수행할 뿐이다. 이것은 활동 단계의 조작 수준에 해당한다. 그러나 도구가 고장 나거나 사용에 문제가 생기면 그 도구를 의식하게 되고 문제를 치리해야 한다. 그때 도구는 우리 앞에 생생하게 드러나 현존한다. 이런 논리는 활동이론에서 말하는 조작 수준이 행위 수준으로 전환되는 방식과 동일한 설명방식이다.

행위자-네트워크 이론과 분산인지는 완전히 다른 관점에서 출발했다. 활동이론과 현상학은 경험을 매개하는 도구의 비대칭적 지위에 관해 아이디어를 발전시켰지만, 행위자-네트워크 이론과 분산인지에서는 네트워크 또는 시스템에서 대칭적 노드는 인간일 수도, 비인간일 수도 있으며, 따라서 그 양자를 대등한 관계로 동일하게 취급할 수 있다고 보았다. 행위자-네트워크 이론에서 '혼종' 네트워크의 노드인 '행위자'[24]는 사람, 기계 또는 사물[25]일 수 있다. 칼론(Callon 1986)

은 기술적 측면에서 사회적 측면으로 연구 문제를 전환할 때 분석의 입지를 변경하지 않는 것이 마땅하다고 보았고, 라투르(2002)는 이 일반 대칭 원리가 행위자-네트워크 이론에서 가장 중요한 철학적 발견이라고 평가했다.

행위자-네트워크 이론에서는 노드가 대칭성을 갖는 반면 네트워크는 사람과 사물 양자를 모두 포함하기 때문에 혼종적이다. 캐스퍼(Caspar 1994)는 이런 이론화로 인해 혼란이 생겨난다고 주장한다. 어떤 차원에 혼종성이 존재한다는 것인가? 캐스퍼는 비인간을 대칭적으로 분석해야 한다는 주장은 분석은커녕 주체가 인간과 비인간으로 구성되는 방식조차 결정할 수 없게 만든다고 비판하였다(Collins and Yearly 1992 참조). 미에티넨에 따르면, 행위자-네트워크 이론의 일반 대칭 원리에서는 어떤 개체도 목적이나 의도를 갖지 않는 네트워크를 상정한다. 테크놀로지에는 욕망, 동기, 의도가 없다. 따라서 행위자-네트워크 이론에서는 미래에 일어날 일을 상상하고 계획하는 문화적 프로세스를 통해 시스템이 발전하는 과정에 대해서는 설명할 수 없다.

그런데 사실은 그와 다르다! 행위자-네트워크 이론의 일반 노드로 구성된 질감 없는 네트워크 한복판에서, 우리는 예기치 않게 다채로운 마키아벨리적인 군주를 만난다! 행위자-네트워크 이론에서도 결국 의도를 가진 에이전트 없이는 실행은 요원할 수밖에 없다. 창조자나 관리자, 정치가가 바로 그 군주다(Callon, Law, and Rip 1986). 네트워크를 구성하고, 다른 행위자들을 네트워크에 등록하고, 사건을 주도하고, 의제를 추진하는 것은 바로 그들이다. 테크놀로지는 사건이 진행되는 경로에는 영향을 미치지만, 네트워크에서 에이전트가 지각한 테크놀로지에 대해선 영향력을 행사하지 못한다. 미에티넨(1999)이 비판한 대로, 일반 대칭의 원리가 행위자-네트워크 이론에서 핵심 내용임에도 불구하고 그 이면에는 마키아벨리즘의 원리가 숨겨져 있다. 인간-사물 간 대칭성의 원리와 마키아벨리즘의 원리가 공존한다는 것은 아이러니가 아닐 수 없다.[26]

---

24 노드는 행위자일 수도 있고 "액턴트"일 수도 있다. "액턴트"는 유기체가 아닌 사물(내러티브 구조, 반응물 등) 또는 왜곡된 유기체(돌연변이)를 의미한다.

25 거대한 프랑스 학문의 전통에서, 행위자-네트워크 이론 자체는 네트워크로부터 리좀과 같은 새로운 개념으로 이동했다. 하지만 새로운 연구가 행위자-네크워크 이론으로 알려진 연구와 얼마나 다른지는 명확하지 않다.

26 라투르(Latour 1988)가 군주로서의 사물 주체를 처음으로 제시했지만, 개념적 주장에 그쳤고 설득력 있는 경험적 사례는 제시되지 않았다. 라투르는 19세기 후반 파리 교통 계획 설계자들과 국립 철도의 논쟁에 대해 언급했다. 교통 계획 설계자들은 지하철 터널과 궤도를 좁게 설계해서 철도의 힘을 약화시키려 했다. 결국 철도 터널과 궤도를 파는 데 막대한 비용이 들었다. 철도의 마키아벨리적인 군주들은 지하철에 돈을 퍼부어서 상대를 간단히 물리칠 수 있었기 때문에 사물

분산인지에서도 인간과 비인간이 동일한 유형으로 되어 있는 노드와 같은 시스템을 주장한다. 분산인지에서 보면 과업의 수행이란 시스템 내에서 지식이 하나의 노드 또는 매개물에서 다른 노드나 매개물로 넘어가는 상태를 가리킨다(Hutchins 1995). 전통적인 인지과학에서와 마찬가지로 인지는 정보 처리(computation)를 말한다. 여기서 정보 처리는 결국 정보 매체를 통해 이루어지는 지식의 공유 프로세스를 의미한다(Hutchins 1995). 그리고 사람, 도구, 시스템 등은 모두 정보를 주고받는 매개체라 할 수 있다. 허친스(1995)는 보다 급진적으로 피부의 경계를 가로지르는 연구 성과를 보여주기를 원했다. 홀란과 허친스(2003)의 말로 표현하자면 분산인지는 오래 전에 활동이론이 쪼개놓은 사례들을 다시 한 덩어리로 추스르고자 했다.

분산인지에서 매개체에 대해 정의할 때 다소간의 실수가 있는데, 이는 인간의 인지에 대해 설명하려는 욕심에서 비롯되었다. 허친스에 따르면, 분산인지 연구자들은 매개체에 대해선 어떤 선이해도 전제하지 않고 여러 매개체들로 분산된 정보의 시스템을 상정한다. 하지만 분산인지가 매개체가 아닌 인간의 인지에 깊은 관심을 보이는 것도 사실이다. 홀란과 허친스(2003)가 말했듯이, 분산인지 역시 연구의 관심은 인간의 실천에 내포되어 있는 인지과정에 있다. 그래서 때로 이론의 핵심 요지가 바뀌는 것처럼 보일 수 있는데, 허친스(1995)와 같이 설명이 늘어질 때 특히 그렇게 보인다. 도구 중재와 인간의 수행과정에 대해 분석한 것을 보면 분산인지는 활동이론과 좀 더 부합한 것처럼 보인다(Hollan and Hutchins 2003). 그러나 노드와 같은 인지 시스템을 부각시키면 행위자-네트워크 이론에 더 가깝게 보이기도 한다.

분산인지와 활동이론에서 공히 나타나는 도구적 매개 개념은 어떻게 다른가? 두 이론 모두 인지는 도구를 필요로 하며, 도구는 인간이 직접 수행할 수 없는 중요한 역할을 한다고 본다. 그리고 개인의 마음 너머로 인지과정을 확장해서 바라보고자 한다. 한 가지 차이점은 활동이론에서 보면 사람들은 도구적 매개를 통해 실제와 관계를 맺는다. 도구는 유목적적이고 의도적인 활동을 위해 존재한다. 현상학자들도 용어는 다르지만 의미상으로는 동일한 관점을 취한다. 활동이론에서는 인지과정에 도구를 사용한다는 점에서 인지가 분산되어 있다고 보는

주체에 대한 예시로는 약해 보인다. 따라서 이 경우 궤도와 터널을 군주로 부르기는 어렵다. 위너의 연구(Winner 1986)에서는 인간이 설계하고 배치한 기술의 부정적인 결과에 대해 인간에게 책임을 묻지만, 기술의 힘이 보다 함축적으로 제시되어 있다.

데, 이는 꽤 설득력 있는 설명이다. 예를 들어, 의사는 체온계 판독을 참고하여 환자의 질환 여부를 결정한다. 체온의 정확한 측정을 위해 체온계를 사용하기 때문에 인지 작업이 분산되지만, 체온계는 의사의 객체 지향적 활동을 매개한다. 체온계를 이용한 측정은 객체에 의해 유도된 활동의 일부이며, 의사의 의도는 환자에게서 문제점을 찾는 것이다.

분산인지에서는 매체와 인간이 모두 평등한 노드인 수평적 시스템을 상정하고 있기 때문에 비대칭을 전제로 한 활동이론의 도구적 매개 아이디어와 상충된다.[27] 수평적 시스템에서 인지는 시스템이든 노드든 어디에서나 대등하게 구현될 수 있다. 이러한 견해에 따르면, 한 노드가 인지를 보여줄 수 있다면 곧 시스템 내 모든 노드에서 공유될 수 있다. 도구는 더 이상 인간 경험만을 위한 매체가 아니다. 분산인지에서는 시스템 등 비인간에도 동일한 개념이 적용될 수 있도록 인지의 기본 개념을 수정했는데, 바로 이 지점에서 도구에 대한 해석이 왜곡될 가능성이 있다. 행위는 분석 과정에 도구를 통합시키는 데 유용한 연상장치가 되는데, 이를 대체하는 분산 개념은 인간의 인지 개념을 제거하고 인간을 포함한 어떤 것이든 인지 기능을 작동시킬 수 있다는 아이디어를 제시한다. 이러한 아이디어는 인지와 지능을 컴퓨터의 계산 기능과 동일시하는 전통적 인지과학의 연장선상에 있음에도 불구하고(Simon and Kaplan 1989), 분산인지는 전통적인 인지과학에 대한 도전으로 받아들여지고 있다(Hutchins 1995). 비대칭 개념을 상정하지 않는다면, 분산인지 시스템은 지능적인 기계와 다를 바 없다.[28]

그러나 허친스가 제안한 분산인지에서는 시스템과 사람이 실제로는 동일하지 않음을 시사하고 있다. 허친스(1995)는 시스템의 인지적 속성에 대해 언급했다. 그는 시스템에는 개인의 인지적 속성과는 다른 특성이 있다고 인정했다. 적어도 시스템이 인지하는 것과 인간이 인지하는 것 사이에 차이가 있다는 점에 대해 인정한 것이다.[29] 하지만 의문은 남는다. 시스템에 기능이나 문화가 아닌 인

27 허친스(Hutchins 1995)는 논의의 말미에 매개라는 개념을 사용하기 시작했으나, 이 책의 주요 아이디어인 상태를 전달하는 수평적 노드 시스템에서는 매개 개념을 지지하지 않는다. 앞서 언급했듯, 분산인지에서 구체적인 분석을 할 때 언제나 가장 근본적인 원리를 따르는 것은 아니다. 도구적 매개에 대한 허친스의 논의는 활동이론과 일치한다.

28 거대 담론으로 확대하지 않으면, 기계 지능은 인상적이긴 하지만 인간에 의해 프로그래밍되며, (아직) 창작하고 이론화하고 분석하는 인간의 인지 능력에 근접한 것을 보여주지 못하고 있다. 우리는 이것이 어느 정도는 컴퓨터의 욕망 결여 때문이라고 생각한다. 사물은 자신과 주위 환경을 변화시키도록 유기체를 자극할 필요 때문에 동요하지는 않는다. 이것은 이 각주에서 논의하기 어려운 노변정담의 주제다.

29 분산인지 분석에서는 문화와 인지 사이에 혼란이 있을 수 있다. 허친스(1995)는 "모든 인류 사

지적 속성이 있다고 해야 할 이유가 있을까?[30] 오랫동안 주의력, 인식능력, 판단력 등으로 인식되어온 인간의 인지는 이제 주의력, 인식능력, 판단력을 갖추지 않은 전혀 다른 종류의 인지와 일정정도 연결된다(Nardi 1998 참조). 시스템은 인지보다는 문화나 일련의 기능적 속성을 기준으로 논의할 때 보다 일관성을 담보할 수 있다. 이렇게 하면 인지이론에서 주의력, 인식능력, 판단력을 제외하는 문제나 모호하게 서로 연관되어 있는 인지의 평행체계 설정 문제에서 벗어날 수 있다. 로즈, 존스, 그리고 트루엑스(Rose, Jones, and Truex 2005)는 인간은 비유기체 사물에서는 가능하지 않은 자기 인식, 사회적 인식, 해석, 의도성, 타자에 대한 에이전트 권한을 갖고 있다는 점에 대해 지적했다.

활동이론에서 보면 인지 분산이라는 아이디어는 새롭게 발달된 인지 기능은 개인과 타인 또는 도구 사이에 최초로 분산된다는 비고츠키의 인지발달에 관한 보편법칙으로 거슬러 올라가 확인할 수 있다. 이에 관해서는 3장에서 이미 다루었다. 비고츠키의 가장 위대한 발견 중 하나는 주체는 문제를 해결하기 위해 매개 도구를 사용하지만, 시간이 지남에 따라 도구를 사용하지 않은 채 추상적 수준에서 그 수행을 지속해 나간다는 것이다. 비고츠키(1983)는 그러한 변화를 내면화 과정으로 보았다. 개인은 새로운 기능을 내면화해서 전유한다.

여기서의 분산은 분산인지와 같은 별개의 인지를 의미하는 것이 아닌, 발달의 한 측면을 지칭한다. 이것은 개인이 타인이나 도구를 계속 활용하는 과정에서 발달적 전환이 일어나지 않거나 또 다른 종류의 분산인지가 개인의 인지와 병행하여 작동한다는 의미가 아니다. 의사가 환자의 체온을 측정하는 일은 단순히 계기에서 측정값을 얻는 것, 즉 체온계라는 매개물에서 정보를 수신하는 일 그 이상이다.

한 의사가 여러 환자를 돌보며 다양한 질병 증상과 체온의 관계를 관찰하고 있다. 그는 체온이 높은 환자의 상태와 몸짓을 알아차리고, 의대에서 고열 증상의 질병에 대해 배운 것을 기억하고 있다. 의사는 체온계를 환자의 질환에 대해

회는 개별 구성원의 역량을 뛰어넘는 인지적 과제에 직면한다 ... 개인의 능력을 능가하는 인지 과제의 수행은 항상 사회적인 분산인지 조직에 의해 이루어진다"고 말했다. 그러나 허친스가 여기서 이야기하는 것은 문화적 노동 분업인 듯하다(Smith 2003 [1776]). '문화적 과제'라는 용어가 완전히 적절하며 사물이 인지적이라고 가정할 필요가 없다면, '인지적 과제'라는 새로운 용어를 주장할 필요도 없다. '사회적인 분산인지 조직'은 문화적 노동 분업과 동일하다(3장 참조).

30 9.4절 이하에서, 허친스(1995)는 "개별 팀원들의 인지적 특성에서 최소 두 번은 제거됐다"는 내비게이션 팀의 인지적 특성에 대해 논의했다. (서로 다른 분석 수준에 있는) "제거"를 제안하는 등의 전략을 통해 팀(대 개별 팀원) (계산인)인지 개념을 유지하려 하지만 그다지 명료해 보이지 않는다.

자신이 이해한 것, 즉 시간이 흘러 경험이 늘어남에 따라 달라지는 것을 매개하는 도구로 사용한다. 많은 경험을 통해, 그는 체온계의 기능을 매우 잘 전유할 수 있게 될 것이며 실제로 체온계를 사용하지 않고 체온을 판단할 수도 있을 것이다. 하지만 사회적인 이유 때문에 체온계를 계속 사용할 수도 있다. 체온계를 사용해야 환자가 적절한 의료 행위를 받았다고 생각하고, 보험 회사도 그렇게 하기를 요구하며, 변호사 역시 그것을 권유한다. 의사는 그 상태를 수동적으로 받아들이기보다 사회문화적 현실에 맞게 도구의 역할을 변화시킨다. 도구에 의존한다고 해서 도구가 모든 기능을 수행하고 실제 경험에서는 아무런 변화와 발달이 없을 것이라고 가정해서는 안 되며, 발달상의 변화를 확인하는 것이 중요하다. 내면화는 내적 구성요소와 외적 구성요소를 발달에 맞게 재분배하는 것이다. 안의 상태는 바깥의 복제가 아니므로, 외적으로 드러난 양상을 통해 변화의 가능성을 확인할 수 있다.

탈인지주의 이론은 개인과 세계의 영역을 어떻게 경계 짓는가에 따라 달라진다. 활동이론과 현상학에서는 개인 주체에 몰두한다. 그들에게 맥락 분석은 개인으로서의 인간을 깊이 이해할 수 있는 방법이다. 분산인지와 행위자-네트워크 이론에서는 개인을 하나의 구성요소로 포함하는 넓은 범위의 행위체로 분석한다. 여기서 개인은 고유한 또는 특권적인 지위를 박탈당하고 총체적 시스템 또는 네트워크의 구성요소로 간주된다. 홀란과 허친스는 분산인지의 관점에서 보면 목적은 기관의 속성일 수 있으며, 반드시 개인의 속성일 필요는 없다고 말한다. 분산인지 연구에 따르면, 보트의 안전 항해 등과 같이 일반적이고 거시적인 시스템상의 불변의 목적이 존재한다(Hutchins 1995). 조직의 목적은 인정되지만, 개인 주체의 목적은 인정되지 않는 것이다.

바르토프스키(Wartofsky 1979)는 인간의 의도성에 대해 생생하게 묘사했다. 그는 구석기 시대 미술에 널려있는 손자국을 관찰하면서 그 의미에 대해 의문을 제기했다.

> 가장 간단한 답은 그런 자국이 '내가 여기에 존재했음'을 나타내려는 의도적인 표시라는 것이다. ... 손자국은 그 흔적을 남기려는 의도에 따라 손을 벽에 대고 눌러 남긴 표시다. ... 손자국은 제스처, 행동, 의도를 기록으로 남긴다. ... 어떤 종이 자신을 나타내는 표식은 이와 같이 독특하다(Wartofsky 1979).

바르토프스키는 손자국을 로빈슨 크루소의 발자국과 비교했다. 해변의 모래에 찍힌 크루소(Crusoe)의 발자국은 크루소의 존재를 나타내는 기호로 프라이데이에게 유용하긴 했지만 의도적인 제스처는 아니었다.

목적이나 의도라는 개념이 없으면 손자국과 발자국은 혼동될 수 있다. 허친스는 개미가 남긴 화학물질 흔적의 축적과 문화의 발달에 대해 서로 비교했다. 개미는 조상이 남긴 흔적을 따라가는 방식으로 먹이를 더 쉽게 찾을 수 있다. 그렇다면 이 개미는 똑똑한 것인가?

> 아니, 그 개미는 자기 조상과 똑같은 방식으로 환경에 반응하는 바보 개미류일 뿐이다. 환경은 동일하지 않다. ... 개미 세대는 해변에 자국을 남겼다. 그리고 지금 바보 개미는 조상들의 역사적 잔재와 간단한 상호작용을 함으로써 영리한 것처럼 보인다(Hutchins 1995).

레온티프(1974)는 활동은 환경에 대한 반응으로 구성되는 것이 아니라고 주장했다. 활동은 하나의 반응 또는 반응 전체가 아니라 구조, 내적 변형, 전환 및 발달을 포괄하는 하나의 시스템이다. 문화는 자국을 남기려고 손을 들어 올리는 것처럼 의도적인 활동에서 유래한다. 해변의 크루소 발자국은 개미 흔적만큼이나 문화가 아니다. 활동은 끊임없이 변화한다. 우리의 활동은 조상들의 활동에 대한 반응이 아니다. 루리아(Luria, 1972)의 지적처럼 인지는 독립적이고 불변하는 능력이 아닌 구체적이고 실제적인 활동 안에서 일어나는 프로세스다. 이 과정은 특정한 종류의 실제 활동이 갖는 특이성, 즉 문화 다양성에서 직접 배태된다. 샌드버그와 비엘링가(Sandberg and Wielinga 1993)는 분산인지에서 발견할 수 있는 문제점은 인간을 규칙을 적용해서 복잡한 행동방식을 만들어내며 환경과 상호작용하는 단순한 유기체로 여기는 것이라고 지적했다. 개미 비유에는 이런 오해의 흔적이 담겨 있다.[31]

---

31 간단한 규칙을 적용하는 경우에도, 규칙이 실제로 어떻게 적용되는지 확인해야 한다. 테일러(Taylor 1985)는 다음과 같이 말했다: "규칙은 저절로 작동하지 않는다. 규칙은 적용되어야 하는 것이며, 까다롭고 정밀하게 조율된 판단에 따라 시행된다. ... 처방과 실행 사이에는 격차가 ... 있다." 애멀베어와 미셰(Emirbayer and Mische 1998)는 사회적 행위자들은 고도로 구조화된 환경에서조차 성찰적이고 해석적으로 작업에 참여한다고 지적했다. 그들은 "특정성의 가변성, 불확정성(복잡성과 맥락적 다양성), 내재적 비반복성"으로 인해 규칙으로 실제 경험을 포착하는 것은 불가능하다는 아리스토텔레스의 언명을 제시했다(Emirbayer and Mische 1998). 실제 활동에서 유연성과 미묘한 차이를 허용하는, 아리스토텔레스가 열거한 특정성의 영역에 부합

스테트센코와 애리비치(Stetsenko and Arievitch 1997)는 사회구성주의 계열의 이론은 공히 진화하는 자아를 관계적, 맥락적으로 설명하지만, 두 가지 이론으로 대별됨을 확인했다. 하나는 언어적 또는 사회적 실재 안에 자아를 해체시켜 인간 에이전트로 간주하는 반면, 다른 하나는 자아에 대해 비환원주의적으로 설명하고자 애쓴다. 이 차이는 탈인지주의의 이론적 논의와 관련이 있다. 행위자-네트워크 이론과 분산인지는 개인을 시스템이나 네트워크의 일부로 간주하고 인간과 비인간을 동일시함으로써 개인을 해체시킨다. 활동이론과 현상학에서는 기술을 통해 힘을 얻은, 사회적으로 맥락화된 주체로서 개인을 구성하는 것을 목표로 한다.

이러한 논쟁 속에서 활동이론은 명백하게 개인친화적인 입장을 취한다. 인간과 기술의 관계를 이해하기 위해서는 세계에 깃든 인간의 내재성 및 사회적 맥락에서의 의사소통 그리고 협력에 대한 분석이 기본적으로 중요하다. 인간은 각 부분의 성격과 의미를 결정하는 전체 조직의 일부분으로 환원될 수 없다. 사회 활동에 참여하는 개인은 집단의 전형적인 규칙, 역할 및 일상성을 준수해야 하지만 그것을 따르지 않거나 때로는 바꾸기까지 한다. 미들턴과 브라운(Middleton and Brown 2002)에 따르면, 에이전트는 사람이나 사물이 미리 정해진 행동 프로그램을 따르는 것, 즉 단순하게 이미 존재하는 구조를 드러내는 수준 이상의 상태를 의미한다. 문화와 사회가 인간의 동기부여에 상당한 영향을 미치지만, 각 개인마다 동기의 위계는 동일하지 않다. 개인과 인공물은 모두 시스템의 일부지만 개인은 인공물과 같지 않다. 왜냐하면 첫째, 개인에게는 자신이 참여한 구체적인 활동을 능가하고자 하는 욕구와 이유가 있기 때문이며, 둘째, 개인은 사회적 활동과 자신의 행위를 성찰하고 그 의미를 이해하기 때문이다.

시스템이나 네트워크, 조직의 맥락 안에서조차 개인은 조직의 무생물과는 다른 것으로 확인되며, 개인과 그의 욕구 및 역량을 다루는 것은 조직 활동의 일부가 된다. 조직에서 직원을 모집할 때, 관리자는 업무에 대한 설명과 더불어 창의적인 작업 환경, 높은 급여, 포괄적 복지, 입지상의 이점 등 개별 근로자에게 유리한 점을 강조함으로써 그 일이 매력적으로 보이도록 애를 쓴다(Foot 2006). 개인에게는 참여를 결정하는 이유나 동기, 의도가 있기 때문에 이런 일이 반드시 필요하다. 반면에 인공물에는 의도나 동기가 없다. 조직의 어느 누구라도 개인적인 동기에 호소하여 인공물의 참여를 유인할 필요가 없다. 하지만 인간은 취업해서 일하는 동안 동기에 따라 행위하는 개인으로 간주되어야 한다. 훌륭한 사원에

하는 것은 의도에 따라 행위하는 주체다.

게는 임금인상이나 상여금을 제공하고 지속적인 교육 인센티브를 제공하며 성장과 발전을 장려해야 한다.[32]

레온티프는 개인을 단지 사회 시스템과 프로세스의 한 부분으로 이해하려는 데 반대한다. 사회적 맥락에 따라 규정된 일련의 역할을 통해 개인을 완벽하게 묘사할 수 있다는 주장에 대해, 레온티프(1978)는 그런 개인을 괴물로 지칭했다. 다음 절에서는 동기와 의도에 따라 행위하는 개인 주체가 기술 및 문화 변동의 중심인 활동에 미치는 잠재적 영향에 대해 살펴보겠다.

SECTION 9.3 일상으로부터의 균열: 창의성, 성찰성, 저항

우리는 디자이너로서 테크놀로지가 항상 변화하고 있다는 것에 대해 충분히 잘 의식하고 있다. 사실 그 변화를 이끄는 것이 우리의 일이기도 하다. 그럼 문화는 어떻게 변화하는가? 이런 거시적 질문에 답하지 않고도 창의성, 성찰성, 저항이라는 세 가지 균열 또는 분열을 통해 테크놀로지의 문화적 변화를 설명할 수 있다. 멈포드(Mumford 1934), 엘룰(Ellul 1964), 일리치(Illich 1980), 위너(Winner 1986), 포스트만(Postman 1993) 등 다양한 분야의 여러 학자들은 테크놀로지를 설명하는 데 있어서 창의성, 성찰성, 저항에 대한 이해가 결정적인 역할을 한다고 보았다.

창의성이란 독창적 산물을 생성하는 객체 지향적 상상 활동을 의미한다. 성찰성이란 실천 과정 중에 변화를 이끌거나 장애물이 가로막지 않을 때 잠재적으로 그런 변화를 이끌 수 있는 성찰을 의미한다. 저항이란 거부감을 일으키는 테크놀로지 또는 테크놀로지와 실천에 반대하는 것을 의미한다. 이 장에서 우리는 창의성에 대해 심도 있게 논의해보고, 기술적으로 매개된 활동 속 성찰성과 저항의 중요성에 대해 논의하고자 한다.

진첸코(Zinchenko 1996)에 따르면 인간의 경험은 문화를 넘어선다. 실제로 그랬음에 틀림없으며, 그렇지 않았다면 문화는 결코 변화하지 않았을 것이다.

---

32 노예 제도는 시스템 활동을 통해 노예의 동기를 인정하지 않음으로써 인간을 사물로 바꾸려는 시도다. 이 시도는 불가능한 것으로 판명됐고, 남북전쟁 동안 미국 노예들의 동기에 따른 크고 작은 저항이 잘 기록되어 있다.

> [사람들은] 수동적으로 행동하지 않으며, 그 결과 문화와 문명을 발전시키고 새로운 ... 형태를 창출하고 낡은 것을 극복할 수 있는 원동력이 된다. [우리는] 인간과 문화의 관계가 상호작용적이며, (의사)소통적이고, 대화적이라는 것을 인정해야 한다. 대화는 우호적이거나 적대적일 수 있으며, 과격해질 수 있다. (Zinchenko 1996)

이러한 문화 변동은 활동의 창의성, 성찰성, 저항을 통해 발현한다. 창의적 행위가 포함되었음을 부정할 수 없는 바로 그 기술 발명을 설명하기 위해 창의성의 기본 원리가 될 논리를 갖춘 이론이 필요하다. 또한 기술이 사용자의 욕구를 더 잘 충족시키려면 수용, 거부, 변경될 수 있어야 하기에(Mackay 1990; Orlikowski and Tyre 1994; Foot 2001; Béguin 2003; Geisler 2003; Spinuzzi 2003; Gay and Hembrooke 2004; de Souza 2005; Stahl 2006) 이 이론은 반드시 기술 배치에 따른 다양한 반응을 설명할 수 있어야 한다. 마지막으로 그 이론은 사람들이 기술에 저항할 수 있음을 인정해야 한다. 기술의 사용과 그에 따른 결과에 관해 성찰하다 보면, 진첸코의 지적대로 대화가 과격해질 수도 있기 때문이다.

행위자 네트워크 이론(ANT)의 마키아벨리적인 군주는 문화 변동에 풍부한 관점을 제공한다. 그런 수완가들이야말로 조사하고 기획하고 계획하는 데 누구보다 더 뛰어나다. 그들은 창의성, 성찰성, 저항에 필요한 행위를 완벽하게 해낼 수 있을 것이므로 그들이야말로 자신들의 관심사를 추구하는 데 아무런 손색이 없는 위인들일 것이다.

차이점에 대해서는 뒤에 간략히 다루겠지만, 현상학은 활동이론과 마찬가지로 능동적인 주체를 상정한다. 우리는 이 균열에 대한 논의를 통해 특히 분산인지가 가지고 있는 문제점에 대해 지적하고자 한다. 그리고 그 다음 장에서는 행위자 네트워크 이론의 문제점에 대해 살펴볼 것이다. 여기서는 엥게스트롬(1990)을 비롯해 미에티넨(1999), 데코르티스, 리조, 그리고 소우델리(DeCortis, Rizzo, and Saudelli 2003), 스피누치(Spinuzzi 2003), 게이와 헴브루크(Gay and Hembrooke 2004) 등 활동이론에서 나온 경험 연구에 관해 소개하겠다.

SECTION 9.4 창의성

창의성은 통찰력에서 발현한다. 따라서 통찰력 있는 주체가 없으면 창의성도 없다. 창의성이 발현되려면 문제 상황에서 총체적 지식 전반을 자발적으로 재조직(Kaptelinin 1996b), 즉 문제의 전체적 표상을 맥락적으로 재구성해야 하기 때문에 개별 주체의 역할이 결정적이다(Wertheimer 1961; Csikszentmihaly 1996). 이러한 재구성은 개인 외부에 분산되어 있는 자원들 사이에서가 아닌, 개안 안에서 일어난다. 따라서 창의성에는 개인 내부에서 일어나는 직관의 과정이 필수적이다.

극히 평범한 일상 활동에서도 문제를 해결하기 위해 지식을 재구성하는 창의성은 예상치 못하게 표출되곤 한다. 잘 알려진 코티지치즈 사례(Lave, Murtaugh, de la Rocha 1984)에서, 체중감량 프로그램에 참여한 다이어트 환자들은 매뉴얼에 따라 코티지치즈 2/3컵의 3/4 분량을 계산하느라 곤혹스러워한다.

> 한 환자는 학교에서 배웠던 수셈을 중얼거리며 이리저리 해보다가 한동안 말이 없어지더니, 갑자기 "알았다!"라고 했다. 그리고 실제로 시작도 하기 전부터 확신하는 것 같았다. 그는 코티지치즈를 컵의 2/3 정도 채운 뒤 도마 위에 엎어놓고 둥글게 다듬었다. 그리고 치즈 위에 십자(+)를 그어 1/4쯤을 떼어낸 뒤 나머지를 먹었다(Lave, Murtaugh, de la Rocha 1984).

여기서 환자는 치즈량 계산 문제를 갑작스레 새로운 방식으로 보게 된다. 문제해결에 사용한 기술은 체중감량 프로그램에서 배운 것도, 학교에서 배운 것도 아니었다. 그 문제를 풀기 위해 어떤 외부 인공물도 사용하지 않았다. 레이브(Lave) 등은 환자의 계산이 상황에서 발현됐다고 보았지만, 우리는 환자가 "알았다!" 하는 통찰력을 느닷없이 경험함에 따라 완벽한 계산이 가능해졌다고 본다. 환자가 스스로 상황을 바꿔 버렸는데, 레온티프는 이를 주관적 굴절이라 불렀다. 그는 주변의 손쉬운 자원을 사용하긴 했지만, 환경과 상호작용하거나 시행착오를 겪거나 하지 않고 치즈량을 계산할 수 있었다. 그는 간단히 문제를 재평가한 다음 능숙한 움직임만으로 단번에 실행한 것으로 보였다. 이는 시행착오 없이 깨달음을 통해 막대기로 바나나를 딴 쾰러(Köhler)의 침팬지 실험을 떠올리게 한다.

코티지치즈와 계량컵이라는 상황을 고려할 때 환자의 해결방법은 확실한 것도 필연적인 것도 아니었다. 동기 부여가 잘 안돼서 치즈를 대충 먹으려는 환자, 분수 계산법을 잊어버린 노인 환자, 학교에서 수셈을 배운 누군가보다 해결이 어려울 것 같다고 생각한 환자 등 이 문제를 풀지 못하는 환자들을 상상해볼 수 있다.

조리도구에는 환자처럼 창의적 행동을 할 수 있는 지각이 없지만, 분산인지와 행위자-네트워크 이론에서는 계량컵, 도마, 다이어트 환자가 대등한 대칭 노드로 간주된다. 대칭성이 갖는 문제점은 이보다 더 간단한 사례에서도 금방 드러난다. 스피누치(2003)에 따르면 객체 지향적 활동에서 창의적인 인간에게는 독창적이고, 영리하고, 교묘하고, 노련하고, 능수능란하다는 특징이 있다. 창의성의 내적 과정을 고려할 때, 개인으로 귀착되는 고전적 활동이론은 창의성의 확고한 기반을 제공한다. 집단 주체를 대상으로 하는 변형된 활동이론은 창의성을 설명하기에 그리 적합하지 않다(Kaptelinin 1996b). 창의적 활동을 설명하는 이론에서 활동의 맥락적 의미에 따라 지식을 직관적으로 재구성할 수 있는 독창적 가능성을 보유한 개인 주체의 존재는 필수적이다.

하지만 코티지치즈 예시만으로는 충분치 못하다고 생각할 수 있을 것이다. 많은 경우 개인의 성취가 집단의 성취에 미치지 못한다는 사실에 대해서는 어떨까? 집단이 함께 일할 때 발현하는 일종의 집단 인지 혹은 집단 창의성이란 존재할까? 집단 창의성은 개인의 창의성과 질적으로 다를까? 비고츠키의 근접발달영역(ZPD) 개념을 고려하면 일정한 시사점을 얻을 수 있다. 이 개념은 학습에서의 차이를 설명하기 위해 개발되었지만, 집단에서 일어나는 창의적 과정에도 적용할 수 있다. 근접발달영역에서 주체는 교사나 경험이 많은 동료가 제공하는 특정한 매개에 의해 학습한다. 학습자 혼자 할 수 있는 것과 교사나 동료와 함께 할 수 있는 것 사이의 격차가 근접발달영역이다. 이 영역은 두 가지 요인, 즉 과제를 해결할 수 있는 학습자 개인의 능력과 교사나 경험 많은 동료가 제공하는 매개에 따라 달라진다.

각 학습자의 능력과 이해 수준이 다르기 때문에 동일한 매개가 제공되더라도 학습자 A와 학습자 B의 영역은 다를 것이다. 학습자의 개별적 차이에 주목하지 않으면 교사-학습자로 이루어진 조합마다 나타나는 차이를 설명할 수 없을 것이다. 예를 들어, 어떤 사회과학자가 실습 병원의 비디오 모니터링 연구를 위해 여러 시간에 걸쳐 신경외과 수술을 관찰했다 한들(Nardi et al. 1993), 뇌종양 제거에 대해 실낱같은 전문성도 주장하기 어려울 것이다. 반면에 수술실의 레지던트는 같은 수술을 관찰했지만 사회과학자보다 훨씬 많은 수술 전문성을 익힌다. 신경외과학을 공부하는 의대생에게 효과적인 매개가 비전문가에게도 같은 영향을 줄 수는 없다.

근접발달영역 내의 개별 학습자와 집단의 관계에서 창의성 문제는 이와 같은 방식으로 나타난다. 새로운 교육 기술을 디자인하기 위해 한 집단이 소집되었다고 가정하자. 그 집단에는 비고츠키, 레온티프, 몬테소리, 노먼이 있다. 이 집단에서 만든 디자인은 1년차 대학원생 집단이 만든 디자인과는 다를 것이다. 왜 그럴까? 여기에는 두 가지 이유가 있다.

첫째, 디자인은 특정 개인의 존재에 따라 달라진다. 레온티프에 의하면 외부적 요인의 영향은 그 요인 자체에 의해 직접적으로 결정되는 것이 아니라 그것을 굴절시키는 주체에 달려있다(Leontiev 1977).

둘째, 디자인은 이 집단의 구성원들이 제공하는 매개로 인해 달라진다. 구성원 간의 대화(및 다이어그램과 같은 인공물)를 매개로 구성원들은 문제의 재구성과 창의적 디자인 개발을 위한 새로운 자원을 찾아낼 수 있다는 점에서('사회적 창의성'을 위한 대화의 중요성에 관해서는 Fischer 2004를 참조), 이러한 자원은 집단에 따라 달라질 수 있다. 집단 구성원 각각이 대화를 통해 제공할 수 있는 유익한 매개를 어렵지 않게 상상해볼 수 있다.

이 사고실험을 통해 활동이론의 매개 개념과 문제 지식의 내면적 재구성이라는 창의성 개념을 결합하면 집단 창의성을 개념화하는 데 도움이 된다는 점을 알 수 있다. 집단 안에서 통찰력 있는 사람들의 대화적 매개를 통해 구성원 각자가 문제를 새로운 방식으로 재구성할 수 있게 될 것이며, 개인은 다시 새로운 통찰력을 집단에 제공할 것이다. 창의적 통찰력은 개인 주체들이 대화하고 소통하며 서로 반응하는 구체적인 활동에서 발생한다(Stahl 2006).

가상 그룹의 새로운 테크놀로지 설계는 구성원 각자의 아이디어 총합을 능가할 것이다. 그 설계는 그들이 그룹 안에 있었다는 사실만으로 간단히 설명되지 않는다. 문제를 재구성하는 각자의 창의적 능력과 다른 구성원들에게 매개를 제공한다는 두 가지 점에서 구성원 하나하나가 중요하다. 실제로, 우리가 가상 그룹의 구성원에게 영감을 구하려는 이유는 그들이 소속된 집단 자체가 아니라, 그들의 신선한 통찰력, 문제를 구성하는 새로운 방식 및 의외의 관점 때문이다. 인터랙션 디자인 분야에서 노먼과 보내는 한 시간이 그 어떤 것과도 다른 경험이라는 사실에는 더 이상 설명이 필요 없을 것이다!

우리는 많은 예술가 및 여타 분야의 창의적인 사람들이 주로 독립적으로 일한다는 사실을 잊어서는 안 된다. 그들의 작업 소재는 주변의 사회 및 물리적 세계로부터 비롯된다. 그들은 치열한 사회 세계의 일부로서 자신의 창의성을 형성하기도 하지만, 집단 안에서만 시를 쓰거나 그림을 그리는 것은 아니다. 수많은 예술가의 전기에는 예술가가 작품을 생산하는 상황이 잘 드러나 있다. 빈센트 반 고흐(Vincent van Gogh)는 정신 질환으로 인해 사회세계보다 물리적 세계에 더 잘 적응했으며, 실비아 플래스(Sylvia Plath)는 대단한 엘리트 집단에서 활동했지만 가족들이 깨기 전인 새벽 4시에 홀로 깨어있을 때 최고의 작품을 썼다.

과학과 산업 분야에서 창의성이 높은 집단을 육성하는 것이 점차 중요해지고 있다. 하지만 집단을 대상으로 연구를 시작하는 이론들은 문제를 새로운 방식으로 구성하도록 개인 주체에게서 촉발되는 균열의 중요성을 놓치고 있는 듯하다. 실제적 관점에서는 구성원들이 제공할 수 있는 매개 및 특정한 구성원들로 집단을 구성할 필요성을 이해하는 것이 중요하다. 또한 개인이 집단에 적응하기 위해 필요한 훈련, 그리고 구성원들이 새로운 통찰력을 제공할 수 있도록 매개를 끌어낼 수 있는 기술과 실천을 이해해야 한다. 집단의 전문성은 최적의 결과물을 내기에 적합한 것이어야 한다. 어떤 사람의 전문성도 다른 전문성과 무작위로 교환될 수 없다. 실제 일상 활동에서 우리는 저 의사가 아닌 이 의사를, 동료 B가 아닌 A를 적절히 선택한다. 노련한 관리자들은 업무에 적합한 사람을 찾아 그들이 일할 수 있도록 자원을 제공하는 것이 본인의 주된 업무라는 점을 알고 있다.

의도성을 가진 개별 주체를 창의적 에이전트로 강조하는 주장은 인지주의와 심리주의로 경도된 것처럼 보일 수 있다. 하지만 이런 경향은 집단 활동과 사회활동이 겹치는 경우에만 발생한다. 활동이론에서 보면, 활동은 타자, 인공물, 문화가 함께 어우러져 발생하는 사회적 구성물이다. 주체는 때로 독립적으로 행위하고, 때로는 다른 사람들과 함께 한다. 상황에 따라 개인 주체는 변화를 이끄는 사회적 프로세스를 수행하거나 촉진하는 에이전트와 같은 힘을 가질 수 있다. 예를 들어, 비고츠키는 인간의 마음을 보는 독특한 방법인 인간 의식에 대한 새로운 이론 구성 프로세스를 시작했다. 비고츠키의 작업은 역사적으로 축적된 방대한 정보에 기반을 둔 것이었지만, 그 자체로도 독특하고 강력했다. 정확하게 비고츠키가 할 수 있는 일은 새로운 이론적 이해가 가능하도록 마르크스, 엥겔스, 피아제 등의 개념을 재구성하는 것이었다.

창의성은 정의상 사회적 창의성이다. 세상에 존재하는 유일자로서의 천재는 존재하지 않는다. 비고츠키의 위대한 공헌을 인정하는 것은 특정한 역사적 맥락을 떠나 맥락을 초월해서 이뤄지는 일이 아니다. 비고츠키의 기념비적 강의는 자신의 강의를 제대로 이해할 수 있고 난해한 개념을 사용해서 자신의 작업을 도와줄 수 있는 지지자들을 대상으로 했다. 그는 자신의 이론 개발에 필수적인 이론적 저작들에 접근했다. 사이츠(Seitz 2003)에 따르면, 모든 창의적 생산물은 과학적, 예술적, 기업가적 영역의 본질과 상대적 정교함, 합법적 분야의 구조와 복잡성 및 사회, 공동체, 집단 내 자원과 권력 배분 등 개개인의 지적 능력이 놓여 있는 독특한 우연성에서 탄생한다. 사이츠는 개인의 지적 능력이 특수한 영역들 간의 관계와 자원을 비롯한 복잡한 사회적 환경 속에 맥락적으로 존재하는 것으로 보았다.

대부분의 사회적 집단 구성원들과 마찬가지로 우리 역시 개인의 기여를 인정해야 한다고 생각한다. 이런 경향은 사회적 기원에 따른 것이다. 이러한 기여에는 뉴턴 법칙, 루빅의 큐브, 엥게스트롬의 활동시스템 등 사람의 이름을 따서 붙인다. 역설적으로, 개인적 창의성을 인정하는 것은 창의적 생산물을 인격화하여 사회적 환경에 흡수시킴으로써 사회와 문화의 일부로 만드는 방법이다. 예컨대, '발달적 일 연구 시스템'이라고 부를 수 있을 것이다. 또는 루빅의 창의성이 엔지니어 아버지와 예술가 어머니의 영향에 따른 것이라는 점에서 '루빅가의 큐브'로 부를 수도 있다. 여러 가지 이유로 창의성을 인격화하는데, 그중 하나는 문화적 특성에 관한 이야기를 통해 급속하게 변화하는 문화에서 새로운 아이디어를 얻고자 함이다.

9.4.1 현상학과 창의성

두리쉬(2001a)에 따르면, 체화된 상호작용은 인공물과의 상호작용을 통한 의미의 생성, 조작, 공유의 과정을 의미한다. 다소 포괄적이긴 하나, 이 정의에서는 활동이 특히 일상의 평범한 경험에 기초한다(Dourish 2001a)는 점을 짚어낸다. 현상학과 활동이론에서는 일상의 평범한 경험에 관해 다소 다른 견해를 보인다. 활동이론에서는 일상의 평범한 경험의 범위를 벗어나는 활동이라 해서 반드시 제외시키지는 않는다.

일상의 평범한 경험에 뿌리를 두지 않은 인간의 창조물을 떠올려보는 것은 어렵지 않다. 컴퓨터 인공물 디자인에는 축적된 경험이 없는 데이터베이스 튜플 또는 프로그래밍 언어 등의 형식적 구조가 있다. 월트 디즈니(Walt Disney)는 1893년의 시카고 콜럼버스 세계 박람회에서 아버지와 나눈 대화가 디즈니랜드 설계에 일부분 반영됐다고 회고했다(Larson 2003). 천상의 조경에 백설 공주로 치장한 채 매일 수십만 명의 방문자를 끌어들이는 도시 속의 거대한 도시인 이 꿈같이 화려한 쇼는 평범한 경험에 착근한 것이 아니다. 박람회에 대한 아버지와 아들의 대화는 신화적이고 영웅적인 성격의 이야기지 일상적인 활동에 대한 언급은 아니었을 것이다.

판타지는 일상을 벗어나려는 노력임이 분명하다. 판타지 놀이의 현대적 사례로 컴퓨터 게임을 들 수 있다. 온라인 게임에 참여하는 것은 평범한 경험에서 연장된 사회적이고 기술적인 창의적 행동을 필요로 한다. 월드 오브 워크래프트(World of Warcraft), 에버퀘스트(Everquest), 리니지 2(Lineage 2), 섀도우 베인(Shadow bane)과 같은 MMOG는 체화된 경험과 거리가 먼 사회 세계로 사용자를 안내한다. MMOG는 플레이어가 캐릭터를 생성해서 용을 잡고, 병을 치료하고, 마술을 부리고, 온갖 판타지 활동을 하며 성장시키는 영속적인 컴퓨터 게임이다. 플레이어는 실제로 경험해본 적 없는 인공물을 주로 사용한다. 에버퀘스트에서는 용 비늘로 덮인 에메랄드 튜닉을 입고 점액으로 코팅된 작살로 적을 죽일 수 있다.

게임에서 캐릭터는 물론 상호작용 방식까지 새롭게 창조해야 하는 사용자에게 게임의 판타지적 성격과 게임에서 통용되는 사회적 상호작용 방식은 모두 낯선 것이다. 한 플레이어는 다음과 같이 말했다.

> 저도 왜 이렇게 EQ(에버퀘스트) 친구들과 가까워졌는지 모르겠어요. EQ 관계가 대부분의 [실제] 관계보다 더 좋아요. 제 생각에는 온라인에서는 직접 얼굴을 보지 않아도 되니까 얘기하기가 더 쉬워서 그런 것 같아요(Yee 2002).

사회성에 관한 이런 진술은 말하는 동안 상대방을 쳐다보라는 일상적 경험으로부터 학습된 내용을 부정한다. 또 다른 플레이어에 따르면, MMOG에서 사람들은 실제 만남에 따르는 어떤 것도 신경 쓰지 않는다는 사실 때문에 좋은 친구다(Yee 2002). 이 플레이어는 새로운 종류의 사회적 관계 형성은 체화된 경험을 형성하는 것과는 다르다는 것을 보여주었다.

그 관계는 더 좋았으며, 체화된 경험으로 구성되지 않았다. 플레이어는 실제 만남에 따르는 어떤 것도 신경 쓰지 않았다고 말했다. 새로운 형태의 사회적 상호작용이 일어나고 있는 것이 분명하다. 일상의 평범한 경험만 지나치게 강조하다 보면 MMOG와 같은 가상 경험을 해석하기 어려울 수 있다.

또한 MMOG에서는 체화될 수 없는 경험이 일어난다. 한 플레이어는 다음과 같이 말했다.

> 저는 섀도우 베인 안에서 완전히 자유로워요. 제가 원하는 것을 하고, 원하는 것을 말하며, 죽이고 싶은 사람을 죽이기도 하죠. ... 저는 여기가 편해요. 오해는 하지 마세요. 저는 좋은 사람인데, 거기서 긴장을 풀고 싶을 뿐이에요(Ardisson et al. 2004).

현상학적 전통에서, 체화란 우리가 일상 세계의 물리적, 사회적 현실과 조우하는 통상적인 방식이다. 체화된 현상은 추상적으로가 아니라 직접적으로 경험하는 것이다(Dourish 2001a). 그러나 가상게임의 경험은 구체적인 경험과 직접적인 관계가 있는 것처럼 보이지 않는다.

9.4.2 바르토프스키의 인공물 유형학

바르토프스키의 인공물 유형학은 창의성에 관한 생각을 전개하는 데 유용하다.

> 동물과 달리 인간은 인지 수단을 스스로 만들어낸다. 즉, 인간은 생물학적 진화를 거쳐 유전자에 각인된 지각과 인지 활동 방식을 뛰어넘어 학습의 본질을 근본적으로 변화시키고 동물의 지능과 인간의 지식을 구분하는 인지적 인공물을 창조한다. 인간이 창조한 인지적 인공물은 인간이 하는 일, 바라는 것, 인간에게 필요한 것의 표상이다. 이 모델은 ... 행위를 추정하는 방식이면서, 잠재적 실천이나 학습된 행위 방식에 대한 표상이다(Wartofsky 1979).

과학철학자인 바르토프스키는 활동이론에서 다루는 많은 이슈에 관심을 가졌다. 그의 연구는 현대 활동이론가들에 의해 널리 인용되었으며(예를 들어, Cole 1996; Engeström and Escalante 1996; Hedegaard 1999; Miettinen 1999), 그의 아이디어는 활동이론과 상당부분 일치한다. 바르토프스키가 강조한 지식 생산 활동, 목적성에 대한 관심, 마르크스와 비고츠키의 활용, 인공물에 대한 관심은 활동이론 관련자에게 매우 친숙하게 느껴질 만한 내용이다.

바르토프스키는 1, 2, 3차로 구성되는 인공물 체계를 제안했다. 1차 인공물은 생산물 자체에서 직접 사용된다. 2차 인공물은 학습된 기술의 보존과 전달을 위해 생산물이 수행되는 과정에서 사용된다. 즉, 2차 인공물은 도구와 관련된 역량의 개발을 매개하고 지원함으로써 1차 인공물의 사용 방법을 알려준다. 매뉴얼은 소프트웨어 사용법을 설명한다. 소프트웨어 자체에서도 도움말 화면이나 페이퍼 클립을 활성화시켜 사용법을 설명할 수 있다. 따라서 한 인공물은 1차와 2차 두 가지 성격을 동시에 갖는다. 사용자 매뉴얼이나 양질의 도움말 시스템이 있다 해도 1차 인공물을 성공적으로 사용하는 데 필요한 기술이 자동적으로 학습되는 것은 아니다.

캡텔리닌에 따르면, 메타기능 역량을 통해 기능 기관의 활용 방법(요령, 우회로 등)을 이해할 수 있으며, 그 한계 및 유지, 조정 방법을 알 수 있다. 메타기능 역량과 2차 인공물은 함께 작동하며 기능 기관의 실제 사용에 관한 전문지식을 제공한다. 기능 기관은 내부 및 외부 리소스와 모두 관련되므로, 해당 상황에 적합한 도구 배치 방법을 결정할 때 메타기능 역량은 두 리소스를 모두 평가한다. 특이한 알레르기 환자를 치료해야 하는 일반내과의의 경우, 해당 분야의 데이터베이스를 찾기 위해서는 2차 인공물에 대해 알려줄 온라인 지원 시스템을 참고해야 한다.

3차 인공물은 창의성을 강조한다. 3차 인공물은 가능성의 세계를 상상할 수 있는 자유를 제공함으로써 생산적 실천의 일차원적 욕구를 넘어선다(Wartofsky 1979). 그러한 가능성의 세계는 다음과 같이 생겨난다.

> 모델은 특별한 미래 창조 기능을 갖춘 기술 장비에서 고도로 전문화된 부분이다. ... 모델은 목적의 구현체이자 그 목적을 수행하는 도구다(Wartofsky 1979).

창의성은 이와 같이 미래의 객체 지향적 활동을 구체화한 모델이나 3차 인공물에서 구현된다. 바르토프스키의 지적대로 인간은 즉자적 환경 너머 미래의 실천에 관해 표현할 수 있다. 창의적 활동은 분산인지에서처럼 인간이 환경에 반응하는 것에 국한되지 않음을 보여준다. 3차 인공물의 창조는 환경 설계의 가능성을 열어준다.

미에티넨(1999)은 바르토프스키의 3차 인공물 개념을 사용해서 수년 동안의 핀란드 에탄올 생산 변화를 분석했다. 과학자들은 핀란드에 풍부한 자작나무 칩을 이용한 에탄올 생산 방법을 연구했다. 재료 문제로 인해 과학자들의 계획이 제대로 실행되지 못하고 있을 때, 1981년에 발표된 간단한 에탄올 생산 도표가 자작나무 칩의 경제성을 확인시켜 주었다. 이 도표는 행위의 형태와 결과를 종합하고 일반화하면서 목적을 수행하고 전달하는 미래지향적인 3차 인공물이었다(Miettinen 1999). 과학자들이 서로 공유한 간단한 3차 인공물을 통해 새로운 형태의 에너지 생산에 대한 창의적인 아이디어가 구체화됐으며, 작업가설과 연구계획이 만들어졌다. 비록 에탄올 생산에는 성공하지 못했지만, 우드칩[33]의 중요한 화학적 성질 발견 등 실험 중 얻은 지식이 여러 분야에서 유용하게 쓰일 수 있음이 확인됐다(Miettinen 1999).

미에티넨은 활동이론에 기대어 여러 분야에서 연구 성과를 얻었다. 그의 분석은 시스템 또는 네트워크에서 단일 행위자가 아닌 집단적 객체 지향 활동에서의 자기 인식형 인간 피험자들로부터 시작되었다. 한 피험자가 다이어그램을 만들었다. 동료 피험자들은 이 다이어그램을 향후 에탄올 생산 모델을 예상하는 매개 인공물로 사용할 수 있었다. 역설적으로 이 분석은 과학자들의 노력과는 반대로 우드칩의 재료적 저항(material resistance)을 강조했다. 우드칩은 사소한 조정을 통해서는 해결할 수 없는 큰 문제를 갖고 있었다. 최종적으로 우드칩이 경제적으로 에탄올을 생산할 수 있는 화학적 성질을 갖고 있지 않다는 사실에 직면하자, 과학자들은 다른 응용 분야에 적용할 수 있는 지식을 공동으로 만들어냈다.

엥게스트롬(1990)은 한 핀란드 병원의 조직 창의성에 대한 연구에서 의사의 행동을 창의적으로 변화시키는 데 있어 3차 인공물의 중요성에 대해 설명했다. 의사들은 3차 인공물에 대한 발표와 토론을 통해 미래의 더 큰 의미가 명확해졌을 때에만 새로운 작업 모델을 수용했다. 인공물은 의사가 발전을 지향하고 새로운 방향을 명확히 묘사하도록 동기화하는 전체 활동시스템의 미래를 위한 전망을 만들어낸다. 미에티넨(1998)은 사회 변화를 위한 3차 인공물의 중요성을 강조했다. 예를 들어 그는 과학 연구의 인공물이 미래 비전에서 생태적, 경제적, 사회적 가치를 통합하여 연구 활동을 사회와 연결시킬 수 있다고 조망했다. 인간과 사물이 구별되지 않는 평평한 네트워크에서 어떤 조직이 그러한 비전을 가질 수 있을까?

---

33 펄프 및 섬유판의 제조원료로 사용하기 위해 목재를 잘게 절삭한 목재조각.

9.4.3 조율과 협력 그리고 공동구성

탈인지주의에 해당하는 이론들은 활동에서 나타나는 창의적 균열에 대해 그것을 강조하는 정도에 따라 조금씩 다른 입장을 취한다. 활동이론에서는 균열, 갈등 및 모순에서 창조적 가능성을 찾았다. 베긴과 클랏(Béguin and Clot 2004)은 활동 중에 발생하는 장애, 의견 불일치 및 갈등이 긴장감을 유발하며, 새로운 형태의 조직으로 체제를 바꾸고 개발할 것을 촉구한다고 주목했다. 분산인지는 기능을 재현함으로써 시스템의 원활한 작동에 초점을 두는 경향이 있다. 예를 들어 허친스는 미 해군 함정의 항법을 선원들이 안전하게 재현할 수 있는 방법을 설명함으로써 그러한 기능을 강조했다.

서로 다른 수준의 협력활동에서 창의적 균열을 발견할 수 있는 장소에 구조성을 부여하기 위해 우리는 피치너(Fichtner 1984)의 초기 연구를 토대로 한 리히틀(Rheithel 1996)의 세 가지 스키마를 참조하기로 한다.

- 조율
- 협력
- 공동구성

조율과 조정은 가장 기본적인 형태의 공동 작업이다. 그것은 공동의 목표를 향해 일하지만 기본적으로 독립적인 개별 활동을 수행하는 경우를 말한다. 크게 보면 각 개인 활동의 결과가 집단 활동의 결과에 기여하지만, 이러한 기여는 다른 개별 참여자의 활동 외부에서 조정된다(Engeström et al. 1987 참조). 조율과정에서의 작은 행동들을 통해 창의성이 발현되기도 한다. 베긴과 클랏(2004)이 지적했듯이, 생산라인 작업자에게서 나타나는 가장 반복적인 움직임에는 항상 독특함이 배어 나온다.

협력(cooperation)은 협업(collaboration)의 발전된 형태다. 개인은 자신의 목표를 집단 활동의 전반적인 목표에 연관시키고 다른 개인의 행동을 인식하면서 그 행동에 자신의 행동을 조정해야 한다. 이것은 전형적으로 집단 활동의 전반적인 목표의 일관성을 따르는 중소 규모의 조정이다.

공동구성은 협업하는 개인들이 사전 정의된 목표를 달성하기 위해 협력하는 것뿐만 아니라, 목표 및 집단 활동을 공동으로 재정의할 때 발생한다. 여기서 창의적 활동은 목표가 더 이상 동의되지 않고 논쟁과 재평가의 근원이 될 때 여러 활동에서 중요한 변화를 불러일으킬 수 있다. 그런 다음에 목표는 새로운 것으로 재구성되며 공동으로 구성된다.

9.4.4 조율과 창의성

분산인지에서의 주된 관심은 사람들 사이의 인지 조율에 있다. 분산인지는 시스템의 노드 사이를 이동하면서 변화해가는 지식을 추적함으로써 노드 간에 생성되는 조율의 산물이다(Hutchins 1995; Clark 1997; Kirsh 2004). 레이틀은 조율을 인간의 활동이 나타내는 속성으로 보았지만 분산인지에서는 사람과 도구 모두의 속성이라고 보았다. 허친스는 지식이란 매체들 사이의 조율과정에서 생성되는 것이라는 점에 주목했다. 그러나 레이틀과 분산인지는 조율과정의 바깥 부분 또는 분산의 국면들을 강조하고자 했다는 점에서 서로 맥을 같이한다.

분산인지에서는 시스템의 안정성과 재생산에 대해 부각시키는 방식으로 조율의 과정을 해석하려는 경향이 있다. 거시적인 시스템이 어떻게 제대로 작동하는지에 대한 관심은 허친스 연구의 영향이 크다. 그의 연구는 미 해군 선박의 운용에 관한 연구이기 때문에 시스템의 예측가능성과 정확도가 핵심적인 주제로 다루어졌을 법도 하다. 이에, 할버슨(Halverson 1993)은 분산인지 연구는 정교한 조율이 생명인 고도로 합리화된 시스템 연구에 부합할 것이라고 말했다. 베이저만(Bazerman 1996)은 그러한 시스템에는 전형이란 존재할 수 없으며 따라서 연구대상으로서 시스템마다 각각이 독특한 특성들이 보여줄 것이라고 생각했다.

허친스의 연구는 군용 기술에서 어떻게 현대식 항법 도구를 사용하는지 매우 디테일하고 완성도 높게 에스노그라피 연구 결과를 보여주었다. '야생적 사고(cognition in the wild)'라는 그의 연구 제목이 보여주듯이, 그 연구는 상당히 광범위한 관찰 자료를 반영한 것이었다. 조율과정에 대한 정교한 분석은 레이틀의 연구에서 한 부분일 뿐이다. 그리고 베긴과 클랏이 말했듯이, 조율의 과정을 어떻게 볼 것인가에는 여러 접근방법이 있을 수 있다. 활동이론에서는 조율의 과정을 보다 큰 과업의 일환으로 보고자 했다. 과업은 통상적으로 조율뿐만 아니라 창의성, 협력 등이 서로 엉켜져 일어난다. 그래서 활동이론에서 보면 공장 노동과 같이 고도로 규제된 과업에서도 탑다운 방식이 아닌 그 안에서는 예측불가능하게 다이내믹한 창의성과 변화의 조짐들을 발견할 수 있다.

9.4.5 협력과 창의성

레이틀 이론에서 위계 구조의 두 번째 수준은 일상의 실제적인 활동에 관한 것으로 근본적인 변화보다는 협력적인 문제 해결을 요구하는 상태다. 여기에서 주체들은 서로 협력하면서 자신들의 과업을 진행시켜 간다. 스피누치(2003)는 아이오와 주의 자동차 교통 엔지니어가 사고 보고서와 같은 서술 시스템을 정량적 데이터로 변환하는 방식에 대해 분석했다. 정량적 데이터는 엔지니어가 트래픽을 효율적으로 관리하기 위해 활용하는 사고 패턴을 나타낸다. 엔지니어들은 수많은 이야기와 도식을 원형 차트, 막대그래프 및 도표 등 시각 데이터로 변환시켰다(Spinuzzi 2003). 이러한 시각 데이터가 이야기식 서술보다 공공의 의사결정에서는 효력이 더 크기 때문이다. 사고 데이터 방식을 달리함으로써, 사고다발 도로, 위험 수준의 운전 등을 보다 효과적으로 분류할 수도 있다. 스피누치는 엔지니어들이 프로세스의 각 단계마다 데이터 변환에 무엇을 포함시키고 무엇을 무시할지 결정하고 있다는 점에 주목했다. 즉 데이터 변환의 작업에도 사람의 판단이 관여된다는 것이다.

스피누치 연구에서 노동자들은 적극적인 주체였다. 교통안전은 그들 업무에서 공식적인 동기에 해당한다고 볼 수 있다. 그들 노동자들은 의사 결정을 하고 데이터를 변환 처리하는 등 깨어있는 주체였다. 스피누치 설명은 단순히 사소한 영역에서의 적응이나 규율 적용 수준에 관한 것은 아니었다. 그는 노동자들이 캐비닛에 산더미만큼 쌓여 있는 사고 보고서에 나와 있는 서사의 데이터를 어떻게 처리하는지 기술했다.

그들이 그렇게 많은 데이터를 변환시킬 수 있는 방안을 강구해 냈다는 것은 그들이 보여준 창의성에 대한 찬사이기도 하다. 그렇게 함으로써 그들은 수리통계적인 분석을 포함한 도메인 지식과 개념 도구에 의존하여 보다 풍부한 내용을 드러내줄 수 있는 자료 형태로 변환시켰다. 교통안전은 업무에서의 동기 또는 직원들 간 협력 작업과 관련해서 중요한 개념이라고 할 수 있다. 공공 안전에 대해 힘쓰는 개인들의 노력이 없었다면 다른 나라에서도 마찬가지겠지만 미국에서의 교통사고율은 훨씬 치솟았을지도 모른다. 여기서 공공 안전은 한 조직 내에서 돌아가면서 차지하게 되는 보상의 부산물이 아니다. 아이오와 주에서는 노력을 경주하여 사고 데이터를 한 포맷에서 다른 포맷으로 전환시키는 데 성공해 교통안전을 드높이고자 하는 동기를 좀 더 잘 실현시킬 수 있었다. 성공적인 변환을 이끈 그러한 창의성은 새롭게 도입한 하나의 객체가 공유화되면서 동기화될 수 있었다.

허친스는 고장 사태에 직면해 서로 협력하여 문제를 해결하는 항해사 사례에 관해 보여준 바 있다. 협력의 사회적 속성 때문에 매체와 기기를 통한 정보 공유와 같은 추상적인 수준의 해석은 그러한 분석에서는 시의적절치 않을 수 있다.

예컨대 허친스는 팀원들이 서로 어떻게 서로에게 끼어 들어가는지 묘사하면서 다음과 같이 서술하였다. “팀은 마치 유연한 장기 조직처럼 정보를 계속해서 기기들 사이로 이리저리 이동시켜 나갔다. 조직의 한 부분이 정보 전달에 작동하지 않을 때엔 다른 한 부분이 그를 대체하여 처리해 나가는 방식이었다.” 그는 그러한 설명에서 한 발 물러서서 항해사들의 행동에는 분명 조직 간의 추상적인 정보 이동으로만 바라볼 수 없는 인간의 사회성이라는 국면이 깃들어 있음을 시인했다. 그는 그의 글에서 시스템 내 정보처리에 대한 분석으로부터 개인적인 회고담으로 수사적인 어조를 은근슬쩍 바꾸면서 그러한 부분에 대해 서술했다. 허친스는 저명한 인류학자 로이 드 안드라드(Roy D'Andrade)의 말을 인용하면서 다음과 같이 이야기했다.

> 데이터를 가지고 분석을 하고 있는 동안, 로이 드 안드라드가 했던 말이 계속해서 나를 엄습해왔다. 한 학생이 사람들이 일을 하면서 실제로 무엇을 하는지 해석하고 있다고 하자. 말하자면 한 자동차 공장에서 사람들이 차를 만들고 있다고 하자. “그가 무엇을 하고 있는지 당신은 어떻게 아는가? 그들이 하고 있는 일이 사람들을 상대하는 일과 관련된 것이고 차는 그 부산물에 불과한 것이라면 어쩔 것인가.”(Hutchins 1995)

드 안드라드의 예리한 질문은 자동차 공장의 조건대로만이 아닌 자기네들만의 삶의 방식을 영위해 나가고자 하는 노동자들의 객체 지향 활동을 잘 보여준다. 드 안드라드의 훈계를 명심하는 듯, 허친스는 선박 선원들이 서로를 채워주는 방식으로 사회적 관계를 구성하고 있었다는 점을 발견할 수 있었다. 그들은 미묘한 사회적 메시지를 주고받았으며 그의 한도 내에서 서로가 도움을 필요로 할 때 서로에게 적시에 도움을 제공할 수 있었다. 선원들은 서로 도움을 주고받고자 한다는 서로의 마음을 잘 알고 있었고 그러한 모습에 대해 나름대로 의미를 부여하고 있었다. 허친스에 따르면 최소한의 일만 해도 되는 것은 누가 언제 좀 더 많은 시간과 자원을 할애할 수 있는지에 대해 잘 알고 있었기 때문에 가능했다.

이러한 미묘한 메시지를 주고받는 일은 시스템이 기술자들에게 수행하도록 한 기능이 아니다. 인간적 판단과 각자 행위들에 대한 의미 해석은 곧 문화적 지식의 원천이 된다. 여기서 우리가 얻을 수 있는 이해는 기계의 기능이나 정보 매체 시스템의 정보 처리가 아닌 인간의 인지에 관한 것이다. 사회적 차원, 즉 간주관적 차원이라는 또 다른 차원이 끼어 들어온 것이다. 이들 사회적 과정은 선박의 차트나 플롯 그리고 일정 수준으로 환원될 수 없는 비대칭적 이해를 요구하는 고유한 영역이다. 이 점에서 분산인지에서의 해석은 애초의 취지에서 벗어나 활동이론이나 현상학에 근접해갈 수밖에 없다.

9.4.6 협력 작업과 창의성

다시 스피누치의 교통 엔지니어들 사례로 돌아가 살펴보자. 그들이 만들어낸 사고 데이터 변환은 보다 거시적인 활동에 영향을 미친다. 한번은 양적 데이터를 처리하면서 좀 더 보완된 데이터가 필요하다고 느꼈다. 그들이 알고 싶어한 것은 시골마을 교차로에서 일어난 사고 횟수가 아니라 교차로에서의 정확한 사고 위치였다. 어떤 사고였는지 그리고 어떤 상황이었는지 등등. 매뉴얼대로 여러 케이스들을 검토해야 하는 노동집약 시스템은 그런 질문에 해답을 제시해주는 실제적인 수단이 될 수 없었다.

1970년대 아이오와 주 고속도로 관리소는 사고 보고서를 자동화할 수 있는 시스템 도입을 계약했다. 그리고 메인 시스템이 구축되었다. 그 시스템은 사고 분석을 크게 효율화시켰고 관리소 업무를 향상시켜 주었다(Spinuzzi 2003). 그러나 그 시스템은 사용하기가 까다롭고 속도 또한 느렸다. 1989년 관리소 소장은 아이오와 주립대 출신의 한 18세짜리 컴퓨터 사이언스 전공 학생을 채용하여 PC 기반 솔루션으로 바꿨다. 그 학생은 새로운 시스템을 개발했고 이후 수년간 사용하게 되었다. 그리고 관리소의 업무를 혁신시킬 수 있었다. 행위자-네트워크 이론에서 보면 그 관리소장의 역할은 충분히 존재치를 확인할 수 있는 역할이었을 것이나 그 학생은 한 번도 거기에 존재한 적 없는 지나가는 사람에 불과했을지 모른다.

분산인지에서 보면 그러한 창의적인 급변은 조정 시스템의 기능과는 순조롭게 맞아떨어지지 않을지 모른다. 또한 단 한 개인이 그러한 혁신 시스템을 만들어 냈다는 것도 믿기지 않을 수 있다. 분산인지와 같은 설명은 상당히 잘 작동하고 있는 테크놀로지에 대해 아주 산뜻한 해석을 내린 분석 전략의 소산이라 할 수 있다. 그리고 이러한 설명에서 테크놀로지는 단지 지적인 노동을 절감시키면서 단순히 규칙을 적용하도록 해주는 존재로 비추어질 가능성이 많다(Hutchins 1995; Halverson and Ackerman 2003).

반면 그러한 똑똑한 테크놀로지가 어떻게 생겨났는지에 대해선 언급이 없다.

분산인지에 대해 비판적인 연구자인 클락(Clark)은 "우리 뇌가 세상을 똑똑하게 만들어. 그리고 우리의 나머지 부분은 아무 일 없는 멍청이에 불과해!"(1997)라는 농담으로 그러한 모순을 비꼬아 말했다. 여기서 우리의 '뇌'가 어떻게 그런 일을 해내는지는 여전히 우리 상상 속에 남겨져 있다. 그리고 우리의 뇌와 우리의 나머지 부분의 차이는 무엇일까? 그와는 달리 활동이론에서는 과학 분야에서의 창의성을 분석한 미에티넨 연구나 의료 기술을 향상시킨 3차 인공물에 대해 의사들이 어떻게 반응하는지 분석한 엥게스트롬 연구에서처럼, 문화적 변동에 대응해서 발휘되는 인간 주체의 창의성에 주목하였다. 스피누치는 수십 년 동안 어떤 영역에서의 변화를 역사적으로 고찰하면서 개인 주체나 집단이 어떻게 그러한 과정에 기여하는지 자세하게 기술 분석했다. 여기서 그는 구성원들이 성찰과 창의적인 작업을 통해 어떻게 새로운 데이터 분석 방식과 함께 에이전트에 대한 새로운 거시적인 조직을 창출해 냈는지 보여주었다.

스피누치(2003)는 기술 통신업자들 사이의 인공물의 사용 연구에서 특이하며 융합적인 이해와 인공물 사용 측면을 부각시켰다. 여기서 그는 이들 융합적 이해와 실천이 어떻게 추후에 혁신의 원천이 되는지 잘 보여주었다. 개별적 변이에 대한 분석을 통해 혁신이 일어나는 미시적인 발생과정을 드러낸 것이다. 베긴과 클랏(2004)은 창의성과 혁신을 중심으로 일상의 경험과 행위를 되짚어볼 필요가 있다고 말했다. 그러한 융합이나 창의성 그리고 혁신 등은 분산인지에서는 좀처럼 다루어지지 않는 현상이다. 7장에서 다룬 바이오기술 연구자들의 사례를 보면 과학 연구에서 무엇을 감추고 있는지가 그것이 무엇을 밝히고 있는지만큼이나 중요할 수 있다. 타자들로 하여금 어떤 것으로 볼 수 있도록 선택하여 가시화시킨다는 것은 과학 연구의 본성, 즉 사회적 구성성을 잘 보여준다. 한 이론에서 사소한 것으로 치부해버린 부분을 다시금 살펴보는 것은 그 이론이 가져다준 이해만큼이나 중요하다.

9.4.7 활동과 시스템의 이분법

창의성 문제와 관련해서 다음과 같이 질문을 제기해볼 수 있겠다. 즉 한 문화에서 그 주도권은 어디에 존재하는가? 시스템인가, 아니면 개인들의 실천인가? 만약 시스템에 있다고 한다면 창의적인 혁신과 같은 변화는 어디서 오는 것인가? 이러한 질문들은 사회과학에서 지난 수십 년 동안 제기했던 것들이다. 그러한 질문은 지속가능하고 안정적인 구조를 어떻게 설명할 것인가, 발달과 변화는 어떻게 설명될 수 있을 것인가 하는 문제와 관련된다. 민속방법론이나 분산인지에서는 구조의 안정성 문제는 분석의 전제가 아닌 분석의 대상, 즉 해명되어야 할 대상이었다. 분산인지에서는 테크놀로지의 변동에도 불구하고 구조가 어떻게 안정적으로 유지되는지 해명하고자 했다(Licoppe 2005). 행위자-네트워크 이론에서 수행한 사례 연구는 특히 '군주와 같은 통치자들'의 활동에 초점을 맞추어 변화를 설명하고자 했다. 활동이론 또한 발달과 변화 현상에 주목하고 그것들이 어떻게 문화 맥락으로 끼어 들어가고 결과적으로 안정적인 구조로 자리 잡게 되는지 설명한다(Blackler 1993).

분산인지에서 통제와 관리는 조직과 시스템, 특히 조정 운용의 몫으로 보고 접근하고자 하였다. 허친스에 따르면, 여기서는 대부분의 행위 조직을 수행자가 아닌 시스템 구조 편에서의 기능으로 설명할 수 있다고 보았다. 이는 곧 조정과 조율이 의미하는 바이기도 한데, 한 사람의 행동은 다른 시스템과 얽혀 있는 방식으로 결정된다는 것이다(Hutchins 1995).

여기서 통제와 관리는 수행자 외부에 설정되어 있는 것으로 보았다. 따라서 창의성이나 독창성의 문제는 평가절하 또는 투명한 것으로 치부되었다. 그러나 베긴과 클랏(2004)이 지적한 대로 생산라인 노동자의 반복 노동에서조차 매 행동은 동일한 행동의 반복이 아니고 나름의 개별성과 독창성을 가지고 있다. 사실상 통제와 관리는 시스템이 아닌 개별 행위 차원에 내재되어 있다고 보아야 한다는 것이다. 베긴과 클랏은 조직은 안정적이고 예측가능하다고 볼 수 있어도 개별 행위들은 그렇지 않다는 점을 지적한 것이다(Vergnaud and Récopé 2000 참조). 생산라인 노동자의 작은 행동 하나하나에도 예측불가하고 새로운 측면들이 존재하기 마련이라는 것이다.

이런 점에서 비추어보면 잠재 가능한 변화의 진원지는 조직이 아닌 개별 행위 하나하나일 수 있다. 7장에서 조직 현실과 창의적인 과학 연구 활동 간의 딜레마 상황에 봉착한 Ajaxe사 팀장의 예에 관해 다루었다. 여기서 한 팀장은 결국 조직이 어떻게 하든 상관없이 직원 개개인을 동기화시키는 수밖에 달리 도리가 없다고 말하기도 했다.

베긴과 클랏은 실천 과정에 있어서 사람들의 행위에는 판단과 해석이 끼어 들어가 있으며 따라서 항상 나름의 새로움이 있다고 보았다(Taylor 1985). 이러한 연유에서 분산인지의 관점에 대해서는 부정적이다. 분산인지에서는 새로운 변화에의 가능성보다는 견제와 조절 측면에 주목하기 때문이다. 베긴과 클랏의 지적은 시의적절한 것으로 일상이라도 거기에 숨어 있는 고유함과 독특함을 바라볼 수 있도록 해주기 때문이다. 이와 같은 맥락에서 에머베이어와 미셰(Emirbayer and Mische 1998)는 구조적인 환경이 어떻게 차후를 계획하고 실현하는 인간 에이전트에 의해 유지되기도 하고 변화를 겪기도 하는지 이해하는 것이 중요하다고 보았다.

마찬가지로 일렌코프(1982)는 다음과 같이 주장했다.

> 현실상으로는 나중에 보편적인 것이 되는 현상은 항상 처음에는 규칙에서 벗어난 예외처럼 개인적인 사안으로 또는 특별한 일인 것처럼 발생한다. 노동 개선이나 새로운 생산 방식 등은 그것들이 보편화되기 전까지를 보면 처음에는 규범에서 벗어난 일처럼 등장했다. 몇몇 노동자들의 노동으로부터 규율에서 벗어나서 생겨난 예외의 형태들이 차츰 다른 이들에게 퍼져나가기 시작하면서 보편적인 규율의 형태로 둔갑하게 된다. 만약 이런 방식으로 등장하지 않는 새로운 규범이라면 그것은 한낱 공상이나 희망사항에 머물고 말 것이다.

헤데스틱과 캡텔리닌(Hedestig and Kaptelinin 2005)은 비디오 기술자에 관한 연구에서 일렌코프의 이러한 생각을 잘 드러내주고 있다. 여기서 기술자의 업무는 교육용 화상회의 시스템에 대한 기술 지원이었다. 그러나 실제 과정을 잘 보면 그는 그에게 업무상 주어진 의무를 넘어선 일을 하고 있었다. 그의 업무는 시스템 지원 이외에 훨씬 넓은 범위에서의 협력적인 역할, 즉 카메라맨이나 시스템 관리자, TA나 교사와 조율하고 협력하는 등 자기가 알아서 독자적으로 자신의 역할을 개척하면서 수행하였다. 애초에는 그의 부가적인 업무가 시스템상에서는 아예 보이지도 않는 하찮은 것으로 여겨졌다. 관리자의 눈에도 업무 범위를 벗어난 듯한 그의 이러한 잡다한 서비스가 그 시스템이 제대로 작동하도록 하는 데 어떻게 기여하는지 보일 리 없었다. 헤데스틱과 캡텔리닌(2005)은 눈앞의 당장의 상황을 초월하여 초-상황적 활동을 수행해내는 능력이야말로 개인의 발달과 조직의 발전에 핵심 원동력이라고 보았다. 시간을 두고 그러한 변화는 점차 보편적인 실천으로 거듭나게 될 것이며 다음 변화에 촉매 역할을 하게 될 것이다.

SECTION 9.5 성찰성

레온티프(1974)는 성찰성의 문제에 관해 지적한 바 있다. 성찰성은 의식의 발현으로서 자신의 행위나 현실 그리고 자기 자신에 대한 주체의 되돌아봄을 뜻한다. 의식이 살아있는 주체에게 테크놀로지의 사용 또한 성찰의 대상이다. 테크놀로지는 실제 그 사용 맥락보다 우리의 상상 속에서 좀 더 좋아 보이기도 하고, 의도와 다르게 사용될 수도 있으며 특정 방식으로 변화해갈 수도 있다. 창의성과 더불어 성찰성 또한 항상 사회적 맥락에서 일어나고 행위와 동떨어져 생겨나는 법이 없다.

게이와 헴브루크(2004)는 코넬대학 무선 랩톱 컴퓨터가 도입된 후 테크놀로지가 공동체를 진작시키는 데 어떤 역할을 했는지 그리고 학습 공동체의 발달에 관해 연구를 수행했다. 캠퍼스 전체에서 무선 접근이 허용되었고 그래서 학생들은 언제 어디서나 랩톱을 사용할 수 있게 되었다. 그들은 한 커뮤니케이션 수업을 수강한 학생들에게서 테크놀로지 사용에 관한 성찰 일지와 면담을 수합했다. 어떤 학생들은 수업 중에 이메일 체크나 메시지 전송 그리고 웹 브라우징 등의 유혹을 떨쳐버리기 어려웠다고 보고했다.

그들은 이들 행동이 중독성이 강하고 집착하게끔 만든다는 것을 잘 알고 있었다. 학생들은 랩톱 사용이 주의를 분산시키고 집중력을 짧게 만든다는 점에 대해 충분히 의식하고 있었다. 분명 무선 랩톱의 도입은 학생들을 수업과 상관없는 다른 활동시스템에 참여할 수 있도록 하였다.

예를 들면 한 학생은 다른 학생이 질문할 동안 친구들에게 메시지를 전송하기도 하였다. 학생들은 물리적으로는 수업에 앉아 있지만 새로운 테크놀로지와 함께 전혀 다른 행위에 참여하고 있었다. 한 학생은 여러모로 랩톱의 사용 때문에 학업에 열중하기가 어려워진다는 점을 의식하고 있었다. 그리고 학업과 상관없는 웹 서핑의 희생물이 되는 듯 느꼈다고 보고하였다(Gay and Hembrooke 2004). 게이와 헴브루크에 따르면 학생들은 수업과 관련 없는 여러 활동에 동시에 참여하고 있었다. 그룹 과제를 할 때조차 많은 그룹들은 개별적으로 작업하고 마지막 순간에 각자의 내용을 합산하는 방식을 취했다.

게이와 헴브루크 연구에서 개인 주체 개념은 중요했다. 성찰 행위는 사회적 과정이지만, 경험을 가늠하고 주변 사람들에게 의미를 표현하고 전달하는 주체는 결국 개인이다. 학생들의 성찰은 연구자의 면담 질문과 자신들이 쓴 일지를 읽으면서 좀 더 부추겨졌다. 그리고 수업에서 빠져나와 엉뚱한 행동들로 삐져나간 것도 학생 개인이고 그런 과정을 성찰하고 보고한 것도 학생 개인이었다. 수업에 앉아 있으면서 동시에 친구에게 메시지를 보낸 것도 개인이었다. 그러한 딴짓이나 수업 상황에서 조절의 필요성이나 그러한 딴짓이 치러야 할 대가를 의식한 것도 결국 개인이었다.

학생들은 자신들의 딴짓 행동에 대해 뒤돌아보면서 무선 랩톱의 부정적인 측면을 줄여줄 수 있는 솔루션이 필요하다고 결론 내렸다. 한 학생은 랩톱 사용에 대한 자제나 규제가 필요하다고 보고 학교 차원에서 그와 관련된 규칙을 만들어야 한다고 말했다. 그들은 테크놀로지가 학습 공동체 형성에 도움을 주기도 하지만 다른 한편으로는 이를 침해한다는 점에 공감대를 형성하였다. 학생들은 뒤돌아보면서 랩톱 사용이 공동체를 굳건히 하기보단 오히려 와해시키기도 한다는 점에 대해 깨닫기 시작했다.

데코르티스, 리조, 그리고 소우델리(2003)는 도구 매개라는 활동이론의 관점에 기대어 초등학교 학생들을 위한 디지털 기기 디자인을 시도하였다. 그들은 6~8세 아이들 수준에 맞게 창의성과 협력을 불어넣어 주면서 서사 구성에도 도움이 될 수 있는 교육용 기기를 디자인했다. 이 새 기기 환경인 '포고(Pogo)'는 새로운 자원의 제공을 통해 아이들의 사고와 의사결정 능력을 키울 수 있도록 설계되었다. 특히 '포고'는 자신의 경험을 돌아보고 서로 비교하게끔 설계되었다. 사실상 '성찰적 매개'와 같은 기능을 이 새 기기에 집어넣은 것이다(DeCortis, Rizzo, and Saudelli 2003).

창의성은 아이들이 각자 스스로의 성찰을 서로 공유하면서 자극되었다고 볼 수 있다. 이러한 해석은 도구 매개와 비대칭성 개념을 반영한 데에서 비롯되었다. 즉 도구가 어떻게 아이들로 하여금 성찰을 이끌어 내도록 자극하는지 그리고 다시 아이들은 더 나은 창의적인 서사 구성으로 나아가기 위해 어떻게 스스로의 성찰을 서로 공유하게 되는지라는 측면에서 이 사태를 분석할 수 있다는 것이다(DeCortis, Rizzo, and Saudelli 2003).

사람들은 종종 성찰을 통해 테크놀로지 사용에 대한 태도와 방식을 바꾼다. 그들은 설계자의 의도를 넘어서서 새로운 경험을 만들어 내기도 한다. 가이슬러(Geisler 2003)는 팜(Palm) 사용자 사례에 관해 기술한 연구에서 그들이 어떻게 워라벨을 추구하는지 디테일하게 보여주었다. 그것은 팜 설계자들이 예상치 못했던 기능이었다. 그녀는 그러한 사용법의 변화는 전문성과 효율성만을 강조하는 팜 사용자에게 요구된 문화적 프레임에서 벗어난 것이라는 점을 지적하였다. 자신만의 요구에 귀 기울여 새로운 창의적인 기기 사용법을 만들어낸 것이다. 그녀는 과거에도 유사한 방식으로 다른 기기들을 사용한 적이 있었다. 가이슬러의 설명을 보면 시간의 흐름에 따라 사람들의 경험이 어떻게 달라지는지에 주목하고 있다.

활동이론에서는 개인들의 동기가 어떻게 자신만의 기기 사용법으로 이끄는지 그 변화의 궤적에 주목한다. 일과 가정의 요구를 어떻게 서로 조화롭게 해나갈 것인가가 하이퍼 카드 기반 데이 타이머에서 팜으로 시간 관리기기 선택에 영향을 미친다고 볼 수 있다(Geisler, 2003).

가이슬러는 시간의 경과에 따라 자신의 경험이 어떻게 달라지는지 그리고 기기 사용에 있어서 자신만의 효율적인 방식을 어떻게 찾아가는지 자신의 경험을 뒤돌아볼 수 있었다. 홀란과 허친스(2003)의 표현대로 사람과 사물이 서로 한 덩어리가 된다고 본 대칭이론에서는 바로 이 점을 놓치고 있다. 즉 위 사례와 같이 사람들은 도구를 성찰적으로 다루면서 각자의 요구와 맥락에 맞게 창의적으로 그 사용법을 변이시킨다. 또한 기존 기기의 사용방식에 터해 새로운 기능을 만들어 내기도 한다. 분산인지의 경우 성찰의 행위를 기껏해야 사물과의 대칭성을 유지하기 위한 역할로 평가 절하하기도 했다.

활동이론과 현상학에서는 그리 적극적이고 의도성을 가진 에이전트가 아닌 독창적인 매개체를 상정한다. 행위자-네트워크 이론에서는 통치자를 암시한다. 분산인지에서는 전지전능한 남성 귀족이 아닌, 여러 매체를 돌아다니면서 조율하는, 누구는 내부에 있기도 하고 누구는 외부에 있기도 하며, 누구는 사물화되어 있기도 하고 누구는 관념화되어 있기도 하고 누구는 사람들 사이에 오가는 관계에 있기도 한, 다소 비천한 인사를 설정한다(Hutchins 1995). 사람들은 조율 능력 면에서 다른 사물에 비해 분명 진화된 능력을 갖고 있다. 그러나 사람들을 단지 창조하고 성찰하고 저항하는 능력을 가진 의도성을 갖춘 사물과 동등한 위치의 에이전트로만 본다면 그들의 핵심적인 특성이 바로 조율에 있다는 점을 놓치는 꼴이 될 것이다.

물론 분산인지 연구자들 역시 연구 과정에서 사람들이 보여주는 창의성이나 성찰성의 문제를 언급하기도 한다. 애커먼과 할버슨(1998)은 전화 상담이 어떻게 조직되는지에 관해 연구를 수행한 적이 있다. 여기서 전화 상담을 통해 서로의 지식이 어떻게 공유 분산되는지 추적하였다. 그리고 내담자들이 겪는 문제를 해결하는 데 다양한 종류의 집단 기억들이 어떻게 사용되는지 밝혔다. 그 연구는 단 한 건의 전화 통화에 대해 수행된 분석이었고, 집단 기억에 대한 매우 예리한 통찰을 보여준 완성도 높은 미시 연구였다.

그러나 여기서 연구자들은 사실상 분산인지의 선을 넘어서서 상담 스태프가 어떻게 자기네 일을 성찰적으로 재조직해 나가려고 하는지 살펴보았다. 연구자들은 그 스태프가 수많은 다양한 범위의 상담 문제들을 커버하기 위해 어떻게 유연한 비공식적인 일상을 만들어 냈는지에 주목했다. 스태프와의 면담 과정에서 그 자신이 유연하게 진단하는 것과 효과적인 처방을 제시하는 것 사이에 어떻게 밸런스를 유지하려고 하는지 누누이 언급한다는 점을 유심히 해석했다(Ackerman and Halverson 1998). 진짜 대칭적 설명이라면 성찰성과 창의성은 발 디딜 곳이 없을 것이다. 사람이라면 자신의 뒤를 돌아보지만 테크놀로지는 그렇지 않다. 연필이라면 "이제 좀 연필심을 깎아야겠다" 하면서 스스로를 뒤돌아볼 리 없다. 오직 사람들만이 자기네 실천과 도구에 대해 재평가하고 재설계할 것이다. 애커먼과 할버슨(1998)은 사실상 대칭적 설명 수준을 벗어나 활동이론으로 관점을 이동한 것이라 볼 수 있다. 물론 그들도 성찰성과 창의성을 자기네 논의 대상으로 올려놓았다는 점에 대해서 시인했다.

SECTION 9.6 저항

테크놀로지에 대한 저항은 인터랙션 디자인 영역에서는 잘 다루어지지 않은 주제다. 우리는 새로운 테크놀로지를 디자인하고 소개하는 입장이다. 그만큼 경제적으로나 지적으로 테크놀로지에 대한 애정이 남다를 수밖에 없다. 그렇지만 새로운 테크놀로지에 대한 사용자 측면에서의 평가에 대해 분명 책임감을 갖지 않을 수 없다. 테크놀로지에 대해 사용자들에게서 나타날 수 있는 저항 또한 인간과 테크놀로지 간의 관계 차원에서 심도 있는 분석과 연구가 필요하다. 획일적인 노드로 구성된 단순한 네트워크를 상정하는 이론에서는 테크놀로지에 대한 저항 문제를 협소하게 설명할 수밖에 없다. 저항 문제를 제대로 다루기 위해서는 사람들이 어떻게 테크놀로지를 활용하는지에 대해 적극적인 주체라는 전제가 상정되어야 한다.

워치에 따르면, 매개 도구에 대한 개인의 입장에서 보면 가장 우선적으로 저항과 거부의 문제를 들지 않을 수 없다. 문화적 도구가 마냥 호의적인 지원자라고만 상정해서는 저항이나 거부감에 대해 제대로 설명할 수 없다는 점을 분명히 했다(Wertsch 1998).

창의적인 활동과 마찬가지로 저항 또한 일상의 순조로운 흐름에서 보면 균열에 해당하는 현상이다. 문화에 정면으로 맞서는 행위이기도 하고 갈등과 불협화음을 빚어내기도 한다. 이들 문제들은 사용가능성이나 기능성만을 주목하면 제기할 수 없는 이슈다. 따라서 워치는 저항이나 거부감의 문제에 대해 중요하게 분석하고 담론화시킬 필요가 있다고 보았다. 사물이 그 자체로 저항과 거부감을 유발시키는 것은 아니기 때문에 인간-사물 상호작용 연구에서 그러한 이슈가 잘 다루어지지 않는 경향이 있다. 10장에서 사물의 저항에 대해 활동이론과 다른 입장이긴 하지만 행위자-네트워크 이론에서 어떻게 설명하는지 살펴볼 것이다.

현대적 관점에서 보면 저항의 문제는 신문물을 무조건 반대하는 러다이즘 운동과는 상관없이 충분한 검토와 담론이 무르익기 전에 새로운 테크놀로지를 받아들이기를 꺼리는 현상을 말한다. 그러한 움직임은 주로 유럽을 중심으로 형성되어 왔다. 예컨대 덴마크 과학기술부에서는 관련 이슈를 다루기 위해 시민참여단을 운영해왔다(Sclove 1995). 참여단에서 이슈에 대해 검토하고 보고서를 제출하면 정부는 이를 토대로 의사결정에 반영한다. 또한 언론에서도 이를 보도하여 공공 여론의 추이를 지켜본다. 그런 유사한 방식들이 다른 국가들에서도 작동하는가? 스클로브(Sclove 1995)는 미국의 경우 그러한 이슈를 법정에서 다루는 것이 일반화되어 있다는 점을 강조했다. 시민 패널 의견이 비록 통계적으로 유의미하지 않은 경우에라도 관련 이해관계 집단은 당연히 제외하고 아예 그러한 의견수렴 과정이 훨씬 도움이 된다는 점을 지적하였다.

덴마크 시민 패널은 유럽과 미국에 걸쳐 영향력을 행사해왔다. 미국 정치학자인 랑곤 위너(Winner, L)는 의회 청문회에서 나노기술과 같은 신기술은 시민 패널의 검토를 거쳐야 한다고 증언했다. 그는 나노기술은 해당 과학자나 기업가들이 이해관계가 걸려 있어 열성적으로 도입을 추진하고 하는 반면, 그에 우려를 표명하는 사람들은 반진보 성향이 강한 사람들이라고 꼬집어 말했다. 보이지 않는 기술에 대한 우려가 항상 사람들로 하여금 도입에 있어서 주춤하게 만든다는 점은 테크놀로지와 적극적인 행위 주체 간의 관계에 대해 해명하는 현상학이나 활동이론을 통해 잘 설명될 수 있다.

21세기에 들어서서 새로운 기술에 대한 저항 이슈를 다양한 목소리를 반영하여 다루어야 한다는 점은 분명하다. 그리고 그에 대한 저항이나 거부의 문제 또한 종종 발생하고 따라서 그에 대해 심도 있는 분석이 필요하다. 예컨대 잠비아에서는 유전자 변형 옥수수 생산이 금지되어 있는 반면, 다른 한편으로는 그러한 옥수수를 자선 기부받기도 하였다. 지난 십수 년에 걸쳐 미국에서는 원자력 발전소가 과학자들과 시민들의 반대로 새로 건설되는 일이 없었다(Bazerman 2001). 유럽에서는 미국산 유전자 변형 식품에 대한 불매운동이 있었다(Winner 2003). 다양한 의견의 집단 사이의 협상과 논의를 포함하여 이러한 사회적 활동에는 미래를 꿈꾸며 설계하는 데 기여할 수 있는 이론이 요구된다.

SECTION 9.7 결론

이 장에서는 탈-인지주의 이론의 특징에 관해 두 가지 측면, 의도성과 일상으로부터의 균열인 창의성, 성찰성 그리고 저항에서 살펴보았다. 이를 통해 테크놀로지를 전유하고 있는 주체, 사회적으로 맥락화된 주체를 어느 수준까지 이론화할 수 있는지 그 가능성에 대해 타진해 보고자 했다. 활동이론과 현상학은 주체 개념을 정립하고자 한 반면, 행위자-네트워크 이론과 분산인지에서는 네트워크나 시스템 수준에 천착하고 있다. 활동이론과 현상학에서 인간은 스스로 목적과 의도를 갖춘 가장 강력한 에이전트다. 활동이론에서 본 인간은 규칙이나 시스템을 수동적으로 따르거나 반응하는 유기체가 아니라 객체 주도의 활동에 참여하고 자신의 동기를 충족해 나가는 의도성을 가진 주체다. 현상학에서 말하는 '기투 양상'(Dasein)은 연장들로 둘러싸인 세계 안에서 목적을 향해 나아가는 활동에 인간적으로 참여하는 행위를 의미한다(Dourish 2001a).

그와는 대조적으로, 행위자-네트워크 이론에서 상정하고 있는 대칭적인 네트워크에서 행위자는 인간과 사물 간에 동등한 자격을 지닌 에이전트들이다. 이러한 네트워크 안에서는 사물 에이전트 역시 자신만의 시간과 자신만의 때, 그리고 자신만의 속성을 갖는다. 그리고 마치 인간처럼 사물도 상대 에이전트에 대해 저항하고 반응한다(Latour 1996a). 물론 행위자-네트워크 이론에서도 아이러니하게도 활동이론이나 현상학에서와 같이 자기 목적성을 가진 통치자가 등장한다(Latour 1992). 분산인지에서 상정하는 모델은 지식을 전달하고 공유하는 매체 시스템이다. 그리고 여기서 그러한 시스템은 실제 도구일 수도 있고 인간일 수도 있다. 2장 민속방법론에서 살펴보았듯이, 이론은 항상 그 주장의 일반화가 초래하는 반향으로 인해 비판의 표적이 되기 쉽다. 그래서 머릿속에서는 희망사항을 그리고 실제로는 정반대의 결과를 초래하기도 한다. 그래서 행위자-네트워크 이론에서는 역설적으로 자신의 이론을 부정하는 마키아벨리즘의 모습을 보여주기도 한다. 분산인지에서도 미에티넨(1999)이 지적한 것처럼 행위자-네트워크 이론과 동일한 모순, 즉 종국적으로는 인간이 사물과는 확연히 차별화된 위상을 가진 존재임을 역설적으로 논증하는 모순을 보여주고 있다.

창의성과 성찰 그리고 저항의 문제를 다루면서 바르토프스키의 사물 위계 그리고 레이틀의 협력 행위 위계에 관해 소개하였다. 이들 개념은 개인과 집단이 과업의 수행과정에서 어떻게 도구에 의존하게 되는지 그리고 어떤 방식으로 그러한 수행과정을 운영해 가는지 해명하는 데 일조해왔다. 그리고 여기서 개인 주체 개념을 어떻게 상정할 것인지가 왜 중요한지에 관해 누누이 강조하였다. 물론 여기서의 개인 주체는 데카르트의 주체도, 고결한 의식의 주체도 아니다. 그러한 개인 주체는 데카르트의 사고를 본질로 하는 존재 cogito ergo sum과 같은 폐쇄된 시스템일 리 없다. 여기서 말하고자 하는 논지는 개인이나 시스템상의 어떠한 혁신도 시스템의 문제로만 설명할 수 없다는 것이다. 개인 주체의 변화나 발달은 근접발달영역과 같이 매개에 의존한 활동을 통해서 구성원들 사이에서 서로 간에 엿볼 수 있고 가늠할 수 있는 방식으로 일어난다. 시스템상의 혁신 또한 충분히 목격 가능한 구성원들의 행위 영향하에서 일어난다. 혁신을 이해하는 데 있어서 개인 주체를 놓치게 된다는 것은 변화를 일으키는 균열과 그러한 균열에 대한 반응이라는 혁신의 핵심적인 진원지를 간과하는 꼴이 될 수밖에 없다는 것을 의미한다. 활동이론에서는 개인과 집단 사이의 균열과 변혁을 보다 충실히 설명하는 문제가 추후 과제로 남겨져 있다.

지금까지 탈-인지주의 이론들 사이의 유사성과 차이에 관해 알아보았다. 그들 간의 차이에는 합당한 이유가 있다. 활동이론은 러시아에서 발전하였고 현상학은 주로 독일, 그리고 행위자–네트워크 이론은 프랑스, 분산인지는 미국에서 다루어져 왔다. 후자의 두 이론은 비교적 최근에 그리고 전자의 두 이론은 수십 년 전에 생겨난 이론이다. 이들 차이보다 더 중요한 것은 각각의 이론이 각기 다른 시대 사회적인 맥락에서 태생된 이론이고 따라서 각각이 나름의 독창적인 지위를 누리고 있다는 점이다. 활동이론은 자극 반응의 행동주의이론에 대한 비판과 피아제에 대한 비고츠키의 대안으로 태동된 이론이다. 현상학은 생활세계의 경험을 간과한 채 과학과 수학에 대한 편협적인 실증주의를 내세운 관점에 대해 비판적 대안으로 제시된 이론이다. 행위자–네트워크 이론은 사물의 세계에 에이전트 지위를 부여함으로써 인간과 대등한 지위를 확인하고 그것의 존재성을 해명하는 데 기여한 이론이다. 분산인지는 인지과학의 한계를 지적하며 사고의 표상이 갖는 우위성과 도구에 대한 평가절하라는 편협한 전제가 갖는 문제점을 잘 드러내 주었다. 그들 이론들은 뿌리 깊은 지성적인 전통을 바탕으로 각자의 독창적인 위용을 뽐내고 있다.

이들 탈–인지주의 이론들은 생물학과 심리학, 기타 영역에서 중요한 목소리를 내고 여타의 보편적인 이론에 동참하면서 하나의 굳건한 패러다임으로 자리잡아 가고 있다. 여러 차이가 있지만 탈–인지주의 이론들은 변화와 발달을 특정 시점의 맥락에서의 미시 발생 차원에서 분석하고 여기서 테크놀로지의 기능과 의미를 가시화시켜야 한다는 점에 있어서는 의견을 같이한다. 이들 이론들이 향후 인터랙션 디자인에 어떤 영향을 미칠지 또한 서로에게 어떤 영향을 주고받을지 두고 볼 일이다. 활동이론과 현상학처럼 서로를 재생산해 주는 방식으로, 활동이론과 분산인지처럼 상호 모순된 관계를 유지하면서도 서로 자신들의 성과를 검토하는 데 검침 역할을 하고 상호 견제하고 보완하는 관계는 지속될 것이다. 다음 장에서는 행위자–네트워크 이론의 에이전트 개념이 활동이론이 정교화되는 데 어떤 영향을 줄 수 있는지, 어떠한 검침 역할을 할 수 있는지 살펴볼 것이다. 행위자–네트워크 이론에서 제시하고 있는 사물 에이전트 개념을 활동이론에서의 비대칭성과 매개성 원리에 비추어 어떤 새로운 에이전트 개념으로 발전시킬 수 있는지 보겠다.

CHAPTER

10 인공물, 에이전트, 그리고 대칭성

사물의 에이전트에 대한 행위자 네트워크 이론의 관심은 때마침 스마트 기계 시대와 맞아떨어졌다. 최신 테크놀로지에서 볼 수 있는 특징이 있다면 그것은 기존 도구가 하는 방식과는 다르게 독립적이고 유연하게 작동한다는 점이다. 예를 들어, 전자 메일의 경우, 사용자가 누군가에게 메시지를 보낸 적 있고 그 사람의 성이나 첫 번째 이니셜만 기억하고 있다면 메일 주소를 검색하고 입력하는 번거로움을 덜게 할 수 있다. 심지어 그 흔한 팩스머신조차도 놀라운 기능을 가지고 있다. 래(Rae 1994)는 팩스머신이 서로의 전송 오류를 교정하는 방법을 분석했다. 그는 기계의 교정 작업이 인간 대화에서 나타나는 말의 교정 방식과 유사하다는 점에 주목하였다(Schegloff, Jefferson, and Sacks 1977). 래가 "팩스머신이 보여준 교정 능력은 팩스머신이 에이전트라는 것을 의미합니까?"라고 물었을 때 우리는 "그렇다"고 생각한다. 사람의 개입 없이도 불완전하거나 손상된 텍스트를 디코딩하는 팩스머신의 정교한 기능은 변화하는 조건에 지능적으로 반응하는 능력의 증거다.

이 장에서는 앤드류 피커링(Andrew Pickering 1993, 1995)뿐만 아니라 행위자 네트워크 이론가들(Callon and Latour 1981; Callon 1986; Rose, Jones, and Truex 2005; Shaffer and Clinton in press)의 연구 성과에 관해 훑어보려고 한다. "오직 사람만이 행동을 한다"(Shaffer and Clinton)는 기존의 주장(예를 들어, Emirbayer and Mische 1998; Wertsch 1998)은 가당치 않기에, 행위자 네트워크 이론은 사물의 에이전트에 관심을 기울이는 방향으로 발전해야 한다. 동시에 행위자 네트워크 이론에서 내세우는 대칭성이 어떤 문제점을 안고 있는지 살펴볼 것이다. 활동 이론에 입각해서 다양한 형태의 에이전트를 어떻게 새롭게 상정할 수 있는지 이야기할 것이다.

SECTION 10.1 주체–객체의 대칭성

피커링은 인간과 사물의 세계 사이를 오가며 성립하는 변증법적 관념을 기반으로 하여 대칭적 에이전트의 개념을 발전시켰다. 그는 전통적인 사회과학이 사물의 세계를 배제한 채 인간에게만 주목한 나머지 에이전트 문제를 비대칭적으로 분배해 보았다고 비판하였다(Pickering 1993). 피커링은 전통적인 사회과학의 이러한 생각은 터무니없는 것이며, 인간은 사물 세계의 관여 없이는 그 무엇도 할 수 없다고 보았다. 만약 누군가 전자 메일을 보내고 싶어도 서버가 다운되면 보낼 수 없다. 피커링은 완전히 편파적인 비대칭은 성립될 수조차 없다고 결론 내렸다.

행위자 네트워크 이론에서와 같이 완벽한 대칭은 어떤가? 피커링(1993)이 지적한 바와 같이 행위자 네트워크 이론에서는 인간과 비인간 에이전트는 서로 끊임없이 변모할 수 있기 때문에 인간과 비인간 행위자 간에 차이는 없다고 본다. 우리가 9장에서 다룬 것과 같이 피커링은 다음과 같은 문제를 제기했다.

> 인간의 행동은 의도적이라는 점에서 비인간과 확연히 다른 반면, 입자, 미생물, 기계 도구의 실행(행동)은 그렇지 않다. 나는 사물의 의도에 대한 통찰력을 가질 필요는 없지만, 과학자의 의도에 대한 언급 없이 과학적 실천을 이해할 수 없다는 것을 알게 되었다. 우리는 현재 존재하지 않는 미래에 대한 목표를 세우고 그 목표를 달성하려고 노력한다. 나는 DNA 이중 나선이나 텔레비전이 그들의 존재를 조직해 나간다고 생각할 이유가 없다고 본다(Pickering 1993).

활동이론과 피커링은 인간 의도의 존재나 의의와 같은 이유로 완벽한 대칭성에 대해 부정적인 입장이다.

피커링은 기초 물리학 연구에 대한 갈리슨(Galison 1985)의 설명을 에이전트의 논의를 위한 경험적 근거로 사용했다. 피커링에 따르면, 1950년대 초기 물리학자들은 스트레인지 입자(strange-particles)[34]라 일컫는 희귀한 입자에 관심을 가졌다. 그 입자는 사진으로 입증되지 않았고, 이 때문에 연구가 지연되었다. 미시간 대학의 과학자인 도날드 글레이저(Donald Glaser)가 이 문제에 관심을 가지게 되었고, 버블 챔버(bubble chamber)라는 입자 검출 장치를 발명하였다. 그후 그는 이 연구로 노벨상을 수상했다. 글레이저는 다른 종류의 입자 연구에 사용되는 기존의 클라우드 챔버(cloud chambers)를 수정해가며 버블 챔버 작업을 시작하였다. 클라우드 챔버에서는 스트레인지 입자를 검출하지 못하는 증기가 사용되었다. 글레이저의 클라우드 챔버에 대한 초기 설계는 실패했지만, 실패를 통해 가압 상태에서 과열된 액체로 챔버를 채우면 스트레인지 입자의 흔적을 기록할 수 있다는 것을 발견했다.

피커링은 이 사건을 챔버라는 사물 에이전트와 글레이저의 스트레인지 입자를 추적하는 챔버 제작 의도라는 두 에이전트 간의 대칭적인 저항과 수용의 변증법으로 보았다. 피커링은 두 가지 형태의 에이전트가 저항과 수용의 변증법을 통해 구조적으로 실천에 스며들어 있다고 보았다. 즉, 사물의 세계는 저항을 제공하고 인간은 그것을 수용하면서 그것을 해결하기 위한 방법을 찾는다. 피커링은 사물과 인간 에이전트가 구조적으로 서로에게 스며들도록 조직화함으로써 행위자 네트워크 이론으로 다시 돌아가 대칭성을 구축할 수 있었다. 그는 그러한 변증법적인 과정을 통해 사진을 만들어낼 수 있었다고 보았다(Pickering 1993).

그러나 이러한 주장에는 모순이 있다. 그러한 모순은 한편으로는 인간 의도의 중요성을 주장하지만, 다른 한편으로는 사물 간 대칭성을 찾고자 모색한다는 데 있다. 피커링은 인간과 사물 에이전트가 실천에 스며들어 있다고 보기에 사물 에이전트를 인간의 실천(인간의 의도에 의해 형성됨) 입장에서 정의했다. 피커링의 정의에서 사물 에이전트는 인간의 실천의 맥락 안에서 이해할 수 있다. 사물 에이전트는 실천 안에서 창발된다, 사물 에이전트는 인간 영역으로 흡수되어 들어간다, 그리고 핵심은 저항이 언제나 인간의 목적, 목표, 계획의 공간 안에 놓여있다는 점이라고 말했다(Pickering 1993).

---

34 바라드(Barad 1998)는 인간이 사물적 존재이기 때문에 사물적 에이전트라는 용어는 오해의 소지가 있다고 주장했다. 우리가 동의하는 동안, 우리는 이 용어를 논의의 이 부분에서 사용하는데, 그것이 피커링의 예에서 무엇을 의미하는지 분명하기 때문이다. 이 장의 뒷부분에서 우리는 새로운 용어를 제안한다.

이러한 개념들은 (활동이론과 공존하는) 일반화된 대칭의 원리와 일치하지 않는다. 버블 챔버의 발명을 둘러싼 사건과 관련하여 활동이론은 사물 장애물을 극복하는 인간 에이전트의 역사를 암시한다. 글레이저가 사물적 현실을 '수용'했다고 말하는 것은 스트레인지 입자 흔적을 만들어내는 방법을 찾을 때까지 계속 진행했던 요점을 놓치는 것이다. 그가 '직면한 장애물을 우회'할 수 있게 해준 특정한 종류의 챔버를 만들게 한 것은 바로 그의 열정이었다(Pickering 1993).

활동이론의 개념을 차용해서 말하자면, 글레이저의 객체는 끈질기게 저항을 지속하였으며 그는 그러한 저항을 다스리는 방식으로 자신의 전략을 수정해 나갔다. 피커링은 글레이저의 고군분투에 관해 상세히 분석하여 보여주고 있음에도 불구하고 대칭성을 지향하고자 한 수사적 설명 탓에 글레이저 개인의 의도, 그리고 모호하지만 한 사물의 저항을 성공적으로 다스리고자 한 노력에 대해선 다소간 평가절하하고 만 꼴이 되었다. 미에티넨(Miettinen)의 에탄올 생산 중 우드칩 저항에 대한 논의는 피커링의 버블 챔버 발명 연구와 다르지 않지만 미에티넨은 과학자들의 목적과 행동 사이의 관계를 명확히 하기 위해 활동이론을 적용할 수 있었다. 미에티넨은 과학자들이 어떻게 우드칩에 대한 이해를 바꾸면서 칩을 경제적으로 사용할 수 있게 되는지를 설명했다. 그들은 과학적 실천 내에서 우드칩의 저항에 대한 특이성을 탐구했다.

사물과 인간 에이전트 사이의 관계를 단순히 저항과 수용 중 하나로 보게 된다면 과학과 같은 분야에서 인간 창의성이 어떤 역할을 하는지 놓치게 되는 꼴이 된다. 글레이저는 효과가 있는 챔버를 설계하고 제작할 수 있었다. 피커링은 글레이저의 창의성과 관찰력에 당황한 것처럼 보였다. "누군가는 과학적 창의성에 대해 말할 수 있습니다. ... 그 과정에서 떠오른 아이디어가 글레이저를 버블 챔버로 이끈 것이죠." 그러나 글레이저에게 그 아이디어가 불현듯 떠오른 것은 아니다. 그는 스트레인지 입자 검출이라는 목적을 달성하기 위해 그것에 끈질기게 매달렸던 것이다.

피커링은 저항과 수용의 변증법은 계획 및 목표의 수정, 인간 에이전트의 의도 수정에서 일어난다고 주장했다. 활동이론에서는 행위와 그 목표가 사물의 세계가 발휘하는 저항을 적절히 다루는 과정에서 변화한다고 본다. 그러나 객체는 변하지 않았다. 글레이저는 성공적인 버블 챔버를 만들기 위해 고집스럽게 노력하였다. 7장에서 보았듯이, 과학 연구들은 특정 행위의 선택을 통해 형성된 객체의 긴 궤적을 놓친 채 행위에 관심을 기울인다. 따라서 사물의 세계가 글레이저에게 버블 챔버 발명을 위해 계속 노력하도록 실제로 상당한 강요를 제공한 반면, 그의 의도와 창의성은 비대칭적 에이전트의 역할을 보여주는 증거다. 그가 사물의 세계를 그대로 수용했다고 할 수 없다. 그보다는 자신이 원하는 것을 얻을 때까지 사물의 세계를 변형 조작했다고 말하는 것이 옳다.

행위자 네트워크 이론에 기초한 사물 에이전트는 인간 활동과 관련하여 논리적인 의미를 갖는다. 증기 자체가 저항은 아니다. 그것은 인간의 욕망대로 되지 않을 때만 저항이다. 사물들은 그 자체로나 본질적으로 저항을 하지 않는다. 우리는 특정한 인간 활동이 일어나는 과정에서 그것들을 기술한다. 주체와 사물 객체는 모두 다양한 조건에서 잠재적으로 무한하게 드러날 수 있다. 관심이란 인간이 정의한 객체에 의해 유도된 활동이라는 전체 맥락 속에서 성립하는 것이다.

물론 사람들이 그저 오래 참고 견디면 어떤 난관도 극복할 수 있다는 통념을 말하려는 것은 아니다. 그건 터무니없는 소리다. 여기서 말하고자 하는 것은 인간은 이론적으로 설명되어야 할 강력한 자원을 마음대로 사용할 수 있다는 것이다. 이러한 자원들은 너무나도 강력한 나머지, 수십억 년 동안 형성된 지구의 시스템이 단지 몇 세기에 걸친 인간의 활동에 의해 크게 바뀌었다. 스탠포드 대학의 생물학자인 비토세크(Vitousek)와 그의 팀은 *사이언스지*에 다음과 같은 내용을 기고한 적 있다.

> 인간이 지구 변화에 대해 끼치는 영향력은 실로 막대하다. 지구 표면의 1/3에서 1/2은 인간에 의해 변화되었다. 대기 중 이산화탄소 농도는 산업 혁명이 시작된 이래로 거의 30% 가까이 증가했다. 더욱이 대기 질소는 모든 자연적 자원을 합친 것보다 더 많이 인류의 영향을 받고 있다. 또한 지구상의 조류 약 1/4이 멸종 위기에 처해 있다. 이러한 기준뿐 아니라 다른 기준들을 보더라도, 우리는 인간이 지배하는 행성에 살고 있다는 것이 분명하다(Vitousek et al. 1997).

인간 및 사물 에이전트에 관해 명확한 개념을 정립하는 것과 관련하여 우려하는 것 중 하나는 인간 에이전트의 힘을 과소평가하여 지구상의 모든 생명체에 심각한 위험을 안겨줄 수 있다는 것이다. 행위자 네트워크 이론은 사물의 힘에 관심을 기울였지만, 대칭성의 관점을 견지하면서 인간의 의도와 창의성 개념을 간과했다는 한계를 가지고 있다. 우리의 입장으로 말하자면 우리가 인간이기 때문에 인간이 우월하다고 주장하는 휴머니스트는 아니다. 우리는 그저 인간 에이전트의 특별한 역량에 주목할 뿐이다.

SECTION 10.2 에이전트

우리는 다양한 종류의 에이전트와 다양한 형태의 에이전시 간의 근본적인 차이를 찾아낼 수 있는 분류체계를 도출하기 위해 활동이론을 적용해 보고자 하였다. 레온티프의 경우, 에이전트의 주요 유형은 개별 인간 주체의 에이전트였다. 3장에서 인간 에이전트를 *능력과 활동에의 욕망*으로 규정하기도 하였다. 이제는 이러한 정의에 대해 재검토 후 보완하고자 한다. 지금까지 다룬 이론과 아이디어에 비추어 능력과 활동에의 욕망이 무엇을 의미하는지 보다 자세하게 이야기해 보고자 한다. 만약 인간이 아닌 다른 개체로 에이전트를 확장할 수 있는지 알고 싶다면, "에이전트의 기준은 무엇인가?"와 같이 좀 더 일반화된 질문으로 다루어야 한다. 일단 그에 답을 내리게 되면 기준과 다른 종류의 실체들 사이의 적합성에 대해 검토해볼 수 있다. 그런 다음 이러한 특성을 다른 종류의 개체와 비교할 수 있다.

사전적인 정의에 따라 활동 능력의 가장 기본적인 의미를 보면 그것은 *효력을 창출*하는 능력을 말한다. 그러나 이 의미는 여기서의 목표에 비해 너무 광범위하다. 활동한다는 것을 단지 효력를 창출하는 것으로 이해한다면, 활동 능력은 물리적으로나 이상적으로 존재하는 모든 대상, 프로세스, 아이디어의 속성으로 보아야 할 것이다. 활동에 대한 좁은 정의는 *의도에 따라 효력를 창출*하는 것이다. 이러한 의미에서 활동에 관해서 화성 탐사와 같은 사례에 빗대어 이해해보자. 화성 탐사선은 화성의 암석과는 달리 그 탐사선을 제작한 이들의 의도에 따라 효력을 발생시킨다. 인간은 효력을 창출하는 것과 다른 이들의 의도에 따라 효력을 내는 것, 이 두 가지 방식으로 활동할 수 있다. 하지만 인간은 암석이나 탐침선이 할 수 없는 무언가를 할 수 있다. 그들은 스스로의 필요에 따라 자신의 의도를 발전시킬 수 있으며, 인간과 인간이 아닌 다른 존재와 함께 활동함으로써 자신의 욕구를 채울 수 있다.

활동에의 욕망에는 생물학적 욕구와 문화적 욕구 모두 포함된다. 우리는 이러한 구분을 욕구의 *기원*을 언급하기 위해서만 사용할 것이다. 물론, 인간의 모든 욕구는 사회적 맥락에서 개인의 발전에 의해 그들이 증명되고 경험되는 방법이 결정된다는 점에서 사회적이다. 개인의 건강, 매력, 권위의 기준은 즉각적이고 일반적인 문화 환경에 의해 결정된다. 잠재적으로 개인의 욕구를 충족시킬 수 있는 사물 또는 존재로서의 객체의 의미는 사회적으로 확립된다. 예를 들어, 종교적 규범이 먹을 수 있는 객체를 음식으로 인식되지 않도록 규정할 수 있다.

그러나 인간도 동물이며, 여느 동물들처럼 생물학적 욕구를 따른다. 인간의 생물학적 욕구는 진화한 생물학적 유기체로서 우리의 유산에서 비롯된다. 인간의 욕구는 생물학적 진화과정을 통해 유기체의 기본적인 욕구를 충족시키는 방향으로 발전해왔다. 생물학적 욕구란 생존과 번식을 위한 욕구를 의미한다. 인간 에이전트에 숨겨진 진화론적 배경은 생물학적 욕구가 인간 에이전트의 본성에 깊게 뿌리 박혀 있음을 보여준다. 인간의 문화 적응은 독특한 새로운 욕구를 창출하기도 한다. 문화적 욕구는 빠르게 변화하며 기본적인 욕구를 훨씬 뛰어넘는 잠재력을 가지고 있다.

사람들의 의도는 생존과 번식을 위한 생물학적 욕구와 사회적으로 확립된 문화적 욕구에 의해 영향을 받는다. 결국 인간도 다른 사람들의 의도로 표현되는 문화적 욕구의 실현이다. 사람들의 능력은 그러한 문화적 욕구에 의해 형성된다. 우리는 우리의 활동과 우리에게 활동하는 다른 사람들의 활동의 결과로 문화적 욕구를 구체화한다. 외과 의사의 손, 변호사의 마음, 운동선수의 몸과 같은 에이전트들은 구체적인 문화적 객체를 지향하면서 생긴 활동의 결과다. 내가 나 자신이 되기 위해서는 가족, 친구, 동료, 교사, 코치뿐만 아니라 더 넓은 문화적 경험들 역시 섭렵해야 한다.

10.2.1 에이전트의 유형

표 10.1은 다양한 종류의 에이전트를 범주화하기 위해 제시한 에이전트 분석틀이다. 이 분석틀에서는 활동이론에서 제시한 원리에 따라 에이전트 간의 비대칭성을 보여주고자 하였다.

표 10.1에서 볼 수 있듯이, 인간-기계 에이전트(Rose, Jones, Truex 2005) 또는 인간-사물 에이전트(Pickering 1993)와 같은 이분법은 따르지 않았다. 여기서는 에이전트를 구별하는 몇 가지 차원을 고려하여 다양한 상황에서 여러 종류의 에이전트들이 서로 유사한 에이전트 형태로 발현할 수 있다고 보았다. 인간과 사회는 사물에 에이전트를 위임함으로써 그와의 공존가능성을 확대해왔다. 현대의 테크놀로지, 특히 지능형 기계와 같이 복잡한 유형까지 포괄적으로 다루기 위해서는 에이전트에 대해 보다 더 광범위하게 접근할 필요가 있다고 본다.

표 10.1 에이전트의 유형

에이전트	에이전트	사물(자연)	사물(문화)	유기체사물(자연)	유기체사물(문화)	인간	사회조직
	예시	쓰나미, 북극광, 습지, 화성	과속방지턱, 재봉틀, 돌도끼, 주전자	반달곰, 원생동물, 송로버섯, 양귀비	반려묘, GMO 옥수수, 장미	과학자, 공학기술자, 관료	세계무역기구, ISO, 국경없는 의사회, UN
에이전트의 조건	**영향력의 발휘**	+	+	+	+	+	+
욕구기반 에이전트	**생물학적 욕구**	−	−	+	+	+	−
	문화적 욕구	−	−	−	−	+	+
에이전트 위탁	**의도와 실현**	−	+	−	+	+	+

우선, 표 10.1에서는 살아있는 개체와 그렇지 않은 개체를 구분하였다. 3장에서 어떠한 실체도 주체일 수 없다는 점에 관해서 이야기했다. 주체는 세계 속에 살고 있으며 욕구를 가지고 있다. 사물은 욕구가 없기 때문에 주체와 세계 사이의 상호작용은 대칭적일 수 없다.

다음으로, 이 표에서는 그들이 가지고 있는 필요에 따라 인간과 비인간 생명체를 구분하였다. 인간은 기본적인 욕구와 문화적인 욕구를 모두 가지고 있는 반면, 다른 생명체들은 기본적인 욕구만을 가지고 있다. 비인간의 존재들도 문화적 욕구의 산물과 그렇지 않은 것들을 구분해 보고자 했다. 비인간적인 존재이면서 문화적인 범주에는 가축, 식물, 곰팡이와 같은 유기체, 살아있는 백신, 클론, 그리고 유전자 변형 식물과 동물이 포함된다.

차이는 인간 의도와 상관없이 진화한 유기체와 그것이 배양되고, 사육되고, 번식되고, 복제되고, 유전적으로 변형된 유기체들 간에 있다. 인간의 의도를 실현하는 차원은 자연(사물)과 문화(사물)에 있다. 문화적 환경에서 비롯된 인간 의도의 결과로는 인공물을 들 수 있다. 과속 방지턱이 운전의 속도를 느리게 하는 것은 그것이 그렇게 설계되었기 때문이다. 또한 울타리는 양을 가두고, 백신은 질병을 막고, 수확한 옥수수는 돼지의 사료가 된다. 이와 대조적으로 캘런(Callon

1986)의 연구에서 가리비를 움직이는 해류는 의도가 없는 매개체의 한 형태다. 물리학자들의 노력에 저항하는 증기는 또 다른 것이다. 크루소(Crusoe)의 흔적은 효력을 발생시키기도 하지만 의도를 함축하고 있지는 않다. 물론 우리는 캘리포니아 양귀비는 정원에서 재배되고, 반달곰은 동물원에서 관리되고 있다는 사실을 알고 있다. 그러나 그러한 생명체들은 어떤 맥락에서 인간의 의도를 넘어서는 존재로 남아 왔고, 계속 존재하고 있다. 이러한 차원들은 또한 다른 인간의 의도를 깨달을 수 있는 인간과 사회적 실체에도 적용된다.

인간이 아닌 생물체도 문화적인 인공물이라고 볼 수 있을까? 특정 유전자를 제거한 실험쥐는 주체성을 가지고 있는가, 아니면 그렇게 조작되었는가? 많은 부분이 제거된 그들은 단순한 인공물인가? 이에 대한 답은 아직 없다. 7장에서 다룬 연구 실험을 보면 피할 수 없는 최후를 앞둔 실험실 동물들을 가능한 한 살갑게 대해주고자 하는 연구자들을 볼 수 있다. 연구자들은 동물들의 편의를 위해 발톱을 잘라주기도 하고 크랜베리 간식을 주기도 했다. 한편, 동물들은 위험한 화학물에 노출되었으며, 기본적인 욕구를 충족시키는 자율성조차 허락되지 않는 극히 제한된 환경 안에 갇혀 지냈다. 여기서 중요한 것은 인간 에이전트의 힘이 복합적인 방식으로 문화적 범주를 형성할 수 있다는 것이다.

표 10.1의 마지막 열은 사회 조직의 범주에 관한 것이다. 사회 조직은 다른 에이전트를 반영하여 성립된 에이전트의 총합체라 할 수 있다는 점에 있어서는 의심의 여지가 없다. 그들은 효력을 발생시키면서 문화적 욕구를 갖고 있다. 그들이 생존하고 그들 자신을 재생산하기 위해서는 어떤 일들이 일어나야 한다. 그리고 그들은 인간의 의도에 대해서도 충분히 숙지하고 있다. 하지만 이들은 다른 에이전트들로 구성되어 있기 때문에, 아마도 표의 크기가 협소할 정도로 거대한 수준으로 진화했을 것이다. 그러나 행위자 네트워크 이론에서 *거시적 행위자*(macro-actors)의 개념은 사회적 실체들이 이해관계를 추구하고 있으며, 자신의 권리를 가진 에이전트로 볼 수 있음을 시사한다.

행위자 네트워크 이론에서는 대규모 조직들인 유럽연합, 실리콘밸리, 우주 프로그램, 첨단기술로 구성된 조직범죄 등이 이해관계를 가지고 있다고 본다. 이해관계가 이러한 거시적 행위자들(Callon and Latour 1981)과 관련이 있는 것이 분명하지만, 우리는 어떻게 이들이 살아있는 유기체의 이해관계와 관련이 있는지 확신할 수 없다. 따라서 이 질문은 추후 연구를 위해 남겨둘 것이다.

표의 가장 왼쪽 열에 있는 셀에서는 여러 종류의 에이전트에 관해 보여준다.

3~6행은 에이전트의 규모를 나타낸다. 3행은 모든 에이전트가 효력을 생성할 수 있음을 보여준다. 4행은 생물학적 욕구의 유무를 나타낸다. 5행은 문화적 욕구의 유무 수준을 보여준다. 6행은 타자들의 의도를 반영하여 실현할 수 있는 에이전트를 보여준다. 화성 탐사팀은 위성을 만든 과학자들의 의도를 반영하고 있다. 읽기를 배우는 학생은 부모와 교사의 의도를 관철시키고 있다고 볼 수 있다. 물론 대부분의 경우 자신의 의도도 포함된다.

살아있는 생명체는 다른 조직들을 끌어들이면서 세상에서 필요로 하는 것을 충족시키기 위해 노력하는 에이전트다. 분출하는 화산에는 엄청난 힘이 있지만, 그것은 단지 폭발하고, 석탄층이 어디로 떨어지고 용암이 어디로 흘러내리는지에 관계없이 그것의 경로에 있는 것들에 영향을 미친다. 이와 대조적으로 생물학적 욕구가 있는 식물은 엽록소를 생산하고, 꽃은 벌을 유인하고, 씨앗은 새의 먹이가 되고 다시 숲에 심어진다.

3장에서 보았듯이 레온티프는 생명(life)을 고려하여 마음의 발달(진화)이라는 맥락을 묘사하는 개념을 찾았지만, 그것은 너무 일반적이어서 받아들여지지 않았다. 그는 주체의 욕구를 충족시키려는 세계와 주체 사이의 관계 양상으로 활동을 규정하고자 하였다. 무생물은 욕구가 없다는 점에서 비활성적이다. 현상학자들은 하이데거(Heidegger 1962)가 던진 화두인 사물에서는 마음씀(care)과 같은 행위가 일어나지 않는다는 점에 착안하였다. 주체들은 그들에게 미래에 어떤 일이 일어날지 염려하기 때문에 활동에 참여한다(Emirbayer and Mische 1998 참조). 아주 작은 단세포 동물이 해조류 먹잇감을 얻기 위해 몸부림치는 상태도 마음씀의 상태에 해당한다. 어려운 과학 또는 사회 문제를 해결하려는 인간의 노력 또한 마음씀의 예에 해당한다. 마릴린 로빈슨(Marilynne Robinson)은 그녀의 소설 〈Housekeeping〉(1980)에서 다음과 같은 시구를 통해 자신의 생각을 피력했다. "살아있는 생물체는 없다. 그러나 장구한 변화에 눈을 뜨고 등딱지에 단단히 고정시키고, 진흙 맛과 우물 아래에 고정시키거나 돌 밑에 숨긴다. 그러나 가능한 한 그 생물은 살 것이다."

에이전트는 어떤 경우에도 동일한 항상성을 유지하는 단일체의 속성으로 간주해서는 안 된다. 에이전트는 자신의 의도를 좇아 효력을 발생시키고 잠재력을 발휘한다. 인간을 주체가 아닌 에이전트로 본다는 것은 활동이론에서 말하는 주체와 객체 간의 비대칭성에 위배된 해석으로 여겨질 수도 있다. 그러나 여기서 말하고자 하는 것은 주체와 객체의 엄격한 이원론에 대한 대안으로서 에이전트 개념이 의미하는 바가 무엇인지에 관한 것이다.

이 점을 통해 우리는 에이전트의 수준이나 유형을 구분할 수 있다. 표 10.1과 같이 우리의 분석은 다음을 포함한 유형을 제시하고 있다.

욕구에 기반을 둔 에이전트

인간은 생물학적, 문화적 욕구를 모두 갖고 있다. 자신들의 욕구를 충족시키기 위해, 인간은 의도를 갖게 되고 이러한 의도에 따라 행동한다. 생물학적 욕구가 없음에도 불구하고 존립하는 사회 조직이나 문화적 욕구가 없는 다른 여타의 고등 동물 또한 욕구에 기반을 둔 에이전트라 할 수 있다.

위임된 에이전트

다양한 사물과 살아있는 존재들은 자신의 의도를 추구하지만, 그러한 의도는 때로는 다른 누군가에 의해 위임받은 것이기도 하다. 사물과 여타의 살아있는 존재들은 다른 사람을 대신하여 행동한다는 의미에서 에이전트라 할 수 있다. 예를 들어, 경주마는 경주에서 승리함으로써 사육사의 의도를 실현한다. 동시에 다른 때에는 목초지에서 풀을 뜯거나 마구간에서 쉬며 자신의 의도를 실현한다. 물론 사회는 아이가 부모의 일을 거드는 원시 사회에서조차 다른 인간에게 자신의 의도를 위임하기도 하고, 가족의 재산을 증식하기 위해서 결혼을 주선받기도 한다. 개별 주체의 의도와 다른 사람에게 위임된 의도는 서로 일치하기도 하고 충돌하기도 한다.

조건부 에이전트

무엇이든, 누구든 간에 의도하지 않은 효력을 창출해낼 수도 있다. 1812년 러시아의 겨울이 나폴레옹의 군대를 목표로 하지 않았지만 패배에 기여했다는 점은 확실하다. 트럭 운전사들에게는 고속도로에 장애물을 설치할 의도가 없겠지만 의도치 않게 계속해서 그렇게 하고 있다. 의도가 없더라도 무엇이든, 누구든 간에 무시할 수 없는 힘 혹은 조건을 구성할 수 있다.

SECTION 10.3 인공물

인공물은 문화적 욕구에서 만들어진 에이전트다. 인간은 의도와 욕구를 추구하기 위해 인공물을 설계하고 배치하며 이에 따라 자신의 욕구를 영위한다. 인간은 상황이 바뀌면 그에 발맞춰 욕구를 충족시키기 위해 새로운 솔루션을 창안해 낸다. 3장에서 보았듯이 인공물은 기술적이고 심리적인 도구로서 역할을 하면서 사람들에게 힘을 부여한다. 활동이론에서는 매개의 원리를 반영하여 인간 에이전트의 권한에 대해 개념화하였다. 도구는 사람과 세계 사이를 매개하면서 능력을 부여받게 된다. 사람들은 자신이 좇는 목표를 성취할 수 있는 힘을 키우기 위해 도구에 의존한다(Bakhtin 1981; Wertsch 1998). 매개의 원리에 따르면 사물 역시 에이전트라 할 수 있다. 그렇지 않다면 그것들이 매개의 역할을 할 수 없다. 예를 들어, 진첸코(Zinchenko 1996)는 "공산주의와 파시스트의 상징이 너무나도 광적인 에너지를 휩쓴 나머지 ... 그들은 러시아와 독일의 위대한 문화를 거의 먹어 치웠다"고 언급한 적 있다.

진첸코는 첼리스트 로스트로포비치(Rostropovich)와 그의 첼로가 주는 매개 경험의 질에 관해 이야기한 적 있다. 로스트로포비치와의 인터뷰에서 그와 첼로의 관계에 대해 물었을 때, 그는 다음과 같이 대답했다.

> 우리 사이에 경계는 더 이상 존재하지 않습니다. 언젠가부터 첼로와 나 사이의 경계에 대해 더 이상 느낄 수 없습니다. ... 글릭만(Glikman)의 초상화에 ... 거기에 내가 있었고, 첼로는 내 배 위에 있는 붉은 점같이 느껴집니다(Zinchenko 1996에서 인용).

기능 조직(functional organ)은 행위자 네트워크에서의 노드 간의 관계와는 달리 인간과 사물 간의 관계다. 기능 조직은 인간과 사물을 노드와 같은 시스템에서보다 더 친밀한 관계로 연결 짓는다. 로스트로포비치와의 인터뷰에서 배에 있는 붉은 점이란 표현은 자신이 소중히 여기는 기술을 어떻게 느끼게 되는지 잘 보여주는 적절한 은유다. 3장에서 논의한 바와 같이 기능 조직은 사용 및 변경 시기, 심지어 폐기 시기까지도 결정하는 주체의 한 부분인 하위 시스템이다.

행위자 네트워크 이론에서는 인공물에 위임된 역량이 있다고 보았다(Latour, 1993 참조). 이해관계는 네트워크의 요소들 사이에서 번역된다. 즉, 성능과 역량이 대칭적인 네트워크의 노드 사이에서 계속해서 교차한다. 예를 들어 URL을 입력하는 사용자의 능력은 컴퓨터에 변환되어 사용자가 의도한 문자열을 추측하게 하는 식으로 입력이 완료된다.

제시된 표 10.1에서 위임은 인간으로부터 다른 사람을 포함하여 다른 에이전트로의 책임 소재의 이동을 의미한다. 행위자 네트워크 이론에서는 인간이 아닌 존재가 인간에게 위임할 수도 있다. 그래서 휴대전화는 새로운 배터리를 필요로 한다. 사람들은 배터리 경고음이 울리면 배터리를 충전한다. 활동이론에서는 이런 상황에 대해 다르게 해석한다. 물건을 사람에게 위임하는 행위는 없으며, 인간은 매개 기술을 사용하기 위하여 배터리를 충전한다. 인간에게는 다른 가능성들이 있다. 그는 신호음을 끌 수 있으며, 심지어 휴대전화를 던져 버릴 수도 있다. 또는 휴대전화 회사와 계약을 취소할 수도 있다. 그녀는 언제든지 저항을 내보일 수 있고, 자신의 행동을 수정할 수도 있다. 더욱이 그는 자신의 욕구에 따라 더 나은 기기로 선택할 수도 있다. 반면에 휴대전화는 프로그래밍된 내용만을 수행하는데 여기에 욕구와 의도는 없다. 휴대전화의 에이전트에는 경고음을 울리는 기능이 있지만 이것은 결국 사람이 설계하고 위임한 에이전트다.

인공물은 인간의 작업을 대체할 수준까지 그 효력을 발생할 수 있도록 설계될 수 있다. 레온티프(1978)는 기계의 기능이 조작 수준에서 벗어나기 어려울 것이며, 실제로 산업혁명 이후 만들어진 기계들의 확산은 지속될 것이라고 전망했다. 자동 변속기, 전기 믹서, 식기 세척기 및 문자 완성은 여전히 일부 지루한 조작을 수행하는 인공물의 예다.

인공물이 엄청난 지능성을 갖출 수 있게 된다는 점은 이미 입증된 사실이다. 19세기 초 잭쿼드(Jacquard)는 천공된 카드에 의해 움직이는 정교한 천을 만들었다. 1890년 미국 Census에서 수행한 Hollerith's Census Machine뿐만 아니라 Babbage's Analytical Engine의 설계에 영감을 주었다. 현대식 세탁기는 꽤 지능적인 작업을 수행한다. 물론 컴퓨터는 프로그래밍이 가능한 인공물의 예로서, 새로운 수준의 복잡한 행동을 유연하게 수행할 수 있을 정도로 해석력을 지닌다.

매개자들은 자율적으로 인간의 조작과 행동을 추론하도록 설계될 수 있지만, 그 자체로 의미 있는 활동들을 만들어낼 수는 없다. 인공물은 그 자신이 원하는 것을 결정할 수 없다. 인공물은 의도를 형성할 수 없으며, 무엇이 의미 있고 없는지 말할 수 없다. 래의 팩스머신은 영리하지만 주체의 욕구를 다룬 것은 아니었다. 인공물은 기꺼히 서로의 실수를 보정하려 들지도 않을 뿐 아니라, 인간이 실수를 프로그래밍하지 않는 한 그렇게 하지 않았을 것이다.

> 실제로 인공물이 의도나 욕망을 갖는다는 것을 생각할 수 없다는 점을 잘 알고 있음에도 불구하고, 그러한 희망은 여전히 인간의 의식 깊숙이 자리 잡고 있다. 골룸, 프랑켄슈타인, Lang's Metropolis에 있는 Maria 로봇, 2001년 HAL, 터미네이터 등은 사이보그의 욕망이 인간의 삶에 강력한 영향을 미치는 내러티브 세계에 존재한다. 이러한 휴머노이드 캐릭터는 매력적이지만, 여기에는 인간의 욕망과 두려움이 투사되어 있다. 의도를 가진 인공물에 가장 근접한 실현 가능성은 장차 발전하게 될 분야인 인공 생명체 연구에서 엿볼 수 있을 것이다(Reynolds 1987).

매개자들은 인간 설계자들이 지정한 방식으로 힘을 부여받지만, 인공물의 에이전트는 예기치 못한 영향력을 발휘할 수 있다. 위너(Winner 1977, 1986)는 여러 경험적 조사에서 의도치 않게 발생한 기술로 인해 닥치게 되는 사건들에 관해 연구했다. 섀퍼(Shaffer)와 클린턴(Clinton)은 포스트만(Postman 1993)과 테너(Tenner 1997)가 사물이 제작자의 디자인을 초월하거나 변경시키는 기술을 가지고 있다는 사실을 관찰한 결과에 대해 이야기했다. 인공물이 가져다줄 예기치 못한 결말은 사람들에게 가치 있는 사건일 수도 있고(예를 들면, 페니실린 발견), 비극적인 사건으로 다가올 수도 있다(예를 들면, 원자력 발전소에서의 폭발).

SECTION 10.4 결론

행위자 네트워크 이론에서는 에이전트를 인간으로 제한하는 전통적인 방식에 대해 이의를 제기해왔다. 행위자 네트워크 이론에도 동의하지만, 활동이론에서는 결국 에이전트의 범주를 다르게 규정하면서 주체-객체 사이에 존재하는 비대칭성에 관해 강조하였다. 이는 인간을 환경과 독립된 주체로 보고자 하는 이원론과 분명히 다르다. 에이전트에 관한 확장된 개념을 통해 실제 현실을 더욱 풍부하게 해명할 수 있다. 에이전트 개념은 인간의 존재, 즉 조직을 대표하는 사람, 개인, 신체 기관으로서의 사람에 관해 우리의 이해를 고양시켜줄 것이다.

개인뿐만 아니라 사회 집단, 활동시스템조차도 에이전트에 해당한다고 볼 수 있다(Engeström 1999b). 동물은 또 어떠한가? 애완동물을 기르는 사람이라면 누구나 동물 또한 에이전트라고 볼 수 있다는 점에 동의할 것이다. 마지막으로, 사물 역시 일종의 에이전트라는 점에 대한 인식은 사실상 모든 문화권에서 찾아볼 수 있다. 배와 같은 사물과 허리케인 같은 자연현상에 사람 이름을 붙이는 고대의 전통에서부터 기계의 작동을 묘사하는 은유적 표현과 컴퓨터 시스템에서 찾아볼 수 있는 의인화된 개념들과 같은 현대에 이르기까지 모든 문화권에서 에이전트로서의 사물에 대한 인식론을 찾아볼 수 있다.

여기서는 삶의 욕구에 따른 것이든 아니면 문화적 욕구에 의해 주도된 것이든 다양한 종류의 에이전트가 존재한다는 점에 대해서 살펴보았다. 우리는 이러한 특성들에서 사람과 사물 사이의 단순한 대칭이 너무 동떨어진 이야기임을 발견했다. 특히 그것은 인간 에이전트의 힘과 새로운 에이전트로 생명체나 무생명체를 만들고 사용함으로써 인간이 자신의 활동을 통제하는 방법을 다루지 않는다. 표 10.1은 또한 흥미로운 긴장 관계를 제시하고 있다. 즉, 모든 에이전트는 의도하지 않은 효력을 발생시킬 수 있다는 것이다. 인간의 설계와 의도에 기초하여 우리가 세상에 더 많은 문화적인 것들(생물체 및 무생물체)을 가질수록 우리가 조건부 기관, 즉 새로운 종류의 예기치 못한 영향력에 노출될 가능성이 더 커진다.

CHAPTER

11

인터랙션 디자인 분야에서 활동이론의 전망

이 책을 마무리하면서, 우리는 1장에서 표명한 희망으로 돌아가서 활동이론이 인터랙션 디자인의 지속적인 발전에 있어 제 역할을 충분히 펼칠 수 있을 것이라 기대한다. 우리는 활동이론이 인간의 의사소통과 상호작용을 위한 공간 설계(Winograd 1996)를 지향하는 인터랙션 디자인이 가지고 있는 정서에 적합한 이론을 제공할 것이라고 본다. 활동이론에서는 기술적으로 권한이 부여되고 사회적으로 맥락화된 인간 주체를 상정한다. 그만큼 정서 디자인, 공-현존감, 즐거운 대화형 제품, 설득 기술, 개인 장신구로서의 기술, 사용성으로서의 기술, 컨텍스트 인식 컴퓨팅, 정서 디자인 및 디자인으로서의 성능과 같은 관심 분야의 인터랙션 디자인에서 연구 및 제품 개발에 대한 탐구를 안내할 수 있는 잠재력을 가지고 있다. 정서, 경험, 사회적 연결, 즐거움, 설득, 성과, 인식, 영향, 개인 장신구는 신체가 있는 인간이라면 없어선 안 될 것들이다. 유혹의 손짓을 보내는 기술은 단순히 시스템의 정보 전달자가 아니라 다양한 인지, 정서적, 사회적, 미적 및 물리적 경험을 사람들에게 제공할 수 있는 변형 가능한 인공물이다.

배넌(Bannon 2005)은 오늘날 인터랙션 디자인 분야는 인간과 시스템 간 상호작용에 대한 총체적인 이해가 진전되는 것과 맞물려 크게 확장될 것으로 보았다. 컴퓨팅에 인간적 측면을 부각시키는 것은 플랫 네트워크나 시스템 이론에는 맞지 않지만, 기술이 인간의 활동을 매개하는 것으로 보는 비대칭이론에는 꼭 들어맞는다. 인간에 대한 통찰로까지 나아가고 있는 인터랙션 디자인의 추이는 복잡해진 사회 영역에서 문화적 활동을 영위하는 주체에 대한 활동이론의 견해와 꼭 맞아떨어진다.

이러한 흐름은 테크놀로지로 점철된 새로운 환경의 끊임없는 폭주 속에서 나타나는 인간과 개인의 확장 가능성에 대한 통찰을 반영하고 있다. 이러한 인간과 개인에 대한 통찰이 활동이론에서 상정하고 있는 핵심 전제다. 그리고 이 활동이론의 연원은 비고츠키의 아동발달 연구와 교육을 통한 성장에 대한 보편적 믿음으로 거슬러 올라가 찾아볼 수 있다. 활동이론에서는 생물학에 기반하여 개인 주체를 재정립하는 데 크게 기여해왔다. 이와 함께 문화의 중요성에 대해 끈질기게 주장한 비고츠키의 공헌을 들지 않을 수 없다. 이를 기반으로 활동이론은 행위자 네트워크 이론이나 민속방법론과 같은 고지식한 사회학, 문화 인류학과 같은 순수학문, 분산인지와 같은 시스템 차원의 접근, 그리고 여러 전통적인 심리학 이론에서와 같이 개인 내부만을 들여다보고자 했던 심리학과는 다른 차원의 학문적 입지에 오를 수 있었다.

활동이론에서는 개인의 발달에 대한 심리학적 설명을 문화 발전에 대한 역사적 설명과 통합하였다. 이러한 두 접근은 서로를 수렴하면서 상호 영향을 미쳤다. 문화는 사람들에게 자원을 제공하는 역할을 할 뿐 그들의 발달을 결정하지 않는다. 즉 문화는 독창적으로 지식을 생성하는 개인의 창의성에 대해 항상 열려 있다. 사람은 사회적으로나 인지적으로, 심지어 영적으로 무한한 확장 가능성을 가진 존재다(Zinchenko 1996).

SECTION 11.1 활동이론의 발전 가능성

오늘날 활동이론은 발전과 함께 논란의 정점에 서있다. 활동이론에 의존하기 시작한 일부 인터랙션 디자인 분야에서 좀 더 심층적인 고찰과 연구를 요구하고 있는 상황이다. 이를 계기로 활동이론은 인터랙션 디자인에 보다 유용한 이론적인 통찰을 계속해서 제공할 것이다. 지속적인 발전의 원동력은 융합 접근을 필요로 하는 활동이론 자체의 원리에서 발견할 수 있을 것이다. 활동이론의 융합적 접근은 단순한 이론 짜깁기와는 거리가 멀다. 레온티프(Leontiev 1974)는 그러한 짜깁기식으로는 결국 기초가 탄탄하지 못하기 때문에 장기적으로는 성공할 수 없다고 보았다.

> 절충주의라는 용어가 종종 연구자들 사이에서 환영을 받지만 절충주의 입장은 성공을 거두지 못했다. 심리와 사회 등 복합적인 현상에 대한 과학 수준의 융합은 같은 책 안에 짜깁기 하는 식으로 달성될 수 있는 것이 아니다. 그러한 융합은 심리학의 개념적 틀을 더욱 정교화하고 심리학의 학문적인 구조에서 드러난 심각한 문제점들을 해결할 수 있는 새로운 과학적 범주들을 창안해 냄으로써만 가능하다(Leontiev 1974).

활동이론은 구 유럽의 철학적 전통과 함께 지난 80년 넘게 지속된 발전으로부터 얻은 통찰과 경험을 바탕으로 새로운 학문 영역으로 정립되어 왔다. 활동이론에는 앞으로 더욱 유도 전망한 여러 탐구 영역이 있지만, 응용 영역인 인터랙션 디자인에서의 발전 가능성 징후는 매우 분명하다. 추후 활동이론의 발전을 위해 다음과 같은 탐구가 통합적으로 추진되어야 할 것이다.

첫째, 매개의 의미를 확장시킬 수 있는 연구가 필요하다.

둘째, 여러 차원이 동시에 작동하는 인간의 복합적인 경험과 행위에 대해 해명해야 한다.

셋째, 활동의 흐름을 개념화할 수 있는 보다 정교한 분석 도구를 개발해야 한다.

넷째, 실제적 목표와 잠재적 목표를 가시화해야 한다.

다섯째, 개인과 집단 활동 간의 관계에 대한 정교한 설명 체계를 발전시켜 나가야 할 것이다.

여섯째, 정서에 대한 연구까지도 통합하여 활동이론을 발전시켜 나갈 필요가 있다.

이하 내용은 여기서 제안한 발전 주제에 대해 간략하게 정리한 것이다.

11.1.1 도구 매개의 개념을 어떻게 확장시킬 것인가

도구의 개념은 테크놀로지의 모든 유형을 지칭하기 위해 사용된 것이 아니다. 컴퓨터 응용프로그램이나 시스템은 도구가 아닌 환경으로 보는 것이 적절할 수 있다. 예를 들어, 두케너트와 벨로티(Ducheneaut & Bellotti, 2001)는 전자 메일은 단 하나의 작업을 수행하는 단 하나의 도구가 아니라 온갖 일을 하면서 많은 시간을 소비하는 환경으로 보는 것이 합당하다고 주장했다.

따라서 어떤 인공물은 도구로 보기 어렵다. 도구가 아닌 인공물의 용도를 매개 기능으로 볼 수 있는가? 현재 활동이론에서 그 문제에 대한 답은 명확하지 않다. 한편, 활동이론에서 매개라는 개념은 분명히 도구에만 국한되지 않는다. 예를 들어, 엥게스트롬이 제안한 활동시스템 모델에는 세 가지 유형의 매개가 있다. 주체와 객체 간의 관계를 매개하는 도구, 주체와 공동체 간의 관계를 매개하는 규칙 그리고 공동체와 객체 간의 관계를 매개하는 노동 분업이 그것이다. 원칙적으로 보면, 환경을 세계와 인간 사이의 매개체로 보는 것은 전혀 이상하지 않다.

반면에, 활동이론에서 환경은 주로 주체가 상호작용하는 세계로 이해된다. 이는 환경을 매개체로는 고려하지 않은 것이다. 하지만 설계자로서 우리는 사람들이 무언가를 할 수 있도록 환경을 조성한다. 우리는 환경을 사람들의 경험과 활동의 매개체로 생각한다. 인공물, 환경, 그리고 세계 사이의 관계를 분석의 대상으로 하여 매개 개념을 도구 이상으로 확장하는 것은 활동이론의 추후 발전에 필수적이다. 이러한 방향으로 나아간다면 활동이론은 미디어 공간, 전자 업무 공간, 게임과 같은 다양한 정보 기술을 연구하기 위한 더 강력한 이론으로 발전할 것이다.

11.1.2 경험과 활동의 다중복합성을 어떻게 설명할 것인가

사무실 업무 연구에서 반복적으로 등장하는 주제는 다중복합적인 업무활동 관리에 관한 것이다. 동시다발적 업무 요구 가운데 끼어들어오는 업무를 처리하고 우선순위를 결정하면서 업무의 밸런스를 유지하는 문제를 어떻게 다룰 것인가 하는 것이다(Cypher 1986; Gallie et al. 1998; Nardi et al. 2002; González and Mark 2005; Mark, Gonzálezalez and Harris 2005). 또한 사람들은 집, 학교, 여러 지역사회와의 네트워크 등 온라인과 오프라인의 복합적인 맥락 안에서 살아간다. 사람들은 사무실, 가정, 공공장소, 모바일 환경에서 다양한 디지털이나 아날로그 기술에 의존해 이러한 모든 일들을 관리해 나간다. 활동이론에서는 활동이 갖는 이러한 다중복합성에 대해 설명할 수 있는가? 원칙적으로는 그렇다. 그러나 그러한 다중복합적 활동을 설명할 수 있는 개념과 논리가 충분하지는 않다. 인간의 삶은 다양한 활동의 흐름으로 설명될 수 있고(Leontieven 1978), 한 활동이 다른 활동과 네트워크로 엮여 있다는 점에 대해서는 설명하고 있지만(Engestromm

1990; Kuutti 1996), 정작 해석은 일상에서 나타나는 다중복합적인 활동의 흐름보다는 하나의 활동만을 선택적으로 천착하여 다루는 경향이 있다. 특정 시점에 사람들이 왜 다른 목표와 행동이 아닌 특정 목표와 행동을 선택하는지, 여러 활동들 사이에 서로 어떻게 조율하고 조정해 가는지, 왜 특정 목표는 포기하게 되는지, 그리고 새로운 목표는 어떻게 설정되는지를 이해하는 데 필요한 분석 개념을 찾아야 한다. 그러한 이해 없이는 현대 사회의 노동과 비노동 영역에서 요구되는 조정이나 유연성 및 유동성을 지원할 수 있는 적절한 기술을 제공할 수 없다.

실제 삶에서 나타나는 이러한 다차원적인 과정을 설명하기 위해서 활동이론에는 새로운 개념이 필요하다. 한 차원의 활동을 별도로 떼어내어 분석하기보다는 여러 차원의 활동들이 서로 교차하고 조정되는 양상을 그대로 설명하는 방식으로 분석의 초점이 이동되어야 한다. 그리고 실제 사례를 다루기에 적합한 연구 방법론도 요구된다. 인터랙션 분석(Jordan and Henderson 1995) 또는 비디오 기록 분석(González and Mark 2004)과 같은 미시적 방법은 그러한 방법론 개발을 위한 출발점이 될 수 있다.

11.1.3 활동의 흐름을 어떻게 절차화 개념으로 모델링할 것인가

사람들이 실제로 테크놀로지를 어떻게 사용하는지 이해하기 위해서는 활동 위계 구조에서 모델화된 활동 구조뿐만 아니라 활동이 어떻게 수행되는지, 라이프사이클 매 단계에 따라 어떻게 진행되는지, 시간의 축에 대한 분석이 필요하다. 즉, 인터랙션 디자인에는 업무에 대한 구조 모델뿐만 아니라 시나리오와 같은 절차적 모델도 필요하다(Carroll 1995; Preece, Rogers and Sharp 2002). 활동이론 연구에서 이런 관심사를 반영하여 몇몇 모델이 개발되기도 하였다. 예를 들어, 보드커(Bødker, 1996)는 비디오 녹화를 다이어그램으로 변환하는 기술을 개발하여 시간의 경과에 따라 활동이 어떻게 진행되는지에 대한 미시적인 설명을 제공했다. 여기서는 다이어그램과 같이 시각화하여 시간의 경과에 따라 활동 수준의 변화를 보여주도록 했다. 하나의 프로세스로서 활동에 대한 개요를 일목요연하게 보여주기 위해 사용된 기법이었다. 이 모델은 활동의 주요 단계에 대해 밝히고, 프로세스 가운데 주목할 만한 지점이나 실제 일어난 문제나 잠재되어 있는 문제를 식별하는 데 유용하게 사용되었다.

휘살로(Hyysalo 2005)는 약 10년이라는 장기간에 걸쳐 업무 활동을 나타내는 타임 라인 모델을 개발했다. 이 모델에서는 활동의 복잡한 역학을 동시에 포착하려고 했다. 보다 구체적으로 보면, 다이어그램에서는 활동의 방향을 결정짓는 컨텍스트 요소뿐만 아니라 변화 과정 단계마다 활동의 목표와 객체가 어떻게 달라지는지 시각화하고자 했다. 그러나 활동의 절차를 효과적으로 나타내기 위해서는 더 많은 연구가 필요하다. 활동이론에서의 개념이 인터랙션 디자인 실무자나 연구자의 관심사와 맞아떨어지기 위해서는 구체적인 활동의 전개 과정을 효과적으로 분석, 표현할 수 있는 모델링 프레임워크 개발이 절실하다.

11.1.4 실제 목표와 잠재적 목표의 괴리와 연계

활동의 목표에 대한 이해를 향상시키기 위해서는 더 많은 이론적인 작업이 필요하다. 활동의 흐름은 목표가 부여됨으로써 구조화된다. 주체가 가능한 모든 목표를 동시에 인식하는 것은 가능하지 않을 것이다(Leontiev 1975). 한 시점에서는 하나의 목표만이 의식 가능하다. 따라서 목표의 위계는 일시적으로 실제 목표가 되는 잠재적 목표의 위계로 보다 정확하게 설명될 수 있다(Wertsch 1998).

설계자들은 잠재적 목표와 실제 목표라는 개념을 통해서 사용자 행동에서 보이는 수수께끼를 보다 쉽게 이해할 수 있으리라 본다. 예를 들어, 컴퓨터 시스템 사용자에게 단기 효율성이 장기 효율성을 지속적으로 능가하는 것처럼 보인다는 것은 혼란스러운 일이다. 사용자들은 흔히 매크로 및 스크립팅 언어 사용, 맞춤형 사용자 인터페이스 및 응용프로그램 환경 설정 관리 도구와 같이 장기적으로 보면 상당한 시간을 절약할 수 있는 소프트웨어 시스템에 내장된 우수한 기능을 계속 외면하고 있다. ROOMS 또는 코디네이터와 같은 시스템은 작업 환경 유지(Henderson and Card 1986) 또는 전자 메일 메시지를 분류하기 위한 시간과 노력의 투자를 크게 요구하지 않는다(Winograd and Flores 1986). 투자는 장기적으로 보면 이익을 가져왔을 수 있지만, 이러한 시스템은 겉으로 보기에는 비합리적인 사용자의 편향 때문에 성공 사례가 되지 못했다. 사용자들은 장기적인 이득 가능성에도 불구하고 실제 목표에서 벗어나면서까지 시스템을 설정하고 유지하기 위한 노력을 기울일 가치가 있는지 확신하지는 못했다.

물론 사용자들은 겉으로만 비이성적으로 보일 뿐이다. 구체적인 목표를 달성하는 데 집중하는 능력은 효율성, 창의력, 몰입의 경험을 위한 전제 조건이다(Csikszentmihaly 1996). 일반적인 우려에 대해 고려하고 당장의 업무를 거시적인 맥락에 놓고 보기 시작하면, 실제 작업을 완수하기 위해 업무에 집중하고 싶어도 뒤로 한발 물러서서 더 큰 일에 대해 생각하지 않을 수 없도록 성찰적 입장을 취하게 된다(Norman 1993). 따라서 사용자가 작은 단위의 작업에 집중하고 큰 그림을 무시하는 경향이 반드시 부정적인 것은 아니다. 사람들이 이리저리 재면서 동시다발적인 활동들을 하는 상황을 고려하면 그것은 놀라운 일도 아니다. 이러한 모순을 해결하기 위해 잠재적인 목표와 실제 목표를 서로 조율해야 한다.

그러나, 조율을 실제로 어떻게 해야 하는지 그 방법에 관해서는 명확하지 않다. 가장 간단한 해결책은 사용자가 활동의 전체적인 구조를 정의하도록 한 다음 집중할 특정 목표를 선택하도록 하는 것이다. 프로젝트 관리 시스템의 기반이 되는 이 접근법은 프로젝트 관리를 분명한 목표로 삼는 사람들에게 성공적일 수 있다. 그러나 개인 업무를 지원하는 데에는 적합하지 않을 수도 있다. 한 개인의 활동에 대해 포괄적인 청사진을 제공하는 것은 실제로 일을 착수하는 데 오히려 걸림돌로 작용할 수 있는 과도한 작업일 수 있다. 가능한 대안은 역 접근법을 취하는 것이다. 즉, 구체적인 목표로부터 시작해서 점차 업무 전체로 나아가는 방식으로 유도하는 것이다. 가령 사용자에게 콘텐츠와 추상화 수준에 얽매이지 말고 자신의 행위와 목표에 대해 설정하도록 하는 방법이 있을 수 있다. 이러한 방법에서는 이전에 다루었던 목표를 기본 구조로 설정하도록 하고 점차적으로 전체 구조를 보여주는 지식으로 나아가게끔 할 수 있다. 이러한 순서에 따라 활동은 그 구조의 전모를 사용자 자신에게 서서히 드러내게 될 것이다. 앞서 5장에서 캡텔리닌(Kaptelinin, 2003)이 분석한 UMEA 시스템도 이러한 접근방식을 취하고 있다.

목표 선정에 대해 좀 더 이해하기 위해 취할 수 있는 다른 접근법으로는 활동의 위계를 수정해서 활동과 행위 사이의 중간 수준, '참여 수준의 활동(engagements)'(González and Nardi 2005)이 작동하도록 하는 것이다. 여기서 참여라 하면 특정한 목적을 위해 그리고 특정한 객체를 지향하면서 구조화된 일련의 행위를 의미한다. 사무실 환경의 경우, 중장기 프로젝트, 위기 극복을 위한 이벤트 또는 연설이나 파티와 같은 특별한 행사를 예로 들 수 있다. 이러한 참여성 행사들은 대개 그 타이틀을 보면 비공식적인 이름들인 경우가 많다(예컨대 Wilson 계정, 서버 다운, 영업팀 비치 파티). 그것들은 별개의 행위와 높은 수준의 객체에 일련의 구조와 맥락을 부여한다. 참여 수준의 행위들은 사람들로 하여금 다음에 무슨 목표를 세워야 할지 결정하는 데 도움을 줌으로써 목표의식을 불어넣어 주고, 객체나 특정 행위에서 느낄 수 없는 더욱 생생한 맥락감과 업무 감각을 제공해 주기도 한다.

참여 개념의 필요성은 인터랙션 디자인 분야에서 먼저 제기되었다. 이 분야에서는 사용자들이 수많은 문서나 기타 아이템들을 어떻게 다루는지 살펴보면서 그에 적합한 도구를 디자인하는 데 관심이 있다. ROOMS(Henderson and Card 1986)를 시작으로 사용자는 전자 메일 메시지, 텍스트 문서 및 스프레드시트와 같이 주제별로 수집된 디지털 인공물을 구성할 수 있었다. 여기에는 '워킹 컨텍스트'(MacIntyre et al. 2001), '하이 레벨 태스크'(Kaptelin 2003년) 또는 '스래스크'(thrasks, 주제별로 연결된 전자 메일 스레드, thematically connected email threads, Bellotti et al. 2003) 등이 있다. 참여의 개념은 아직까지는 초보적인 수준에 머물고 있으며 활동이론 연구에 활용될 수 있으려면 좀 더 많은 경험적인 분석과 개념적인 정교화가 필요하다.

11.1.5 개인과 집단의 이분법을 어떻게 탈피할 것인가

활동이론에서 찾을 수 있는 가장 큰 장점은 개인과 집단의 이분법을 하나의 정합적인 프레임으로 통합시켜 다룰 수 있다는 점인데, 그 가능성은 아직도 열려 있다. 현행 활동이론 연구들을 보면 개인 또는 집단 어느 한쪽에 맞춰져 있는 경향이 있다. 예를 들어, 레온티프는 개인의 심리 현상에, 엥게스트롬은 사회학적 문제에 매달려왔다.

현재 활동이론에서 개인과 집단의 관계 밑에 깔려 있는 구체적인 메커니즘에 대한 연구가 미흡하다는 사실은 어떤 면에서 역설적이라 할 수 있다. 3장에서 이야기했던 것처럼, 문화역사적 접근에서 가장 중요한 성취로 근접발달영역의 개념과 인간 발달의 보편적 법칙이 있었다. 스테트센코(Stetsenko 2005)는 활동이론이 주로 개인에 대한 집단의 영향에 관해 밝혀왔으며 집단에 대한 개인의 영향에 관해서는 충분히 해명하지 못했다고 주장했다. 스테트센코에 따르면, 어떤 활동이 개인적인 것인가 아니면 집단적인 것인가 하는 것은 활동 주기에서 나타나는 현상으로 서로 구분이 가능하지 않은 것으로 보아야 마땅하다. 활동이론의 기본적인 원리는 이를 분석하는 데 적합한 반면 추후 연구를 통해 좀 더 정교화될 필요가 있다.

문화역사적 전통(Cole 1985; Cole and Engeström 1993; Kaptelinin and Cole 2002 참조)은 분명 개인과 집단의 분리를 해소할 수 있는 가능성을 보여주었다. 그리고 바로 이 점으로 인해 활동이론은 인터랙션 디자인 분야에서 보여준 최근 발전과 특히 연관되어 있다. 논쟁의 여지는 있지만, HCI와 CSCW 간의 전통적인 분열과 더불어 개인의 테크놀로지 사용과 협력에 대한 관심이 분리됨으로써 인터랙션 디자인은 한계에 부딪쳐왔다. 개인과 집단이 어떻게 서로 만나게 되는지와 관련한 이슈는 인터랙션 디자인에서 핵심 관심사다. 이러한 이슈에는 사적 및 공공 정보 공간(Bannon and Bødker 1997), 개인 및 집단의 작업 공간(Cerato & Pargman 2003), 개개인의 전문성과 조직의 요구 간의 연계 문제가 있다(Ackerman and Macdonald 1996).

존 실리 브라운(John Seely Brown 1996)은 미래에 다가올 기술과 사회의 변화에 대해 다음과 같이 비유했다.

> 2020년의 모습에 대해 상상해 보았다. 그 모습은 마치 ... 우리 집 현관에 앉아 있는데 공공 영역과 사적 영역 사이의 경계에 있는 것처럼 느껴졌다. 원하기만 하면 내 주변에서 무슨 일이 벌어지는지 볼 수 있고, 이웃들, 지역사회와 소통할 수도 있다. 한발 뒤로 물러서서 평온함도 느낄 수 있고 이웃이나 공동체와 함께하는 연대감도 느낄 수 있으며, 거시적인 사안에 대해 통찰을 얻을 수도 있고 지금 여기에 천착하여 머무를 수도 있다.

공공 영역과 사적 영역 사이의 경계에 대한 활동이론의 견해는 브라운이 생각한 것과는 많은 점에서 다르다. 특히, 서로 다른 두 세계 사이에 있다고 생각하는 경계의 존재 자체에 대해 의문을 제기한다. 물론 이 문제는 일반화시켜 다루기에는 적절치 않고 구체적인 경험 연구를 통해서만 제대로 해명되리라 본다.

11.1.6 정서의 문제를 어떻게 다룰 것인가

활동이론은 정보 기술의 설계와 사용에 있어서 정서의 역할에 대해 중요한 통찰력을 제공할 수 있다고 본다. 레온티프(1978)는 정서를 대상에의 동기와 그 동기를 충족시키는 행동의 성공 또는 성공 가능성 간의 관계를 나타내는 지표라고 판단했다. 동기는 의식이 아닌 다채로운 정서의 형태로 자신을 주체에게 드러낸다(Leontiev 1978). 서로 다른 동기는 서로 상충할 수 있으며, 이는 '달콤 씁쓸한' 감정처럼 복잡한 정서적 경험을 유발하기도 한다. 레온티프(1978)는 정서의 문제를 이해하기 위해 개인의 성격이나 그러한 성격이 기능하는 데 영향을 미치는 정서 경험을 결정하는 상호정서 관계에 대해 분석할 것을 제안했다.

활동이론에서 보면 정서에 대한 이해는 곧 개인의 경험이나 활동에 의미를 부여해주는 객체에 대한 이해를 말한다. 7장에서 피실험자들이 활동의 목표와 객체를 단지 합리적으로만 대하지 않는다는 것을 밝힌 연구 사례를 소개하였다. 활동의 객체는 사람들에게서 다양한 감정과 정서를 유발시키는 대상이다. 객체는 실제로 열정의 대상, 욕망의 대상이기도 하다. 그리고 활동이론에서는 정서에 대한 이해는 문화에 대한 이해이자 더 광범위하게는 테크놀로지가 사용되는 사회적 맥락에 대한 이해라는 점을 분명히 했다. 같은 옷, 건물 또는 자동차는 패션, 가치, 기대 또는 권력의 의미에 따라 좋아 보이기도 하고 혐오스럽게 느껴지기도 한다.

한편, 활동이론에서 정서의 속성이나 기능 그 밑에 깔려 있는 메커니즘에 대한 이해는 인터랙션 디자인에서 정서의 문제를 다룰 수 있는 이론적 기반을 제공할 수 있을 정도로 구체화되지는 않았다. 활동이론에는 정서 문제를 다루는 데 더 적합한 이론을 발전시켜야 하는 과제가 남아 있다.

SECTION 11.2 활동이론은 단지 상식에 불과한가?

우리는 공식적인 토론에서 거의 언급하지 않지만, 보다 일반적인 의사소통에서는 매우 흔한 질문 하나를 더 다루고자 한다. 활동이론에서 종종 제기되는 이 질문은 '하지만 그것은 단지 상식에 불과하지 않은가'라는 것이다. 그 질문은 사실 잘못된 질문일 수 있다. 왜냐하면 그러한 질문은 어떤 면에서 이해하기 어렵고 모호하여 대답하기가 쉽지 않기 때문이다. 특히, 상식의 의미에 대해 규정하기가 무척이나 곤혹스럽다. 또한 이 질문은 이론과 상식이 양립할 수 없는 것처럼 이분법적인 것으로 보고 있기 때문에 더욱 문제가 된다. 사실 인터랙션 디자인에 개념, 원리 또는 설계 아이디어와 같은 이론을 적용한 결과를 보면 마치 새로울 것 같지 않은 당연한 것인양 보이기까지 한다.

이론을 적용하여 나온 결과를 보면, 특히 전문 용어를 없애고 평이한 언어로 기술하는 경우, 당연한 상식 아닌가 하는 의구심을 유발하기도 한다. 예를 들어, 과제 분석에 의해 도출된 위계 모델은 상식적인 수준의 요리 레시피와 다를 바 없다(Hackos and Redish 1998). 코디네이터 시스템(Winograd and Flores 1986)을 보면, 고작해야 메시지를 유형별로 분류하고 명칭을 붙인 수준이다. 테크놀로지를 중재 인공물이라고 개념화한 것 또한 딱 봐도 뻔한 동의어 반복에 불과할 수 있다.

활동이론을 기껏해야 상식이라고 폄훼한다면 그것은 분명 표면적인 수준의 이해에서 벗어나지 못한 것이다. 이에 관해 좀 더 자세히 이야기해보자. 이론이 유용하고 가치 있기 위해서 반드시 상식에 모순되어야 하는가? 그렇지 않다. 상식에 반대하는 것은 틀림없이 상식에 동의하는 것보다 더 큰 문제를 야기할 수 있다. 인터랙션 디자인의 종국적인 목표는 정보 기술 사용자들의 상식적인 활용을 지원하는 것이다. 직관에 반하는 아이디어를 바탕으로 시스템을 디자인하는 것은 역효과를 낳을 가능성이 있다. 그러므로 이론에 기초하여 개발된 인터랙션 디자인 개념, 방법 및 설계 아이디어가 상식적인 측면에서 적절성을 인정받는다면 이론을 뒷받침하는 증거로 간주될 수 있다. 진정한 비판이라면 이론적인 공헌이 상식에 불과하다는 주장 정도로는 성립할 수 없다. 어떠한 이론도 없이 상식에만 의존해 세상에 기여할 수 있다고 본다면 그것은 비판의 대상이 될 만하다. 이런 식으로 상식의 우월성을 주장한다면 비판거리가 될 만도 하다.

상식이 인터랙션 디자인에 충분히 탄탄한 근거를 제공할 수 있는가? 그렇지 않다고 믿을 만한 이유가 있다. 상식은 쉽게 소급 적용될 수 있지만, 실제 의사결정에 큰 도움이 되지 않는다. 상식은 다양하고 심지어 모순된 진술을 정당화하는 데 사용될 수 있다. 결국 상식은 그렇게 일반적인 것이 아니다. 상식만을 이야기하는 사람들은 동의를 구하기가 쉽지 않을 수 있다. 그래서 어떤 관점이 옳은지에 대해 상식에 의해서만 결정을 내릴 수 있는 명백한 방법은 없다. 상식에 입각한 주장을 다룰 때는 건전한 회의론을 취하는 것이 적절하다. 한편에는 인터랙션 디자인 이론과 연구 그리고 다른 한편에 있는 상식, 그 양자 간의 관계는 '상식은 연구를 뒤따라 나오기 마련이다'로 정의할 수 있다. 인터랙션 디자인 연구에서 개발된 아이디어는 사실에 뒤이어 상식으로 간주되는 경향이 있다.

SECTION 11.3 디자인과 개발

이 마지막 장에서 우리는 활동이론의 영향을 받은 테크놀로지 디자인의 예를 하나 더 제시하고자 한다. 인지 장애를 겪는 사람들에게 독립성과 발달을 증진시키는 시스템을 설계 실행했던 예로, 여기서 설계자들은 개인을 확장의 관점에서 재규정하는 접근을 취했다. 연구자들은 그 설계가 활동이론과 분산인지로부터 영향을 받았다는 점을 분명히 했다. 그들은 활동이론을 적용해서 특정한 개념들을 개발하였으며, 분산인지를 인용하면서 사람들과 도구를 총체적으로 엮는 시스템에 대한 인식이 얼마나 중요한지 말했다.[35]

카민과 그 동료들(Carmien et al. 2004)은 인지 장애가 있는 사람들을 위한 모바일 무선시스템과 보호자를 위한 웹기반 모니터링 및 중재 시스템을 결합한 MAPS-LifeLine 시스템을 개발했다. 휴대용 무선알람장치는 인지 장애자에게 사용자가 수행하려는 작업의 단계에 관해 알려주도록 설계되었다. 웹기반 애플리케이션은 보호자가 원격으로 사용자를 모니터링할 수 있도록 했다. 알람장치는 그 장애인과 그의 일과 요구 그리고 발달 수준을 잘 이해하고 있는 보호자가 간단한 스크립팅 언어로 프로그래밍할 수 있게 한 것이었다.

예를 들어, 그 장애인이 도시 버스를 혼자서 이용하려고 하는 상황을 가정해 보자. 그는 손에 든 프롬프트를 사용하여 버스를 이용하는 데 필요한 각 단계(요금 준비하기, 버스표 사기, 버스에서 내릴 장소 기억하기 등)에 대해 도움을 받을 수 있다. 동시에 그는 휴대용 장치의 일부인 휴대폰을 통해 보호자와 연결된다. 그는 전화를 걸거나 받을 수 있다. 만약 혼란스러울 때에는 보호자와 이야기를 할 수도 있다. 보호자 또한 그를 모니터링하면서 그에게 무언가가 잘못되었다는 것을 알아차릴 수도 있다. 보호자는 그가 취해야 할 다음 단계를 알려주기 위해 그에게 전화를 할 수도 있다. 이 시스템은 기본적인 일의 단계에 대해 얼마를 알고 있든 간에, 갖은 고장과 우발적인 상황을 피할 수 없으며 사람들 사이의 상호작용으로 효과적으로 처리할 수 있다는 점을 감안하여 설계된 것이다.

35 우리의 관점에서 보면 이 논문에서 다룬 분산인지는 오히려 활동이론에 더 가깝다.

MAPS-LifeLine 시스템은 고객에게 상당한 독립성을 보장하는 동시에 실시간 지원 시스템을 구축하였다. 카민과 동료들은 다른 유사한 시스템에서는 모바일 장치 수준의 정보만을 제공할 뿐 웹기반 모니터링은 제공해주지 않는다는 점을 지적했다. 이러한 시스템을 사용하는 고객은 인적 지원이 어려울 뿐만 아니라 독립적인 활동을 수행하는 데 따른 위험 또한 감수해야 한다.

MAPS-LifeLine 시스템은 고장이 잦을 수 있는 새로운 기능의 도입이나 기술적인 개발은 축소하는 대신 독립적인 활동에 참여하면서 그들의 학습을 확장할 수 있는 기회를 제공한다. 이것은 명백히 설계상의 결정이었고 다른 시스템에서는 찾아볼 수 없는 것이다. 그것은 학습과 발달을 지원하고자 한 활동이론의 원리에 부합한 디자인이었다.

저자들은 일부 고객들은 제자리걸음처럼 계속해서 그 시스템을 사용하겠지만 어떤 고객들은 더 이상 도움이 필요하지 않은 지점까지 학습해 나갈 것이라고 보았다(Carmien et al. 2004). 활동이론에서 보면, 일부 고객들은 관련 행위들을 내면화하고 심리적 기능을 사회적 기능으로 발전시켜 나갈 것이다. 그리고 어떤 고객들은 기술과 보호자로부터 계속해서 도움을 받을 것이다. 후자의 경우, 기술에 여전히 의존하더라도 고객이 일정 정도 자신의 행동에 향상을 보이기 시작하면서 적어도 일부에서는 내면화가 일어나기도 할 것이다. 그 시스템은 처음에는 분산 방식으로 작동하겠지만 어느 정도 시간이 지나면 고객들은 MAPS-LifeLine이 유도하는 대로 자신들이 해야 할 것들을 내면화하게 될 것이며 결국 시스템의 작동은 점점 줄게 될 것이다.

버스를 타는 것과 같은 외관상 단순한 활동조차도 특정한 인지 장애를 겪고 있는 사용자들에게는 획기적인 일일 수 있다. 고객은 인지적 노력을 줄이기보다는 여러 가지를 시도하고 위험을 감수하면서 자신을 뛰어넘기 위해 노력해야 한다. 고객들은 단순히 규칙을 따르는 것만으로는 버스 타는 법을 배울 수 없다. 실제 상황들은 항상 복잡하고 예상을 뛰어넘고, 규칙의 적용에는 제 취지가 딱 들어맞는 법이 없어 매번 해석과 판단을 요구한다(Taylor 1985). MAPS-LifeLine 시스템은 기술적으로나 사회적으로 모두 현실 상황에의 접근을 중재함으로써 시스템 고객의 고차원적인 인지기능에 필요한 복잡한 상호작용을 수용하도록 설계되었다.

MAPS-LifeLine은 시스템이 제공하는 새로운 경험에 참여하게 되면 사용자가 얼마나 성장할 수 있는지 장기간에 걸쳐 평가해볼 수 있는, 활동이론의 발달 개념을 디자인에 접목한 좋은 사례다(Carminen et al. 2004). 여기서 시스템은 다름 아닌 매우 창의적인 협업의 노력 그 자체라 할 수 있다. 이 미묘하고 복잡한 기술은 인지 장애 분야에서 사회적, 법적, 정치적인 사안을 포함하여 여러 심층적인 조사를 통해 개발할 수 있었다(Carminen et al. 2004, 2005).

우리는 인터랙션 디자인에서 개인 주체를 어떻게 가시화할 것인가를 두고 고민해야 한다고 주장해왔다. 인지 장애가 있는 사용자가 그러한 주장에 꼭 맞는 적절한 사례일 수 있다. 장애에는 자폐증, 다운증후군 등 진단 범주가 있지만, 발달의 과정을 통해 지적인 활동을 유도할 수 있는 시스템을 설계하는 것이 목표일 경우 개인의 구체적인 발달 수준을 충분히 고려해야 한다. 개인들마다 근접발달영역이 다르기 때문에 사실상 각 개인에게 적합한 맞춤형 시스템이 필요하다. MAPS-LifeLine은 사용자를 잘 알고 있는 가족이나 상담자의 모니터링을 통해 독특한 시스템을 제공할 수 있었다. 이 시스템에서는 보호자들이 사용자의 상태에 맞게 프롬프트를 설계하고 구현할 수 있도록 했다. 설계가 제대로 구현되려면 사용자를 단순히 진단 범주, 예컨대 자폐, 다운증후 등등으로 설정해선 충분치 않다. 사실상 사용자의 근접발달영역까지도 고려해가며 사용자들이 뭔가를 시도할 때마다 발달이 유도되게끔 설계한 것이다.

MAPS-LifeLine 시스템은 여러 측면에서 활동이론으로부터 영향을 받았다. 이 설계에서는 인지 장애를 겪는 사용자의 가능성과 잠재력을 낙관적으로 평가해, 그들로 하여금 인지적인 노력을 줄이도록 하는 대신 확장시킬 수 있도록 했다. 이 시스템은 고객들이 그들의 사용법을 발전시키고, 시간이 지남에 따라 독립성이 향상되도록 설계되었다. 다시 말해, 그 시스템은 발달과 학습을 유도하도록 설계되었다. MAPS-LifeLine은 사용자의 근접발달영역은 보호자가 제일 잘 안다는 이해를 반영한 것이었다. 이 시스템은 미국 장애인 커뮤니티라는 특정 문화역사 환경 안에서 기술을 활용해 사용자에게 매개 역할을 할 수 있도록 고안되었다.

인지 장애의 경우 인터랙션 디자인에서 특수한 케이스라고 여길 수 있지만 전혀 특별한 경우가 아니다. 모든 사용자에게는 자신에게 꼭 맞는 것들이 있으며, 활동을 향상시키고 지평을 넓히기 위해 기술에 의존한다. 최종 사용자 프로그래밍 시스템, 지능형 에이전트, 상황인지 컴퓨팅, 감성 컴퓨팅 및 기타 패러다임에서는 인간과 컴퓨터를 보다 가깝게 접목할 수 있는 방법을 모색한다. 분석을 위한 개인 및 구체적인 개념 도구에 대한 광범위한 개념을 제공함에 있어, 활동이론에서는 인간의 확장이 어떻게 가능한지 보여줌으로써 사람들의 경험과 활동이 미치는 범위를 확장시킬 수 있는 기술의 개발에 기여할 것이다.

이러한 유형의 연구는 인터랙션 디자인이 새로운 발전 단계로 진입하고 있다는 점을 잘 보여준 사례다. 1990년 그루딘(Grudin)은 컴퓨터의 무한 확장에 대해 예견했다. 인간-컴퓨터 상호작용의 범위는 고사양의 컴퓨터 사용에까지 확장되고 있다(Grudin 1990). 활동이론의 관점에서, 인터랙션 디자인의 발전은 알고리즘 운용에서 목표지향적 행동으로, 그리고 활동의 전 과정에 이르기까지 정보 기술에 의해 중재되는 인간 활동의 위계를 상향 조정시키고 있다. 최근 수십 년 동안 이 분야는 거의 전적으로 운용 수준에만 관심을 두었지만 점차 보다 높은 수준의 활동으로 그 관심사를 발전시켜 왔다. 활동이론은 그러한 변화를 촉진시킨 영향 중 하나다. 카민과 동료들(Carmien et al. 2004)은 인터랙션 디자인 분야가 연구자들이 인간의 활동에 본격적으로 관심을 갖게 되는 새로운 단계로 발전할 수 있음을 시사하였다. 이 단계쯤 오면 사용자는 더 이상 인터페이스를 두고 고군분투하는 운영자가 아닌, 첨단기술을 소비하고 즐기는 삶을 영위하는 고객이 될 것이다.

SECTION 11.4 공동체 자원으로서의 활동이론

활동이론은 인터랙션 디자이너를 위한 커뮤니티 자원으로 자리 잡게 될 때 최상의 파급효과를 보여줄 것이다. 2장에서 캐롤(Carroll 2003)이 주장하는 통일된 어휘와 이해의 필요성에 대해 이야기했다. 이 책에서는 인터랙션 디자인 분야에서 통일된 어휘와 개념이 사용될 수 있도록 활동이론에 대해 체계적인 설명을 제공하고자 하였다. 더 이상 활동이론에서 말하는 기본적인 원리나 이론적인 개념에 관해 다루는 학술 논문을 쓸 필요가 없게 되는 날을 기대해보자!

활동이론에서 제시하는 일반적인 원리가 널리 공유될 때 활동이론의 개념들에 대한 활용 가능성이 더욱 커지게 될 것이다. 이를 위해 활동이론을 무조건 다 받아들여야 한다가 아니라, 활동이론과 더불어 9장에서 다룬 탈인지주의 이론에 대해 진지하게 논의할 수 있도록 충분한 수준의 문해력을 갖출 수 있도록 해야 한다. 활동이론의 파급력이 만약 약화된다면 그것은 다소간 까다로운 이론적 개념들에 대한 친절한 설명의 결핍, 일관성 없이 사용되는 용어의 난무함, 그리고 충분한 소통의 부재 탓일 것이다. 따라서 그러한 문제점들을 해소하기 위한 노력이 절실하다. 우리의 소망은 보다 정교한 이론으로의 발전과 더불어 인터랙션 디자인 분야에서 계속해서 활동이론을 효과적으로 그리고 실제적으로 활용해 나가는 데 있다. 활동이론이 사람들이 기술을 어떻게 활용하는지에 대해 심도 있는 지식을 제공하는 중요한 자원으로 계속 발전할 것으로 기대한다.

APPENDIX

부록

부록 1 활동 체크리스트

표 1 체크리스트의 기본 구성

수단과 목표 (활동의 위계 구조)	환경 (객체 지향성)	학습/인지/지식	발달
• 욕구에 따른 목표 위계와 테크놀로지의 사용	• 사회 문화적 세계에서의 거주 • 객체의 적극적인 활용을 통한 목표 성취 • 객체와 사용 환경	• 내적인 활동과 외적인 활동 그리고 이들 간의 상호 변환 • 컴퓨터의 경우 새로운 행위방식의 내면화와 더불어 인지과정의 표출을 지원함으로써 문제해결과 타자와의 조율을 촉진시킴	• 활동에는 점진적인 발달적 변화가 내재되어 있음 • 활동의 역사에 대한 분석을 통한 발달에 영향을 미치는 핵심 요인 도출 • 변화 가능성 분석을 통한 활동에 미치는 영향 수준 예측

표 2 평가용 체크리스트

수단과 목표 (활동의 위계 구조)	환경 (객체 지향성)	학습/인지/지식	발달
• 사용자 • 목표와 하위 목표 • 목표 성취 결과에 대한 판단 기준 • 하위 목표로 상위 목표 분류 • 하위 목표 설정 • 목표 간 충돌 가능성 • 다른 테크놀로지와의 충돌 가능성 • 목표들 간 충돌 해결 • 상위 수준의 행위로의 통합 • 해당 목표 성취를 위한 대안적 전략 • 문제해결 전략 • 행위와 작동 간 상호변환 지원	• 테크놀로지 역할 • 여타의 도구에의 사용자 접근성 • 테크놀로지와 여타의 도구 간의 융합 • 공유 가능한 도구와 자료 • 업무 환경에서의 공간 배치 및 시간 조직 • 동시적 비동시적 일의 분산 및 업무 분담 • 테크놀로지를 둘러싼 업무 상호작용 및 조정에 관한 규율, 규범, 절차	• 목표 활동의 요소 • 테크놀로지에 관한 지식과 그 지식에의 분산 및 접근성 • 새로운 작동법 터득에 소요된 시간과 노력 • 표현과정에 따른 자기 성찰 • 실제 실행 전 연습을 위한 테크놀로지 사용 • 문제 표현 및 도움 요청에 대한 지원 • 타 사용자를 지원하기 위한 절차와 전략 • 외재화를 통한 개인 또는 집단내 조율 • 협력을 위한 공동 지식의 사용 • 조직 자원에 대한 개인의 공헌	• 목표에서 해결에 이르는 각 단계별 테크놀로지의 사용 • 목표 활동에 대한 테크놀로지 사용의 영향 정도 • 테크놀로지 사용과 함께 생성된 새롭게 향상된 활동 • 테크놀로지에 대한 사용자 태도와 경험 그리고 그 변화과정 • 활동과 목표 간 잠재적 갈등의 역동성 • 환경에서 예상 변화 그리고 활동에 미치는 영향 수준

표 3 디자인용 체크리스트

수단과 목표 (활동의 위계 구조)	환경 (객체 지향성)	학습/인지/지식	발달
• 하위 목표로 상위 목표 분류 • 하위 목표 설정 • 목표간 충돌 가능성 • 다른 테크놀로지와의 충돌 가능성 • 목표들간 충돌 해결 • 상위 수준의 행위로의 통합 • 테크놀로지 선택과 사용에 있어서 상위 목표 설정에 따른 영향 수준	• 테크놀로지 역할 • 여타의 도구에의 사용자 접근성 • 테크놀로지와 여타의 도구간의 융합 • 공유 가능한 도구와 자료 • 업무 환경에서의 공간 배치 및 시간 조직 • 동시적 비동시적 일의 분산 및 업무 분담 • 테크놀로지를 둘러싼 업무 상호작용 및 조정에 관한 규율, 규범, 절차	• 목표 활동의 요소 • 테크놀로지에 관한 지식과 그 지식에의 분산 및 접근성 • 새로운 작동법 터득에 소요된 시간과 노력 • 표현과정에 따른 자기 성찰 • 실제 실행 전 연습을 위한 테크놀로지 사용 • 문제 표현 및 도움 요청에 대한 지원 • 타 사용자를 지원하기 위한 절차와 전략 • 외재화를 통한 개인 또는 집단내 조율 • 협력을 위한 공동 지식의 사용 • 조직 자원에 대한 개인의 공헌	• 목표에서 해결에 이르는 각 단계별 테크놀로지의 사용 • 목표 활동에 대한 테크놀로지 사용의 영향 정도 • 테크놀로지 사용과 함께 생성된 새롭게 향상된 활동 • 테크놀로지에 대한 사용자 태도와 경험 그리고 그 변화과정 • 활동과 목표간 잠재적 갈등의 역동성 • 환경에서 예상 변화 그리고 활동에 미치는 영향 수준

표 4 체크리스트 질문 예시

수단과 목표 (활동의 위계 구조)	환경 (객체 지향성)	학습/인지/지식	발달
• 목표 기능은 실제로 지원되고 있는가? • 사용자 기대에 못 미치는 기능이 있는가? • 목표 간의 충돌 문제가 발생하는가? 이 때 충돌 문제를 해결하는 방법은 무엇인가? • 테크놀로지 사용에 있어서 근본적인 한계가 있는가? • 활동 전환시 사용자의 즉각적인 입출입이 용이한가?	• 시스템의 개념과 어휘와 도메인의 개념과 어휘가 서로 일치하는가? • 해당 테크놀로지가 업무의 핵심 부분으로 자리잡고 있는가? • 해당 테크놀로지 사용이 도구나 사물의 사용과 적절히 조화를 이루고 있는가? • 해당 테크놀로지가 업무 환경과 적절히 조화를 이루고 있는가?	• 시스템 사용법의 학습에 많은 시간과 노력이 요구되는가? • 불필요한 학습을 지양하도록 되어 있는가? • 분산 지식에의 접근 가능성이 높은가? • 목표 설정과 자기 평가 등 사용자 지식 향상에 도움을 주는가? • 문제 발생시 문제에 대한 공지 기능이 있는가? • 다른 사용자의 접근 가능성을 높이기 위한 사용자 활동에 대한 객체화 기능이 있는가?	• 해당 테크놀로지가 목표로 하는 활동에 미치는 효과는 어떠한가? 기대 효과가 실제로 일어났는가? • 사용자는 평가 시기에 시스템에 대해 충분히 경험했는가? • 문제설정에서 최종 결과물에 이르는 활동의 전체 주기가 적절히 지원되었는가? • 시스템 사용 과정에서 효과의 증감 정도는 어떠한가? • 시스템에 대한 사용자 태도는 긍정적인가? • 시스템 사용에서 발생한 부수적인 효과가 있다면 무엇인가?

부록 2 활동이론 온라인 웹

▬ 테크놀로지 연구 Acting with Technology

http://mitpress.mit.edu/

MIT 출판부에서 출판한 *Acting with Technology*는 사회, 커뮤니케이션, 교육 분야의 연구 자료와 과학 및 기술 관련 연구, 인간-컴퓨터 상호작용 및 컴퓨터기반 협력작업에 대한 연구를 포함, 탈인지주의 이론 및 테크놀로지 관련 연구 동향을 제공하는 사이트

▬ 활동이론 Activity Theory

Http://carbon.cudenver.edu/~mryder/itc/activity.html

콜로라도 대학교의 마틴 라이더(Martin Ryder)에 의해 운영되는, 활동이론과 관련한 온라인 자료를 제공하는 사이트

▬ 활동기반 컴퓨팅: 유비쿼터스 컴퓨팅을 위한 새로운 패러다임

Http://www.activity-based-computing.org/

덴마크 아르후스 대학의 보건 연구소(Centre for Pervasive Healthcare)에서 진행하는 활동기반 컴퓨팅(ABC) 프로젝트를 소개하는 사이트

■ 활동이론 사용자 경험 연구실, 호주 울릉공 대학교

Http://infosys.uow.edu.au/atulfmain.php/

활동이론을 바탕으로 한 정보 시스템 연구 및 인간-컴퓨터 상호작용 연구를 소개하는 사이트

■ 액티비티: 전자공학 정기 간행물 Activites: Revue electronique

Http://www.activites.org/

업무 환경과 일상생활에서의 목표지향 활동에 대한 연구를 탑재하는 정기 간행물. 인체공학과 심리학 등 융합학문의 연구를 다루는 사이트

■ 핀란드 헬싱키 대학의 활동이론과 일 연구 센터 Center for Activity Theory and Developmental Work Research, University of Helsinki, Finland

Http://www.edu.helsinki.fi/activity/

1994년 엥게스트롬이 설립하여 일, 기술, 조직의 변화에 대한 대규모의 연구를 실시하고 있는 센터로, 수행 프로젝트와 활동이론과 활동 시스템, 확장학습, 일 연구와 관련 자료를 제공하는 사이트

■ 천문학 및 과학 교육 센터 Centre for Astronomy and Science Education

Http://case.glam.ac.uk/CASE/Staffpages/SteveHarris/Research/SSTA.html/

활동이론과 SSTA(Systemic-Structural Theory of Activity), 인체공학에서의 적용에 관한 소개를 다룬 사이트

■ 사회문화적 활동이론 연구센터, 영국 버밍엄 대학교 Centre for Sociocultural and Activity Theory Research, University of Birmingham, UK

Http://www.education.bham.ac.uk/research/sat/default.htm/

인간의 실천, 기술, 교육 분야와 디자인, 발달, 사회기술 시스템 및 학습환경 평가에 대한 간학문적 연구를 소개하는 사이트

■ **인터랙션 디자인 센터, 아일랜드 리머릭 대학교** Interaction Design Centre, University of Limerick, Ireland

Http://www.idc.ul.ie/

활동이론을 이론적 토대로 활용하여 인간 중심의 정보 설계 및 커뮤니케이션 기술에 대한 간학문적 프로젝트를 소개하는 사이트

■ **인터미디어, 노르웨이 오슬로 대학교** InterMedia, University of Oslo, Norway

Http://www.intermedia.uio.no/index_en.html/

활동이론을 이론적 토대로 하여 디자인, 커뮤니케이션, 디지털 환경에서의 학습과 관련 연구를 소개하는 사이트

■ **인터미디어, 노르웨이 베르겐 대학교** InterMedia, University of Bergen, Norway

Http://www.intermedia.uib.no/

새로운 미디어의 활용에 대한 사회문화적 측면에 초점을 두고 정보 통신 기술 및 커뮤니케이션 기술 기반 학습과 지식확산에 대한 간학문적 연구를 다루는 사이트

■ **세계문화활동이론학회** International Society for Cultural and Activity Research (ISCAR)

Http://www.iscar.org/

문화연구 및 활동이론 연구회와 사회문화연구회를 통합하여 2002년 설립되었으며 웹사이트를 통해 수행하고 있는 연구에 대한 정보를 제공하는 사이트 (http://www.iscar.org/historyf).

■ 심리학과 마르크스주의 Psychology and Marxism

Http://www.marxists.org/subject/psychology/index.htm/

심리학과 마르크스주의 간의 관계를 탐구하기 위하여 비고츠키와 레온티브, 루리아, 일렌코프 등의 이론과 최근 동향을 소개하는 사이트

■ 컴퓨터기반 협력업무 : 활동이론과 디자인 Special Issue *of Journal of Computer-supported Cooperative Work: Activity Theory and Design*

Http://www.ics.uci.edu/%7Eredmiles/activity/final-issue.html

활동이론과 디자인에 관한 최근 동향을 소개하는 사이트

■ 제5 프로젝트 The Fifth Dimension

Http://www.5d.org/

테크놀로지기반 학습환경을 운영하는 프로젝트로, 관련 연구 논문 및 교직 실무자를 위한 자료를 제공하는 사이트

■ 비교 인간 인지 연구실(LCHC), 샌디에이고 캘리포니아 대학교 The Laboratory of Comparative Human Cognition (LCHC), University of California, San Diego

Http://lchc.ucsd.edu/index.html

1978년 마이클 콜(Michael Cole)이 설립하여 활동이론과 문화연구 분야에서 세계적으로 인정받고 있는 연구소로서, 학술지 '마음, 문화, 활동'(Mind, Culture, and Activity: An International Journal)을 출간하고 있으며 활동이론과 문화연구에 대한 온라인 기반 논의를 위하여 XMCA 메일링 리스트를 후원하고 있는 사이트

■ 위키피디아, 개방형 백과사전 Wikipedia, the Free Encyclopedia

Http://en.wikipedia.org/wiki/Activity_theory

활동이론에 대한 자료를 제공하는 사이트

역자 약력

EM 연구실

EM 연구실에서는 민속방법론(ethnomethodology)과 인터랙션 러닝 사이언스(interaction learning science)를 기반으로 한 컨텍스트 경험 분석 및 설계에 관해 연구하고 있음.

손민호(인하대)

박진희(인하대)

김기홍(인하대)

권미애(인하대)

인터랙션 디자인과 활동이론

초판발행 2019년 5월 15일

지은이 Victor Kaptelinin·Bonnie A. Nardi
엮은이 손민호 외
펴낸이 노 현

편 집 김묘선
기획/마케팅 이선경
표지디자인 조아라
제 작 우인도·고철민

펴낸곳 ㈜ 피와이메이트
서울특별시 금천구 가산디지털2로 53 한라시그마밸리 210호(가산동)
등록 2014. 2. 12. 제2018-000080호
전 화 02)733-6771
f a x 02)736-4818
e-mail pys@pybook.co.kr
homepage www.pybook.co.kr
ISBN 979-11-89643-85-0 93370

정 가 20,000원